21 世纪高等学校
经济管理类规划教材

名家精品系列

人力资源管理理论、方法、实务系列教材

人才测评
——理论、方法、实务

Talent Assessment
Theory, Method, and Practice

赵曙明 赵宜萱 ◎ 主编

周路路 ◎ 编著

人民邮电出版社

北　京

图书在版编目（ＣＩＰ）数据

人才测评：理论、方法、实务 / 赵曙明，赵宜萱主编；周路路编著. — 北京：人民邮电出版社，2018.1（2024.1重印）
21世纪高等学校经济管理类规划教材. 名家精品系列
ISBN 978-7-115-46390-6

Ⅰ. ①人… Ⅱ. ①赵… ②赵… ③周… Ⅲ. ①人员测评－高等学校－教材 Ⅳ. ①C962

中国版本图书馆CIP数据核字(2017)第170257号

内 容 提 要

本书以培养读者的人才测评理论与实践操作技能为核心，系统地介绍了人才测评的理论、方法和实际应用。全书分为3部分，共10章内容，第1部分为现代人才测评基础，包括人才测评的相关理论和应用现状、胜任素质模型；第2部分为现代人才测评方法，详细介绍了笔试测评、面试测评、心理测验、评价中心和管理能力测评5种方法；第3部分为人才测评的实务与应用，包括人才测评指标标准的建立、人才测评的设计与实施，以及人才测评在各类人员包括管理人员、生产人员、技术人员、营销人员、财务人员、客服人员中的测评应用情况及人才测评在公务员录用和企业人员招聘与选拔中的应用。通过学习本书，读者不仅能够掌握理论知识，而且能够在理论的指导下进行实践操作。为了让读者可以及时地检查自己的学习效果，把握自己的学习进度，每章后面都有启发与思考、思考练习题、模拟训练题和情景仿真题，供读者练习。

本书可作为高等院校管理学专业的本科生、研究生、MBA 学生的教材，也可作为从事人才测评工作的管理者的参考书，还可以供企业作为人才测评的工具书使用。

- ◆ 主　　编　赵曙明　赵宜萱
　　编　　著　周路路
　　责任编辑　孙燕燕
　　责任印制　焦志炜
- ◆ 人民邮电出版社出版发行　　北京市丰台区成寿寺路 11 号
　　邮编　100164　　电子邮件　315@ptpress.com.cn
　　网址　http://www.ptpress.com.cn
　　北京七彩京通数码快印有限公司印刷
- ◆ 开本：787×1092　1/16
　　印张：15.5　　　　　　　　2018 年 1 月第 1 版
　　字数：400 千字　　　　　　2024 年 1 月北京第 10 次印刷

定价：45.00 元

读者服务热线：(010)81055256　印装质量热线：(010)81055316
反盗版热线：(010)81055315
广告经营许可证：京东市监广登字20170147号

总 序 PREFACE

进入 21 世纪以来，创新已成为世界潮流。创新涉及技术、制度、管理等各个方面的协同，但归根到底是人才和人力资源管理的创新，实施创新驱动必须把人才和人力资源作为支撑创新发展的第一资源。任何一个国家欲引领全球创新发展的浪潮，任何一个企业欲赢得可持续竞争的优势，都必须抢占人才和人力资源管理的制高点，把人力资源开发与管理作为战略发展的基点。毫无疑问，人力资源已然成为企业增强创新发展能力的第一内生动力，人力资源管理无疑也是 21 世纪现代企业的核心管理内容之一。

伴随着移动互联网、大数据、人工智能等新技术革命时代的到来，经济全球化进程不断加快，我国经济发展进一步转型升级，企业面临着更加激烈的来自国内外的竞争，对人才的吸引、开发、激励和对人力资源需求的变化引发人力资源管理的加快变革，派生了对人力资源管理新知识和专业人才的巨大需求。南京大学商学院开设的"人力资源管理"课程是第一批获得批准的国家精品课程，这门课程的开设可以追溯到 20 世纪 90 年代初。自 1991 年起，赵曙明教授作为课程的负责人开始在南京大学商学院率先开设"人力资源管理与开发"课程，并与国内外众多专家、学者和业界人士一道，共同致力于我国人力资源管理专业学科的建设和企业人力资源管理水平的提高。在引进国外发达国家在人力资源管理方面的先进理念和经验的同时，通过大量的一线教学研究和企业管理咨询，我们逐步加深了对我国人力资源管理实践的理解和认识，总结出了我国人力资源管理相关的实践案例和理论知识，这为本套教材的编撰奠定了很好的基础。

在学科专业建设过程中，教材建设是一项重要的基础性工作。为了适应当前经济发展的新形势和现代人力资源管理学科专业发展新趋势，建设一套具有新思维、新内容的人力资源管理系列教材无疑也是一项十分重要的基础性工作。为此，人民邮电出版社约请赵曙明教授和赵宜萱助理研究员与众多专家学者在深入调研和充分讨论的基础上，组织撰写了《人力资源管理——理论、方法、实务》系列丛书。本套教材在编写中遵循了两个基本要求。一是作者教学经验丰富。本套教材的主编及编著者不局限于一所高校，他们都是来自全国各大高校从事人力资源管理教学与研究的一线优秀教师。本套丛书是这些教师长期积累的教学和科研成果的总结，并由他们亲自主笔，保证了教材的质量。二是教材体系构建完整。本丛书由《人力资源管理——理论、方法、实务》《招聘甄选与录用——理论、方法、实务》《人员培训与开发——理论、方法、实务》《绩效考核与管理——理论、方法、实务》《薪酬管理——理论、方法、实务》《人才测评——理论、方法、实务》6 本核心内容组成。整套教材是以现代企业人力资源管理流程为主线，力求反映当前企业运营中最关注的人力资源管理流程和规律。

本套教材立足于新时期人力资源管理学科发展的新趋势，按照高等学校人力资源专业本科层次人才培养目标、培养方案和课程教学大纲的要求，以科学性、先进性、系统性和实用性为目标进行编写，其特色主要体现在以下几个方面。

（1）强调内容视野开阔。基于全球人力资源管理学科专业发展的大背景，站在企业组织的战略角度阐释人力资源管理问题，确立新思维，扩展新内容，以期达到拓宽学生视野的目的。

（2）突出学术性和创新性。借鉴国内外人力资源管理最新的学术成果，反映了人力资源管理研究的最新进展。在消化吸收成功企业人力资源管理经验的同时，尽可能与中国本土文化衔接起来，并创造性地加以整合，观点新颖，富有创新性。

（3）注重理论与实践相结合。本套教材融理论性与实践性为一体，既介绍了人力资源管理的理论方法，又通过大量案例全面勾勒出人力资源管理实务流程，注重将理论与企业具体人力资源管理实际相对接，并提供可操作的管理技术和技巧，从而将理论、方法、实务、案例等纳入一个完整的体系构架之中。

（4）重视学生能力培养。本套教材以强化学生的自学能力、思维能力、创造性地解决实际问题的能力以及不断自我更新知识的能力为目标，设置模拟训练、情景仿真等模块，注重教材形式的活泼性和内容的可读性，以培养和训练学生的创新思维能力。

此外，本丛书还引入了微信学习（如二维码）等电子化教材方式，使之能满足移动网络时代下教学发展的新需要。

最后，我们要感谢参加本套教材编著和审稿的各位老师所付出的辛勤劳动，也要感谢人民邮电出版社对本套教材的支持和编审工作。由于编写的时间紧、协调难度大，本套教材难免存在着一些不足和问题，我们真诚地欢迎广大读者批评指正。

南京大学商学院名誉院长、特聘教授、博士生导师

赵曙明博士

南京大学商学院助理研究员

赵宜萱博士

前 言 FOREWORD

随着现代人力资源管理工作的不断专业化，对人员的选拔、评价和开发工作的科学性要求越来越高。在全球经济竞争日益加剧和强调以人为本的今天，人才测评成为现代人力资源开发与管理的基础与关键。在我国，人才测评也取得了很大的进步，越来越多的组织开始在招聘、晋升、职业规划中采用各种专业化的人才测评方法。人才测评正朝着更加完善和科学合理的方向发展。

随着经济全球化的发展和互联网时代的到来，企业所面临的环境复杂性日益加剧，面临的挑战更加严峻。因而，企业人才选拔的方式、方法也需要与时俱进，只有建立起与企业自身发展相适应的人才测评体系，才能高效准确地选拔人才，对人才进行合理配置，实现"人岗匹配"的目标。因此，本课程教材的发展性和实用性也是大势所趋。

本书深入贯彻党的二十大精神，努力以"理论""方法""实务"为出发点，进行各个模块内容的编写。本书将人才测评的各种方法和实践应用作为核心内容，系统、详细地阐述了相关的测评原理、实施过程及相关应用，旨在编写出一本理论与实践相结合的实用教材。本书体现了以下4个特色。

（1）强调逻辑性和层次性。首先，在整体上，编者将全书分为3部分，第1部分介绍了现代人才测评的理论基础，第2部分对人才测评的方法进行了详细的介绍，第3部分主要介绍了人才测评的实务与应用。其次，合理安排章节结构，使其更具有逻辑性，如将基于战略发展需求的胜任素质模型编排至"第1部分现代人才测评基础"中；将人才测评实施流程性的章节，包括人才测评指标标准的建立、人才测评的设计与实施编排至"第3部分人才测评的实务与应用"中。

（2）强调理论性和实用性的结合。这是本书的出发点和落脚点，编者在理论阐述的同时，加入了具体的实用案例。例如，本书第1章在对人才测评方法进行概述时，对每种方法举了一个案例，从而让读者对每种方法有着更加直观的感知和理解，为展开第2部分中各种测评方法的具体学习打下基础。其次，本书的一大亮点是添加了人才测评方法在各类人员及各行业中应用的相关内容，使教材更加完善，实用性更强。

（3）保持时效性。近年来，人才测评的理论和方法也有了一些新的进展，本书编者尽可能遴选较新的案例，以便与时俱进。另外，本书还刻意设置了启发性的问题，引发读者的思考。为满足移动网络时代下教学发展的需要，每章末都加入了二维码链接，开拓读者的视野。

（4）强调教材与读者的互动。首先在章节的学习上，从读者的视角出发，在编写上采用从情境导入（章节引导案例和提出问题）到理论教学、实务介绍，再到思考练习的写法。同时，本书的每一个章节都设置了模拟训练题和情景仿真题，使读者对知识的把握有一个更加细致和深入的体会，并且在全书的最后加入了情景仿真综合训练，这是对整书内容、方法的一个整体的实务应用，可以更好地帮助读者掌握本书的内容。

　　赵曙明教授和赵宜萱博士担任人力资源管理系列教材的主编，本书是系列教材的其中一本。本书由东南大学周路路老师编著，同时负责全书的框架体系再设计、统稿和校对等工作。在本书编写过程中，编者参阅了国内多位专家、学者的人力资源管理的著作或者译著，也参考了同行的相关教材和案例资料，在此向他们表示崇高的敬意和衷心的感谢。最后，我们相信，读者朋友通过阅读本书，一定会对人才测评有一个更加清晰的认识，对人才测评工作有所裨益。

编者

目录 CONTENTS

第2部分　现代人才测评方法

第3部分　人才测评的实务与应用

第 1 部分

现代人才测评基础

第1章 人才测评概述

学习目标

1. 理解人才测评的起源与发展历程。
2. 了解及掌握人才测评的基本概念。
3. 熟悉人才测评的种类和方法。
4. 理解人才测评的作用。
5. 掌握人才测评方法的发展趋势。

引导案例

H公司的招聘

H公司成立于2000年，成立12年来，该公司业务得到了一定的发展，市场逐渐扩大，在行业中逐渐站稳了脚跟。公司还新增加了一些新产品的制造业务，同时也增设了相应的新岗位，如新产品的制造部经理、技术主管等。人力资源部的刘经理向王总提出了人员招聘的需求，得到了王总的支持。

刘经理想要借助这次机会为公司引进一些优秀的外部人才，为公司新产品的生产制造注入新的活力。人力资源部抽调了一些工作人员，再加上一些重要部门的主管，组成了招聘小组，开始招聘工作。这次招聘与以往不同的是，刘经理认为公司要获得持续的竞争优势，并能长久地发展，必须要招聘一些知识层次较高、工作经验丰富、能力素质都很优秀的人才加入公司中来。

在招聘工作结束后，新员工进入工作。但是在试用期间，新员工的表现并不理想。许多刚刚应聘的人员提出了换岗，甚至有些新员工干脆主动放弃这个工作机会。人力资源部的刘经理对此感到非常困惑。新招进来的员工一共有6个，基本上都有两年以上制造业的工作经验。从学历上看，其中有3个博士、2个硕士、1个本科生，他们都被安排在了新产品制造的不同岗位上，公司提供的薪酬并不低，公司领导对他们的工作基本上持满意的态度。其次，公司的工作环境也比较理想。所以，对于新员工提出的主动辞职，刘经理陷入了沉思。他找来了部门主管，询问了新产品的制造情况，发现岗位设置并不是很合理，尤其是岗位对任职者的需求和实际任职者的能力之间存在较大的差异。新招聘进来的员工具有良好的专业背景，并且拥有相关的工作经验，他们的能力都超过了这些岗位对员工的技能要求。因此，很多人认为这些工作对于他们并没有挑战性，工作成就感很难获得，所以提出了辞职的要求。刘经理认为应该再认真思考一下这个问题，要如何才能实现公司人才"人岗匹配，人尽其才"？

（资料来源：案例改编自赵中利，曹嘉晖. 人力资源管理：理论·实务·工具[M]. 南京：南京大学出版社，2013：165-166）

思考题

1. H公司在招聘过程中出现了什么问题？

2. 要保证招聘的有效性，企业在选拔人才的过程中如何对人员素质做出正确的评估和预测？

在人力资源管理工作中，"找对人才、放对位置"是一个非常关键的问题。"找对人才"意味着要找到合适的人；"放对位置"意味着"人事相宜、岗职相配、动态调整"。要想"找对人才"，就需要运用一些方法和工具对应聘人员进行测评以鉴别人才，且最大限度地减少因单一的主观判断而造成的人才误用和流失。因此，能否对人员素质做出准确的评价和预测，让优秀、合格或合适的人才为企业所用，已经成为企业人员选拔、配置、培训、绩效考核、职业生涯发展的一项重要工作。

人才测评是人力资源管理的一种基本方法，在人力资源管理与实践中的作用日益突出。掌握人才测评的理论和方法，成为企业中的管理人员的一项基本功。本章我们将首先了解一下人才测评的基本概念、作用、种类及起源与发展。

1.1　人才测评的理解

人才测评（Personnel Assessment），是现代人力资源管理与开发学科体系中的一门新兴的学科，在各级各类组织的人力资源管理中发挥着重要作用。本节我们首先明确一下人才测评的定义及作用。

1.1.1　人才测评的定义

人才测评是指以现代心理学和行为科学为基础，通过运用心理测验、面试、情景模拟等技术手段对各类人员的知识水平、能力及其工作技能、工作倾向、个性特征和发展潜力，进行客观的测量，从而对其素质状况、发展潜力、个性特点等心理特征做出科学的评价。

人的素质能不能得到准确的测试？为什么要进行人才测评？人才测评的目的何在？人才测评具有可操作性吗？人才测评科学吗？这5个问题与人才测评的必要性和可能性相关。要了解人才测评的科学原理，首先必须了解与这5个基本问题相关的一些基本知识。

人才测评基于以下4个方面的假设前提而存在。

1. 人的差异理论

人才测评的对象是人的素质，受先天遗传因素和后天环境的影响，这两个因素造成了人与人之间的差异。人的差异性的存在是人才测评存在的基础和前提。

（1）生理方面的差异。个体生理方面的差异体现在个体的性别、年龄和身体等方面。男女生理上的差异导致他们在从事不同的工作方面各有优势。有大量研究表明，男女生理上的差别要比人们平常所认为的还要大得多。男女在认知特征上也存在着明显的差异。不同年龄的人的心理状态和身体状况会有所不同，人在不同年龄段的认知特点和行动特点也有所不同。

（2）心理方面的差异。心理差异可归结为个性倾向差异和个性心理特征差异，其中个性倾向差异包括个体的兴趣、需要、动机、信念、世界观和价值观等方面的差异。个体的能力、气质、性格等方面的差异属于个性心理特征差异。

（3）社会文化方面的差异。人具有社会属性，生活在现实社会中的人，必然是生活在一定社会关系中的人，如生产关系、亲属关系和同事关系等。由于生长与工作的环境不同、所接受的教育程度不同、所接触的文化不同、所从事的社会实践也不同，因此每个人所形成的素质也就不同。

（4）职位类别的差异。职位类别是对组织中的各种职位，按照工作性质、责任轻重、难易程度、任职资格、职位权限等因素综合划分所形成的序列等级。不同职位对任职者有着不同的素质要求，当任职者的素质水平符合职位要求时，则人事相匹，人员工作绩效就高；否则，人员工作绩效相对较低。因此，我们可以看到，职位类别的差异为人才测评提供了客观条件。

2．人的素质稳定性

人的素质具有一定的稳定性，主要表现在 3 个方面：一是人的生理品质具有稳定性，个人生理方面的特征有时在相对较长的时间内不会发生太大的变动，如某个人具有好听的声音，在很长时间内不会有变化；二是人在社会文化影响下所形成的社会品质具有稳定性，如宗教信仰方面；三是人的个性特质较稳定，主要包括人的能力、气质和个性倾向等方面。

每个人都有自己的独特性。个人经过长期的社会生活，也就是后天的生活环境的影响，逐步形成了对待生活的态度和个人的行为风格，在不同的时间和不同的地点通常会表现出相似的心理特征。比如说，一个性格很内向的人，不仅在家庭生活中比较安静，在社交场合也不会非常活跃。个人素质的相对稳定使人才测评变得有必要，如果个人素质不具备稳定性，人才测评就没有意义。

3．人的素质的可知可测性

素质具有抽象性，它是隐蔽在个体身上的一种内在抽象的东西，但它可以通过人的行为表现出来，个人素质和行为之间存在一系列的相关性。

人的内在素质和外显行为在一个人身上是一个动态的整体系统，内在素质会通过外显行为表现出来，而外显行为又受制于它的内在素质。人才测评可以通过观察被测试者的语言行为或非语言行为（如体态行为、工作行为、生活行为等）来测评被测试者的内在素质。

4．人的素质的可量化性

量化即数量化，是指对事物以数字形式表示。素质测评量化，即用数字形式描述素质测评的过程，它是通过科学的测量手段来揭示素质的数量特征与质量特征，使定性测评中不便于归纳处理的行为特征信息得到统一的数学处理。

量化使素质测评的结果以分数或等级的形式表现出来，简化了对各个素质水平与差异的比较与评定，将选拔录用、资源配置、绩效考核、人员开发中的测评标准落到了实处，使测评分数与诊断评语互相结合、互相补充。

1.1.2　人才测评的作用

人才测评虽然不是一个新鲜的概念，但是很多企业并不知道人才测评的重要性，也忽视了人才测评在企业人才管理中的价值。

对于一些组织而言，有效的人才测评能够为所在组织避免用人风险并带来成倍的效益。随着专业化分工的日臻完善和企业对人才的日益关注，企业的人力资源管理部门的地位、角色及作用在企业中日益突出，业务部门与企业决策者对人力资源部门的专业性提出了更高的要求，因此，人力资源从业者面临着前所未有的挑战。

传统的人力资源管理以岗位为中心，岗位分析与岗位评估是人力资源管理的基础。但是，现代人力资源管理以素质为中心，关注岗位的任职者，对人员素质的测量与评价才是人才测评的核心内容。只有同时关注"岗位"要求与"任职者"的素质才能更好地发挥人力资源管理各项职能的基础性作用。以往对"任职者"的忽视，需要企业更加关注人才测评的方法与技术，真正地使得人力资源部门从事务型工作向技术型工作转移，这样人力资源管理才能更好地服务于企业组织。

人才测评是人事决策的重要工具。它在战略人力资源管理、职能人力资源管理、个体与组织发展这3个方面发挥着关键的作用（见图1-1）。

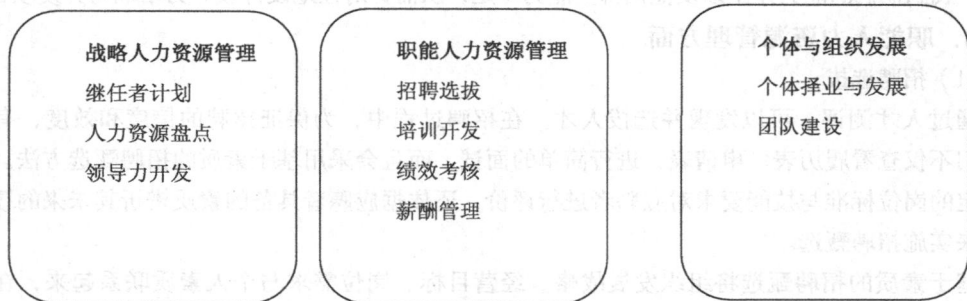

图1-1　人才测评的作用[①]

1．战略人力资源管理方面

战略人力资源管理是基于企业战略的未来人力资源管理策略与具体的实施规划。人才测评在战略人力资源管理层面发挥着越来越重要的角色。战略人力资源管理方面包括继任者计划、人力资源盘点及领导力开发3个部分。

（1）继任者计划

继任者计划（Succession Planning）是指一种持续的、一贯的、有组织的程序，用以寻找、培养、支持和充实公司各个岗位的接班人队伍，以应付可预期或不可预期的职位空缺，并保证组织运营的持续性。通用公司（GE）是实行继任者计划的典型。从杰克·韦尔奇的自传中可以看到他当年是如何被选中接班的。他当时的领导"雷洁·琼斯"在上任不久就开始启动继任者计划。而现在的 GE 也在甄选未来的领导人，他们提前了七八年就开始着手，收集了 35 个人的大名单，每过一段时间就进行一次淘汰，选出最为合适的 3 个接班人选，并在最后时刻确定一个人，这是一套成型的做法。但是目前，受制于中国传统观点的"传子不传贤，传男不传女"影响，我国家族企业在继任者计划的选择上仍然是棘手的问题。随着职业经理人市场的不断成熟，企业家在选择接班人时也会考虑合适的经理人。

继任者计划能够取得成效的关键在于继任者的素质标准设定是否科学、合理，以及企业是否能够甄别出具有持续培养潜力的继任者。前者强调素质标准问题，后者强调素质测评问题。因此，人才测评在继任者计划的实施中非常关键。首先，对现在的高层领导团队（他们被认为是合格的候选者）根据公司关键领导岗位的胜任素质模型进行测评。其次，对公司的关键员工的绩效进行测评，从而确定重点培养对象。

（2）人力资源盘点

人力资源盘点是对组织人力资源现状的认识与分析，是其他人力资源管理工作的基础。在人力资源盘点工作中，最常用的是对员工进行潜能测评。潜能测评关注的是员工比较稳定的个性和能力特征，而个性和能力是影响个人业绩的重要因素，也是影响企业核心能力是否持久并不断创新的基础因素。进行潜能测评的主要工具有：结构化面谈、心理测验和情景测验等。

（3）领导力开发

领导力开发即领导力提升，是指通过实施一系列科学的方法与手段来实现个体领导能力的

---

① 寇家伦. HR 最喜欢的人才测评课：人才测评实战[M]. 广州：广东旅游出版社，2014：7-8.

开发；比较常见的领导力开发方法包括高管领导力开发、EMBA 及 EDP 项目等。

人才测评在领导力开发中的主要作用就是确定开发的内容，即应当培养和开发候选人的哪些能力，找到他们的能力差距以及他们哪些能力不足，从而针对性地设计领导力培训与开发项目。

2．职能人力资源管理方面

（1）招聘选拔

通过人才测评，可以发现并选拔人才。在招聘过程中，为保证招聘的信度和效度，有关组织部门不仅查看履历表、申请表，进行简单的面试，而且会采用基于素质的招聘甄选方法。它采用既定的岗位标准与技能要求对应聘者进行评价，还依据应聘者具备的素质辨析其未来的绩效，据此来实施招聘甄选。

基于素质的招聘甄选将组织发展战略、经营目标、岗位需求与个人素质联系起来，在遵循有效选拔决策程序的同时，提高招聘甄选的质量。

人才测评有助于人才的合理配置。通过人才测评，企业可以为人才的合理配置提供科学依据。人力资源管理的目的是使人的价值和使用价值最大化，所以要采用科学的人才测评方法，了解个人能力与职位要求的匹配性，了解个人性格、兴趣、动机、气质等与职位发展的匹配性，了解个人工作风格与团队风格的匹配性，把最合适的人才放到最适当的岗位上，实现组织效能的最大化，这样对企业的发展起着重大作用。

（2）培训开发

通过人才测评，可以为人才的培训开发提供科学依据。人才测评有利于对人力资源状况进行全面普查，了解每个人的优势与不足，从而能够有针对性地制定人才开发与培养方案。

（3）绩效考核

组织中的人才考核不仅要考核绩效，而且要考核员工对组织的忠诚度、对工作的投入度、对同事的态度等方面。从广义上讲，考核属于人才测评的内容。随着组织经营环境和经营目标的变化，组织需要随时掌握人力资源的状况，确保组织人才发展的需要，实现组织的经营目标。

（4）薪酬管理

宽带薪酬理论已经被很多企业付诸实践，但是问题是，如何确定同一岗位不同任职者的差异以决定这些人的薪资差异？大量调查发现，很多决策者都凭主观判断来决定下属的薪资差异，或者使用学历、资历等指标决定任职者的薪资差异，从而导致薪酬缺乏公平性，结果是不公平的薪资待遇很难被员工接受，这在一定程度上会影响员工的积极性。

绩效的差异主要原因是个体胜任素质水平存在差异。人才测评是发现绩效差异的重要方法。只有基于有效的人才测评基础上的薪酬管理，才能增强其公平性。

3．个体与组织发展方面

（1）个体择业与发展

人才测评有利于个人的择业。人才测评对刚刚毕业的学生和所有职场中的人有着十分重要的意义。全面正确地了解自己的能力、性格和兴趣，发现自己的长处与短处，是个人在社会上生存与发展的基础，使用人才测评可以帮助个人进行自我认知，有针对性地做好职业生涯规划。

人才测评有利于个人的发展。通常在人才测评时会有一个指标体系（参考系）与被测评人的行为特征进行比较，以确定其素质的构成与水平。每个被测评人都有积极上进、自我荣誉、自我尊重、自我实现的愿望，人才测评可以使被测评人明确自己的优势和弱点，及时设定或调整自己的人生方向，从而有效地规划人生，避免走不必要的弯路。

（2）团队建设

人才测评有利于团队建设。优秀的团队不是团队中成员的简单叠加，而是取决于成员之间素质的匹配性和凝聚力的强弱等，这些都与人力资源的管理活动相联系。人才测评不但为人力资源管理中的各个环节提供科学依据，还能实现人力资源的动态管理；通过人才测评明确人员选拔、配置、考核、开发等方面的科学化程度，从而为建设一个优秀的团队提供依据。

1.2 人才测评的种类

人才测评中针对测评对象、实施者、实施范围、测评形式、测评参照系的不同会有不同的分类，本节按照不同的标准对其进行具体的分类。

1.2.1 按测评对象划分

按测评对象划分人才测评的种类，主要包括两种类型：以个人为中心的测评和以岗位为中心的测评。

1．以个人为中心的测评

以个人为中心的测评是指围绕人的自然特性、社会特性和职业特性而进行的测评。人是自然与社会的统一体，人的自然性包括生理基础、本能及心理潜能，人的社会性是个体在与社会的相互作用中通过社会实践建立起来的。除了自然和社会特性外，人在社会中往往还从事着某种职业，显示出了某种职业的特性。

一个人要想客观了解自己，了解自己的能力优势、职业兴趣、适合从事的工作等，可以有针对性地选择测评工具进行系统的测评，以达到了解自己的目的。

2．以岗位为中心的测评

以岗位为中心的测评是基于一个特定岗位的任职资格或胜任素质而进行的测评，它是在建立特定岗位的素质标准后，围绕这个特定岗位所要求的素质而开展的系列测评活动。以岗位为中心的测评一般应用于人才选拔、晋升、诊断、培训与开发等人力资源管理过程，如以市场部经理岗位为中心的测评活动。

1.2.2 按实施者划分

按实施者划分，有自我测评、他人测评、群体测评、上级测评、同级测评与下级测评等多种人才测评种类。

1．自我测评

自我测评指由被测评者本人对自己所进行的测评活动。例如，毕业生对自己职业兴趣的测评。

2．他人测评

他人测评指由被测试者以外的人对被测试者开展的测评活动，通常所讲的人才测评活动一般是指他人测评活动。

3．群体测评

群体测评指由某一群体共同组织对某一类人员进行的测评。例如，常见的各种资格证书的考试，通常是由某一具体单位来组织、策划；研究生考试也涉及各种测评主体，包括命题组、审查组和阅卷组等。

4．上级测评、同级测评与下级测评

上级测评、同级测评与下级测评的人才测评方式中，最常见的方式就是 360 度考核。上级测评主要根据一定考核周期内的工作成果进行测评；同级测评主要根据被测评者在工作中表现的协作能力、团队组建能力进行测评；下级测评主要根据被测评者在工作中表现的领导能力、对下属的关心和培养进行测评。

1.2.3　按实施范围划分

按实施范围划分人才测评的种类，可以从 3 个角度分析，即参与人员的数量、测评目的及选择的测评工具。

1．按参与人员的数量多少

（1）个体测评是指在单次测评活动中只有一个被测评者的测评活动。

（2）团体测评是指在单次测评活动中有两个以上的被测评者的测评活动。

2．按测评目的划分

在进行人才测评时，实施者可能有一个或多个测评目的。根据测评目的的多少，人才测评的实施范围也是不同的。例如，人才测评的目的仅仅是对晋升的候选人进行人格测评，则实施范围及测评题目仅考虑晋升这一小的范围；人才测评的目的是选拔岗位人才，则被测评者的范围会很广，在题目设置时也要考虑能够将不同的人区分出来。

3．按选择的测评工具划分

在进行人才测评时，实施范围也会受到所选择的测评工具的影响。例如，选择 360 度考核方式，则实施范围要包括与被测评者有关系的所有人员；选择关键业绩考核方法，仅仅需要对其关键指标进行考核即可。

1.2.4　按测评形式划分

人才测评根据测评形式进行划分，主要包括笔试、面试、情境测评、计算机测评及操作测评 5 种方式。

1．笔试

笔试是被测评者按要求在纸面上完成测评过程的方式。它可以有效测量被测评者的基本知识、专业知识、综合分析能力和文字表达能力等方面。在人才测评中笔试的方式有两种：一种是被测评者填写答题卡完成测评；另一种就是被测评者直接在卷面上完成测评。

2．面试

面试是考官根据测评目的对被测评者提出有关问题，并由被测评者进行回答的过程。它以考官与被测评者的面对面交谈与观察作为主要手段，由表及里测评被试者的知识、能力、经验等有关素质的一种测评方式。

3．情境测评

情境测评是指设置一个模拟场景，要求被测评者扮演某一角色去处理各种事务、各种问题和矛盾，考官观察被测评者在完成任务过程中的心理与行为表现，据此来对被测评者的素质及潜力进行科学的评价。

4．计算机测评

随着计算机、网络技术的发展，很多单位将心理测验开发为计算机软件，被测评者需要在计算机上完成测评活动，或完成人机对话。

5. 操作测评

操作测评是指被测评者在测评过程中进行实地演练，来展现被测评者的实际操作能力的测评方式。例如，招聘打字员时测试被测评者在规定时间内的打字速度，就可以称为操作测评。

1.2.5 按测评参照系划分

人才测评根据测评的参照系可以划分为常模测评和标准测评两种类型，具体如表 1-1 所示。

表 1-1 按测评参照系划分的人才测评类型

常模测评	标准测评
常模测评是将被测评者的测评结果与对某一特定人群测评结果的平均成绩进行对比，来确定被测评者在特定人群中的素质水平。例如，用大学生的常模解释小李的计算机操作能力	在人力资源活动中，标准测评是指建立特定岗位的素质标准后，围绕这个特定岗位所要求的素质标准对被测评者开展的系列测评活动它一般用来确定岗位的胜任程度或职业胜任程度 如确定某公司部门主管的素质标准后，对该公司所有部门主管进行测评，以判定部门主管的胜任程度

1.3 现代人才测评的主要方法

人才测评的工具方法有很多，人们所熟悉的考试、职位评定等都属于人才测评的范围。常用的技术含量较高且在实践中比较有效的人才测评方法有笔试法、面试法、心理测验、评价中心、胜任素质模型和管理能力测评等。

1. 笔试法

笔试法属于一种传统的测评技术，主要用于测量人员的基本知识、专业知识、外语知识、综合分析能力、逻辑分析能力和文字表达能力等素质。笔试法在测定个人的知识面和逻辑分析能力等方面的效度较高、成本较低，而且笔试法的操作程序规范、操作方便，可以大规模地进行施测，其成绩评定比较客观，至今仍是组织进行人力资源管理时常用的方法。

笔试法自古有之，特别是隋唐时期的科举制度，通过考试能够较为合理地选拔人才。在西方，一些国家也相继采用考试的方法选拔官员。1791 年，法国资产阶级夺取政权后建立了自己的文官考试制度。1853 年，英国政府开始酝酿文官考试事宜。

到了现代，笔试应用范围更加广泛，各种类型的选拔考试不断出现，包括高等教育考试、研究生考试、公务员考试、各种类型的资格认证考试等。笔试已经成为测试、鉴别和选拔人才的主要手段。

笔试法适用、应用的职位有专业限制的部门，如财务部门、研发技术部门等，选人的第一关就是要笔试，笔试不通过就无法进入面试。下面是一个公务员考试中申论笔试的试题。

【案例（申论测试）】[①]

给定材料：T 市晚报刊发了一批"市民来信"，集中反映了城市市民出行中遇到的问题。

市民甲：8 月下旬的一天早上，我送朋友去赵家口长途汽车站，发现这里是一个 Y 字形路段，行驶的车辆由两条机动车道汇聚到一条机动车道上。引人注目的是，两条分支机动车道中的

---

① 王淑红，赵琛徽，周新军. 人员素质测评[M]. 北京：北京大学出版社，2012，7：218.

其中一条机动车道缓缓行驶着大量公交车，一辆接着一辆，车队一直排到 Y 字形车道汇流口。刘公铺桥西这一站点设置在两条机动车道之间，我和朋友便是在这一站下的车。这里下车的乘客特别多，疏散时间增加，公交车停靠的时间也就相应增加，而之后需要进站的公交车排队进站的时间也被延长。我看到排队等候进站的公交车一直都保持在 5 辆以上，这使路面拥挤不堪。我从刘公铺桥西站下来后沿着公交站绕了一圈，发现并没有能够穿过马路的人行横道。乘客如果想要安全地走到 5 米开外对面的公交站，需要转身走几百米去绕行赵家口天桥。这对于在上班时间急着换乘车辆的人来说太费时间，所以我看到绝大部分下车的乘客都径直走到站点与绿化带之间的空隙处，在大量的机动车车流之间惊险地穿过马路。这虽然存在着巨大的安全隐患，但与登上天桥再下来相比显得方便快捷得多。

市民乙：前几天上午，我去石化总公司附近的体检中心体检。事先我从公交网上查询得知，经过我家附近的 16 路公交车可以抵达石化总公司。乘 16 路车顺利抵达目的地并体检之后，我按照惯例走到回程方向的石化总公司站点等车，等了约 20 分钟，来了一辆 16 路车，却呼啸而过，并没有靠站。我先是误以为司机甩站，后来无意中看了一下站牌，发现这个站点并不停靠 16 路公交车。这让我有上当受骗的感觉，心情也被破坏了。一个朋友说，他经常乘公交车出行，沿江路上的清河站的 58 路、127 路也是"有去无回"的。对这类现象，我百思不得其解：公交公司为啥让乘客有去无回？

市民丙：随着我市城市建设速度的加快，轨道交通网络不断向外延伸，远离中心城区的住宅区越来越多。但是轨道交通只解决大流量，不能完全解决住宅小区到达轨道交通车站之间的"最后一公里"问题。退回去几十年，有没有"最后一公里"问题？有。那当时是怎么解决的？一是走路，二是骑车。现在为什么没人走路了？过去走是因为经济困难，现在几块钱对绝大多数人来说都不是问题；有人想走，却发现道路坑坑洼洼或晚上黑灯瞎火，感到特别不安全。为什么现在骑自行车的少了？因为骑车的成本也不低。现在规范的小区里，自行车必须停在车库里，每月要交停车费；你想停在公交车站或者轨道交通站点，也必须交停车费，否则很容易失窃，交了钱也不一定保证不丢，此外还"受气"。现在是汽车社会，不少道路上都没有非机动车道，即使设有非机动车道，也常常被乱停的机动车占用。于是，原本可以自行解决的"最后一公里"被"黑车"填了空。在公交站点，有不少小轿车、摩托车、电动车等"黑车"聚集。由"黑车"引起的交通事故常常让人心有余悸。

问题：上述材料反映了 T 市市民出行中存在的许多问题，假定你是市交管局聘请的观察员，请就这些问题提出解决建议，呈送市政有关部门参考。

要求：

（1）对存在的问题概括准确、扼要；

（2）所提建议具体简明、有针对性、切实可行；

（3）不超过 400 字。

2. 面试法

面试法是招聘测评中最普遍的一种测评方法。面试是指通过测评者与被测评者双方面对面的观察和交谈，收集有关信息，由测评者对被测评者进行评价。面试的定义可分为狭义与广义两种。从狭义方面讲，面试就是面谈测试、面对面的口试，是一个在评价者与被评价者之间进行的你问我答过程。在面试的过程中，面试官对被面试者的语言表达能力、行为、所回答问题的内容等方面进行评价，据此来评判其与特定岗位的任职资格和素质要求的匹配程度。也有观点认为面试是一个广义的概念，除了评价者与被评价者面对面直接交流这种形式之外，将被测评者置于某种特定的情景之中，要求其完成几项任务，从而根据被测评者的行为表现确定其是否具备特定岗位要求的能力、素质和资格条件的方式也属于面试的范畴。因而在这种观点下，面试也囊括了情景模拟测试等方法，而非仅指直接面谈。综合来说，面试是一种经过精心设计，采用测评者与被测评者面对面双向沟通的形式，通过倾听和观察被测评者在此过程中的语言与行为表现，来全方位了解其有关素质、能力及应聘动机等信息的一项人员素质测评技术。[①] 采用面试法时，面试官可以从4个方面来考核应聘者，也可以概括为STAR面试法。

S——Situation，即某项应聘者从事过的事件所处的背景。

T——Task，即该应聘者为完成上述事件所承担的工作任务。

A——Action，即该应聘者为完成上述工作任务所采取的行动。

R——Result，即该应聘者在完成上述工作任务后得到的结果。

采用STAR追问法，从当时的情境、任务、行动、结果这4个方面了解应试者所经历的完整事件，旨在取得其中与一种或数种考核要素有关的信息。坚持"问准""问实"的原则，不允许应试者模棱两可、含糊其词地回答。[②]

由于笔试搜集的信息比较死板，难以考察到被测评者的应变能力和解决问题的能力，有时候会出现高分低能的现象。而在面试中，通过沟通交流，可以直接了解被测评者的经验、求职动机、语言表达能力、倾听能力、沟通技巧、仪容仪表仪态等方面的信息，从某种意义上讲，面试与笔试是互补的。面试的这种特性使其在人员的选聘、晋升、岗位调配等管理活动中得到广泛应用。

当我们想考察一个人的表达能力、反应能力、分析能力与控制能力时，我们的问题是：请你用3分钟的时间介绍一下你自己。

通过回答的滞后性来测评被测评者的反应能力；

通过回答的恰当性与重点性来测评被测评者的分析能力；

通过回答的逻辑性、条理性与用词的准确性来测评被测评者的表达能力；

通过回答内容与时间把握运用的适当性来测评被测评者的表达能力。[③]

【案例一】[④]

STAR举例——业务代表

企业需要招聘一名业务代表，而应聘者的资料上写着自己在某一年做过销售冠军，某一年销售业绩如何。

（1）首先，要了解该应聘者取得上述业绩的背景（情形），包括他所销售的产品行业特点、市场需求情况、销售渠道、利润率等问题。通过不断发问，企业可以全面了解该应聘者取得优秀业绩的前提，从而获知其所取得的业绩有多少与应聘者个人有关，多少与市场的状况、行业的特点有关。

（2）其次，要了解该应聘者为了完成业务工作，都有哪些工作任务（工作），每项任务的具体内容是什么。通过这些，企业可以了解他的工作经历和工作经验，以确定他所从事的工作与获

① 王淑红，赵琛徽，周新军. 人员素质测评[M]. 北京：北京大学出版社，2012，7：143.

② 侯典牧，傅家荣. 人员素质测评[M]. 北京：科学出版社，2012：286.

③ 萧鸣政. 人才测评与开发：行政管理的基点[M]. 北京：北京大学出版社，2014，1：19.

④ 侯典牧，傅家荣. 人员素质测评[M]. 北京：科学出版社，2012：286.

得的经验是否适合现在所招聘的职位，使工作能更好地与人配合起来。

（3）再次，了解工作任务之后，继续了解该应聘者为了完成这些任务所采取的行动，即了解他是如何完成工作的，都采取了哪些行动，所采取的行动是如何帮助他完成工作的。通过这些，企业可以进一步了解他的工作方式、思维方式和行为方式，这是招聘方非常希望获得的信息。

（4）最后，才是关注结果，每项任务在采取了行动之后的结果是什么，是好还是不好，好是因为什么，不好又是因为什么，这些招聘方都要关注。

【案例二（反例）】[①]

有一家民营企业要招聘一位人力资源经理，老板问了 3 个问题。

（1）我们公司的这个职位需要带领十几个人的队伍，你认为你带人带得怎么样？

（2）你团队工作怎么样？因为这个职位需要经常交流、沟通，你觉得你的团队精神好不好？

（3）我们公司刚刚设立这个职位，工作压力特别大，需要经常出差，你能不能适应这种高压力的工作状况？

这 3 个问题就是想了解候选人的领导力、团队精神和是否可以承受巨大工作压力。但是这种提问方式不好，谁都可以做出以下答案：（1）我管理人非常好；（2）我团队精神非常好；（3）我非常喜欢出差。

但是除了候选人自己，别人无法知道他说的是不是实话。

3．心理测验

心理测验是通过观察个人具有代表性的行为，依据确定的原则对于贯穿在个人行为活动中的心理特征，进行推论和数量化分析的一种科学手段。心理测验往往是通过人们在特定情境中所表现出来的外显行为推论其心理特质的，它具有间接性，如内向的人通常表现为安静、保守、内省、喜欢独处等行为特点。

心理测验的思想和实践可以追溯到 2 000 多年前的春秋时期，我国古代教育家孔子在《论语》中提出"中人以上，可以语上也；中人以下，不可以语上也"。这是对学生的个别差异层次的评价，并且分为中人、中人以上、中人以下 3 个级别。隋末出现的科举制度可以说是现代人员选拔测验的雏形，但真正意义上的心理测验是 20 世纪初才发展起来的。心理测验起源于实验心理学中个别差异研究的需要。1879 年德国心理学家冯特（W. M. Wundt）在德国莱比锡大学设立了第一所心理实验室，实验中发现个体的行为相互间存在个别差异。个别差异的存在引起了心理测量的需要，促进了心理测验的发展。[②]心理测验发展至今数量已达几千个，同时在世界各地得到广泛应用。它能够较好地描述并测量人员的个性特点，在各企事业单位中颇受欢迎。另外，心理测验还为学校心理健康教育的开展提供信息与服务。常见的心理测验有标准化测验和投射测验。

标准化的心理测验通常会事前确定好测验题目、测验答卷、详细的答题说明、客观的计分系统和解释系统、常模说明、测验的信度和效度以及项目分析数据等相关资料。它具有使用方便、经济、客观等特点，用于人事测评的心理测验主要包括智力测验、能力倾向测验和人格测验。

投射测验要求对被测评者进行一些模棱两可的刺激，根据被测评者的反应来分析、推断被测评者的内在心理，它主要用于对人格、动机等内容的测量。投射测验可以使被测评者隐蔽的个

---

① 侯典牧，傅家荣. 人员素质测评[M]. 北京：科学出版社，2012：293.
② 王淑红，赵琛徽，周新军. 人员素质测评[M]. 北京：北京大学出版社，2012，7：177.

性特征、心理活动或态度更容易地表达出来，但它在计分和解释上缺乏相对客观的标准，所以对主试和评分者的要求相对较高。

【案例一（标准化心理测验）】[①]

有 4 个人一同等电梯，稍后电梯门打开，却有一个人没有进去，你认为这可能是因为什么？（限选一项）

分析：A. 他在等人　　　B. 电梯客满　　　C. 有讨厌的人在电梯中，故意错开

选择 A 项的人属于理智型，往往能选择有利于自己的朋友交往，但也能相当顾虑到别人的立场；

选择 B 项的人能抑制自己的情感，不会任意耍性子，即使对方无理，也会按捺住性子不发脾气；

选择 C 项的人是喜怒易形于色的人，对喜欢的人往往能和颜悦色与其相处，但情绪一不对劲就会翻脸不认人。

这是一种极为简单的问卷选择式品性测验。

又如，下面一个智力测验题：

一元钱可打 3 发子弹，3 发都中可以奖一发。试问 5 元钱最多能打多少发子弹。

【案例二（投射测验——阅读资料）】[②]

TAT 主题统觉测验

主题统觉测验（Thematic Apprception Test，TAT），它是由美国心理学家默里（H. A. Murray）和摩尔根（C. D. Morgan）于 1938 年所创制的一种人格投射测验。其理论基础是默里的"需要—压力"理论。全套测试包括多张不同情境的图片（全部为黑白色）和一张空白卡片。图片的内容多为人物，兼有部分景物。

TAT 测验共由 30 张图片组成。30 张图片依被测评者的年龄和性别组合分为 4 套，分别用于男人（M）、女人（F）、男孩（B）、女孩（G）4 组。TAT 施测时，每个组测 20 张图片（19 张图片和 1 张空白卡片），图片含义隐晦。

进行 TAT 测试时，每次给测评者一张图片（见图 1-2），要求被测评者在 5 分钟内看完，让其编制一个300 字左右的故事。故事内容不加限制，但一般必须回答以下问题：图中发生了什么事情？事情发生的原因是什么？图中的人物在想些什么？故事的结局怎样？对于空白的卡片，则要求被测评者想象出一幅图画，然后根据图画编制故事。

因为图片内容设计暧昧不清，提供给被测评者思考的时间又很短，所以被测评者常常不自觉地把自己的愿望、态度等特点投射进去，因而可以通过被试评者所讲述的故事来深入分析其个性特点。例如，当把上幅图呈现给一位 21 岁的男青年时，他讲述了如下的故事：

"她正在收拾屋子以迎接某人的到来，她打开门，最后一遍扫视房间。也许她正在盼望儿子回家。她试图把所有的东西恢复到儿子出门时的原样。她的性格似乎十分专横，支配着儿子的生活，一旦儿子回来她还要继续控制他。这仅仅是她的控制的开始。她的儿子一定被她的专横态度所吓倒，将顺从地进入她的井然有序的生活方式之中。他将按照母亲规定的单调生活道路走下

---

① 萧鸣政. 人才测评与开发：行政管理的基点[M]. 北京：北京大学出版社，2014，1：19.
② 王淑红，赵琛徽，周新军. 人员素质测评[M]. 北京：北京大学出版社，2012，7：193.

去。所有这一切都意味着她完全主宰着他的生活直到她死去……"

虽然原画面上只有一个妇女站在敞开的门口，看着房间，但被测评者的反应却暴露出他与母亲的某种关系，并引出了这一母亲支配儿子的故事。

因此，虽然个人面对图画情境所编造的故事受当时直觉的影响，但被测评者在编造故事时常常是不自觉地把隐藏在内心的冲突和欲望等穿插在故事的情节中，借故事中人物的行为投射出来。主试如果能对被测评者所编的故事善加分析，便可了解其心里的需求、动机等特点。

图 1-2　主题统觉测试示例

4. 评价中心

评价中心是包含多种测评方法和测评技术的综合测评系统。它起源于德国心理学家 1929 年建立的一套用于挑选军官的非常先进的多项评价程序。其中一项是对领导才能的评价，测评的方法是让被测评者指挥一组士兵，他必须完成一些任务或者向士兵们解释一个问题。在此基础上，评价员对他的面部表情、讲话形式和笔迹进行观察。评价中心在我国的历史可以追溯到公元前 21 世纪尧对舜的德才考察。从我国古代与现代的情况来看，主要是以此代替或简化实践考察的形式，来测评考试者的实际工作能力，但是更直接的原因则是源于管理能力的测评。[①]评价中心的迅速发展始于第二次世界大战后，是现代人事测评的一种重要形式，它被认为是一种针对高级管理人员的最有效的测评方法。

评价中心在测评时表现为一项人事评价过程，它由多个测评者针对特定的目的与标准，使用多种主客观的评价方法和测评技术，对被测评者的综合能力进行评价，为组织人员选拔、人才鉴别、岗位调整和绩效考核等提供服务。因此，评价中心是以测评管理素质为中心的标准化的一组评价活动。它是一种测评的方式，不是一个单位，也不是一个地方。在这种活动中，包括多个主试采取多种测评方法对素质测评所做的努力，所有这些努力与活动都围绕着一个中心，即管理素质的测评。[②]

评价中心技术有两种功能：其一是用于筛选人员，重点在于为空缺职位选拔合适人选；其二是由于员工职业发展而培训开发在职人员的能力，重点在于考察员工哪些方面有优势，哪些方

---

① 萧鸣政. 人员素质测评理论与方法[M]. 北京：北京大学出版社，2011，3：175.
② 萧鸣政. 人员素质测评理论与方法[M]. 北京：北京大学出版社，2011，3：176.

面还有欠缺，据此进行培训以克服缺陷，因此评价中心又被称为评价与开发中心。[①]

评价中心源于情景模拟，在一次评价中心中会包含多个情景模拟测验，但它又不同于简单的情景模拟，它是模拟技术、投射技术和面试技术等多种测评技术的有机结合。情景模拟是根据被测评者担任的职务和测试目的，编制一套与实际情况相似的测试项目，将被测评者安排在模拟情景中去处理可能出现的各种问题，它是用多种测评方法来测评被测评者的能力和心理特征的方法。情景模拟的方法有无领导小组讨论法、角色扮演和文件筐测试等。

管理游戏是评价中心常用的方法之一，它是以完成某项"实际工作任务"为基础的标准化模拟活动，个人或团队在管理游戏中领取自己的任务，测试者通过管理游戏来观察被测评者的实际工作能力。管理游戏最初被用于模拟军事和政治决定，在保险公司、工业、政府部门以及一些非营利组织中被广泛地应用。管理游戏是一种社会性的游戏，它通常经过严密的组织，要求参与者必须能严格遵守游戏规则，进而达到某个具体的目的。由于其形式活泼，将深刻的道理寓于有趣的游戏中，能使参与者受到很大的启发，而且通过实际的解决问题的过程，使得参与者的特定素质也在活动中得到体现，因此，管理游戏被越来越多地用于人才的培训与选拔。

在评价中心技术中，管理游戏就是作为一种人才测评的方法来使用的。它是在管理或培训的情景中引入游戏的方式来模拟真实情景的一种测评方法，通常是通过游戏活动来考察参与者的沟通、组织、协调、决策以及合作能力等素质。它是一种以完成某项"实际工作任务"为基础的标准化模拟活动，通过活动观察与测评被测评者的实际管理能力。整个过程充满趣味性，情景模拟性强，因此，管理游戏是一种非常有效的人才测评的方法。依据所要解决问题的方向，可以将管理游戏分为：会议游戏、销售游戏、创造力游戏、破冰游戏、客户服务游戏、团队建设游戏、压力缓解游戏、激励游戏。其特点是：第一，管理游戏的目标明确而单一，针对性很强；第二，管理游戏活动可以是一种群体的、团队的活动，可以使团队成员间相互积极配合，可以振奋团队的精神，加强团队的团结；第三，通常管理游戏操作性很强，强调问题解决的能力，模拟内容真实感强；第四，可以激发被测评者潜在能力和创新精神；第五，管理游戏的参与性强，易于掌握。[②]

其中，图 1-3 所示为管理游戏的示例。

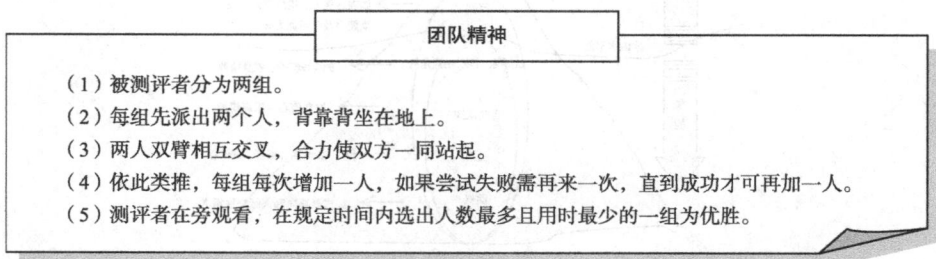

团队精神

（1）被测评者分为两组。
（2）每组先派出两个人，背靠背坐在地上。
（3）两人双臂相互交叉，合力使双方一同站起。
（4）依此类推，每组每次增加一人，如果尝试失败需再来一次，直到成功才可再加一人。
（5）测评者在旁观看，在规定时间内选出人数最多且用时最少的一组为优胜。

图 1-3 管理游戏示例

管理游戏能够帮助被测评者挖掘解决问题的技能，帮助其将注意力集中在制定公司的规划上，它可以用于开发领导能力、培养团队合作精神，是一种有效的人才测评手段。管理游戏的优缺点如表 1-2 所示。

---

① 胡月星. 评价中心与结构化面试[M]. 银川：宁夏人民出版社，2007，5：6.
② 胡月星. 评价中心与结构化面试[M]. 银川：宁夏人民出版社，2007，5：93-94.

表 1-2 管理游戏的优缺点

类别	特点	内容
优点	集中考察被测评者的多种能力	被测评者在游戏中参与问题的解决，集中反映了多种能力素质
	形式活泼，仿真性、趣味性强	管理游戏模拟内容真实感强，可以使被测评者从中受到启发；游戏的趣味性可以激发被测评者的潜在能力
	测评效度高	在游戏中被评价的行为表现会更加真实，可以减少掩饰的机会，提高测评的效度
	能够突破实际工作情境中时间与空间的限制	有些行为在实际工作中的发生频率会相对较少，但在管理游戏中短短的时间内就会发生
缺点	测评效果难于观察，对测评者要求较高	在游戏中成员为完成任务会来回走动，有时会产生混乱状态，需要测评者有很高的水准来保证结果的客观性
	花费时间	管理游戏的组织与实施通常要花费很长的时间来准备和实施
	压抑了被测评者的开创性	游戏会使决策者从一个既定的决策表中进行决策选择，会使富有经验的被测评者难以发挥其创新性

5．胜任素质模型

当今激烈的国内外市场竞争在实质上是人才的竞争，人力资源管理是影响一个公司经济效益的重要战略因素，而其能否在企业中发挥重要作用，很大程度上取决于企业人力资源管理人员的胜任素质；换言之，企业人力资源管理人员的胜任素质直接决定企业人力资源管理的成效，甚至企业现在和未来的发展。[1]

1973 年，哈佛大学教授麦克利兰发表了名为《测量胜任素质而非智力》的文章，首次提出了胜任素质的概念。他认为学习成绩不能预测职业的成功，智力测验和职业倾向测验也不能用来进行工作成就预测。而个体的态度、价值观、自我形象、动机等潜在的深层次特征，才是能真正区分绩效优异者与绩效普通者的关键因素。这篇文章发表之后，引起了人力资源管理领域许多学者的研究兴趣，也标志着胜任素质理论研究和应用的开端。[2]

麦克利兰的冰山素质模型对岗位胜任素质的构成要素进行了形象的描述，如图 1-4 所示。

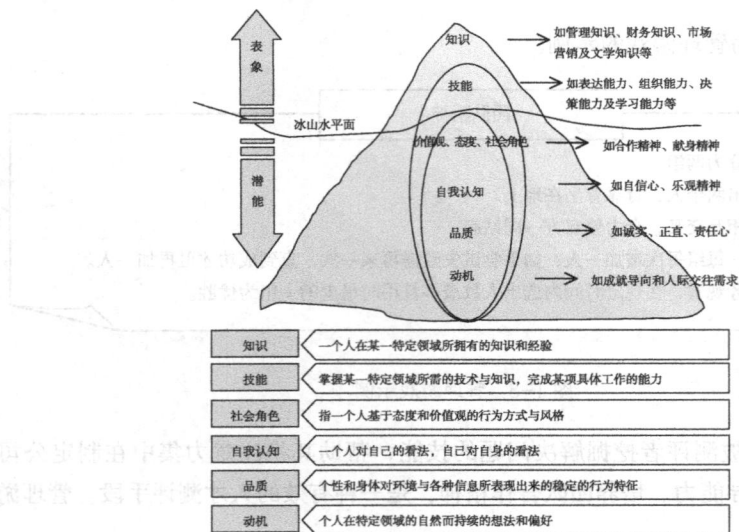

图 1-4 冰山素质模型

---

① 侯典牧. 人员素质测评[M]. 北京：科学出版社，2012：190.
② 侯典牧. 人员素质测评[M]. 北京：科学出版社，2012：190.

"冰山以上部分"包括基本知识和基本技能，是外在表现，是容易感知、判断、测量与培养的部分，但它不能预测或决定个人是否在工作中会有突出表现。"冰山以下部分"包括社会角色、自我认知、品质和动机，是人内在的部分，它与高绩效是相关的。

表层的知识和技能，相对易于改进和发展，培训是最经济有效的方式。核心的动机和特质处于人格冰山的最底层，难以评估和改进，所以它是最有选拔的经济价值的。自我概念如自信，位于表层和底层中间，虽然较难改变并且需要更多的时间，但仍可以通过培训、心理治疗或以曾经有过的成功经历来改善。[1]

胜任素质模型自诞生之日起就被应用到人力资源工作的各个方面。实践证明，胜任素质模型可以提高企业的人力资源质量，提升组织的竞争力，还能推动企业发展战略的实现。

【阅读资料】[2]

万科的人才体系

万科企业股份有限公司（以下简称"万科"）的人才管理模式一直为中国企业津津乐道，如今的万科已经不仅仅是地产行业的领军企业，而且成为中国企业人才管理的楷模。一直以来，万科以"人才是万科的资本，是万科的核心竞争力"为用人理念，从尊重人开始，为优秀的人才创造一个良好的发展环境，这已经深深地印入了万科的企业文化。

万科能够成就自己的人才体系是靠着一整套人才管理体系，而这也正是人才管理时代所必需的管理理念，与国内众多企业相比万科已经超前进入人才管理时代，与世界前沿的人才管理相对发达的企业看齐。

进入人才管理时代，企业对于人才的定义有了更加清晰明确的概念，就此，万科制定了"万科人"的标准：岗位胜任素质评估模型。该模型包括素质模型和测评工具两部分内容，前者为万科需要什么样的人才提供了标准，后者用来衡量一个具体的人符合标准的程度，测评报告将为最后的录用及升迁结果提供参考。

万科总经理郁亮对这一量化评估标准甚为推崇，认为它将有利于万科的人才培养和班子配备，并指示人力资源部的工作以这套工具为基础。事实证明确实如此，岗位胜任素质模型广泛地应用于万科的招聘、培训、职业生涯规划、人才选拔等多个领域。它是对已经在岗的人的要求，也是用来培养未来职业经理人的方向，还成为招聘的"模子"，为万科挖掘企业需要的人才减少寻找成本，更有助于员工通过"标准"有意识地培养自己尚不具备的特质。

基于胜任力的人才管理体系是人才管理阶段的显著特征，因此，如何界定人才成为企业人才管理环节中的重要环节。一方面，人才通过上述过程得到评估和发展，以提升他们的发展潜力和岗位适配性；另一方面，人才的成长发展也支撑着人才管理各个模块的效能，为企业创造源源不断的动力。

6. 管理能力测评

管理能力是企业员工在日常工作中所表现出来的工作能力，它是员工独立从事各项工作，解决实际问题，保证任务顺利完成的基本条件。管理能力作为一项基本技能，企业内每一位员工都应当具备。管理能力是客观存在的，并且人与人之间的管理能力也不完全相同，存在高低强弱之分，同时管理能力对于岗位的重要程度也不尽相同。通过一段时间的工作观察，根据一个人的

---

① 侯典牧. 人员素质测评[M]. 北京：科学出版社，2012：192.
② 侯典牧. 人员素质测评[M]. 北京：科学出版社，2012：194.

工作表现和业绩，能够判断出这个人的能力。通过一系列科学的方法和手段，同样可以了解一个人某些方面的能力。这也是测评所要达到的目的。管理能力测评的题目一般采用选择题的形式，题目设计主要采用现实描述和情景模拟两种方式。

（1）现实描述

这种类型的题目会询问被测评者在日常生活工作中的行为举动和心理感受等。通过被测评者的回答，可以得知被测评者在实际情况下会做出如何的反应和行动，根据这些反应和行动分析出被测评者相对应的能力水平或者是行为倾向。

例如，在对待朋友的生活、工作等诸多方面，我喜欢：

A. 只赞扬他（她）的优点

B. 只批评他（她）的缺点

C. 因为是朋友，所以既要赞扬他（她）的优点，也要指出他（她）的不足

D. 因为是朋友，彼此很熟悉，所以不需要指出他（她）的优点或者是缺点

这道题目考查的是被测评者人际交往能力。被测评者依据实际生活中怎样与朋友交往，如何对待朋友的优缺点等的情况，针对题目的问题，选出在遇到这样或那样的事情时自己会采用的处理方式。

（2）情景模拟

这种方法在题目设计上一般会采用以下两种方法。

① 题目中假定被测评者的身份或者职位，如经理、销售人员和行政人员等，（假定的身份通常都是被测评者准备申请的职位）然后用文字描述一个场景或者一个冲突矛盾，需要被测评者亲自处理，被测评者根据题目设定的身份和描述的情景，进行分析判断，最后从题干后的 4 个选项中找到一个与自己想法相吻合的处理方式。

例如，甲是您公司销售部门经理，他直接向您汇报。他的部门总会错过一些销售计划，而且他每月的报告总是迟交。您与甲确定了一个时间进行面谈。但是，当您按约定时间到达他办公室时，甲却不在。他的秘书告诉您，几分钟前，甲的一个销售主管来找他，并抱怨有的员工迟到，工作效率不高。甲就同这个主管对部门员工进行了一次鼓舞士气讲话，并且强调了期望的工作业绩。当甲回来时，您已经等他半个小时了。

您将如何指出甲工作中的偏差？

A. "我知道，作为管理者你已经干得很不错了，但是还有一点小问题我要给你提出来，这是一些计划安排和时间管理方面的问题，或许它不是很严重。"

B. "许多人认为你的工作能力有问题，所以你的部门产生许多问题。他们认为要解决这些问题，主要还是你要提升自己的能力。"

C. "你工作表现很差，体现了你能力的不足，可以看出问题的根源在你身上。你应该好好反省自己，不断完善自己。其实我觉得你还是很有前途的。"

D. "最近你们部门计划延后，部门报告迟交。我担心，这样下去会对整个营销战略造成影响。你应该进行更好的授权并进行有效的时间管理。"

② 题目描述一个人在某个特定场景或是某段时间的行为，被测评者在仔细认真阅读材料后，根据要求，回答一些与题目提供的那段材料相关的问题。

例如，甲是某企业生产部经理。一天早上，他进入办公大楼，在去往办公室的途中，想到要在今天制定出新的生产流程。当他准备分解这个项目的目标与过程时，库房主管找到他说人手不够，要求给他增派人手，甲答应后，来到办公室。甲按照惯例询问每一个领班生产情况并确认

下一个生产任务，又给库房调配了人手。这时已经到午饭时间，甲吃过午饭后，休息了一下，回到了办公室。这时一个领班找到甲，抱怨新员工工作积极性不高。甲给了这个主管几条建议将其送走，接着就参加了一个会议。会议结束后，就到了下班时间，甲感觉今天很繁忙又只是在例行公事。

你认为甲管理中的问题是什么？

A. 缺乏授权，没有日程计划，没有给自己一个可以不受打扰的工作时间

B. 没有日程计划，没有充分利用时间，对于没有预约的打扰未能拒绝

C. 没有日程计划，没有充分利用时间，没有让员工针对自己的问题提出建议

D. 缺乏授权，没有日程计划，未能有效率地管理会议[①]

1.4 人才测评理论的发展

人才测评自古已有，早在我国古代就已经蕴含了大量的人才测评思想。而西方的学者则将人才测评发展为科学的理论与方法。人才测评的概念源于对人的心理特征和能力的测量，随着测评工作更加专业化，人才测评方法和人才测评工具等不断被丰富，使得对人才的测评更加客观准确。现在，人才测评已经在各行各业得到广泛应用。

1.4.1 人才测评的起源

人才测评的起源可以追溯到 19 世纪初心理测量的诞生，它以 1905 年法国心理学家 A. 比奈（A. Binet）与 T. 西蒙（T. Simon）合作发表的智力测验量表——比奈—西蒙量表（Binet-Simon Scale）为标志，至今已有百年的历史。

1. 比率智商

智力（Intelligence）是指生物（或人）一般性的精神能力，指生物（或人）认识、理解客观事物并运用知识、经验等解决问题的能力，包括记忆、观察、想象、思考和判断等。

比奈认为，智力包括 3 个方面的能力：一是选择并维持某一明确方向的能力；二是做出必要的调节即策略调节以达到某种目标的能力；三是自我监控，以保证能做出必要策略调节的能力。

比奈和西蒙提出了比率智商（Intelligence Quotient，IQ）的概念，用智商来反映智力高低的商数，比率智商是心理年龄（Mental Age，MA）与实足年龄（Chronological Age，CA）的比值。其计算公式为：

$$IQ（智商）=MA（心理年龄）/CA（实足年龄）×100$$

该公式的含义是：如果心理年龄与实足年龄相等，其智商为 100；如果心理年龄高于实足年龄，其智商较高（大于 100）；如果心理年龄低于实足年龄，其智商低于均值（低于 100）。

2. 比奈—西蒙量表的发展

（1）1905 年比奈和助手西蒙发表了第一个心理取向的智力测验——比奈—西蒙量表，比奈—西蒙量表有 30 个由易到难排列的项目，其中既有对较低级的知觉方面的测量，也有对较高级的判断、推理和理解等方面的测量。

（2）1908 年，比奈—西蒙量表做首次修订，修订后的量表运用了近代测验理论的基本思

① 白桦. 管理能力测评的效标效度研究[J]. 北京邮电大学，2009，2：15-18.

想，即测验的原理在于将个人的行为与他人比较并归类，首次采用智力年龄作为衡量儿童智力发展水平的指标。修订后的比奈—西蒙量表测验项目总数达到 59 个，并把测验题目按年龄分组，从 3 岁到 15 岁，只要每个年龄的儿童中有半数人能通过的题目即属于这个年龄组的题目。

（3）1911 年修订版的量表发布。这次修订没有重大变化，只是改变了几种年龄水平分组，并扩展到成人组。

（4）1916 年，斯坦福—比奈智力量表产生。随着比奈—西蒙量表被翻译成多种语言，各国心理学家对其进行了修订。其中以美国斯坦福大学 L. M. 特曼主持修订的斯坦福—比奈智力量表（简称 SB）最为著名。它的第一个修订本 1916 年问世，这个修订本把比奈—西蒙量表从 54 项增加为 90 项，并对许多项目进行了修改，重新调整了年龄水平。该量表根据美国近 1 000 个儿童和 400 个成人组成的样组的结果重新加以标准化，不但对每个测试题的实施程序及评分方法做出了详细的说明和规定，更重要的是第一次将智商（IQ）概念运用到智力测验中，使智力分数能在不同年龄间比较，从而进一步发展和完善了比奈以智龄评定智力的方法。

（5）1937 年，斯坦福—比奈智力量表的二次修订完成，其中有两套等值的测验，即 L 型和 M 型。它们各包含 129 个项目，内容涉及各种智力活动，尤为突出的是类比、对比、理解、词汇、异同、图画或语言填充、提出谬误、描画图样以及记忆有意义的材料和数字等。

（6）1960 年，斯坦福—比奈智力量表的三次修订完成。它是从 1937 年的两个 L 型和 M 型中选取最佳测题而组成的，称为 L-M 型。这项工作以 1950—1954 年 4 498 名 2.5～18 岁的被测评者测验 L 型或 M 型中的测题所得到的资料为依据。

3．中国比奈量表

中国心理学家陆志韦曾两次主持修订比奈—西蒙量表。1924 年公布的《订正比奈——西蒙智力测验说明书》因仅适用于江浙一带儿童，因此陆志伟与吴天敏于 1936 年进行了第二次修订，使之也可适用于北方儿童。陆志韦的修订本的测验内容是以特曼的 1916 年修订本为蓝本，共包括 54 个项目，其中某些项目以不同要求应用于几个年龄组，故可按 75 项使用。项目性质大约可分为语言文字、数目、解图和机巧 4 类。3～11 岁的每年龄组有 6 个项目，每项代表 2 个月；12 和 13 岁两个年龄组各为 3 项，每项代表 4 个月；14 和 15 岁合为 1 组共 6 项，每项代表 4 个月；16、17、18 岁合为 1 组共 9 项，每项代表 4 个月。其计分方法有两种，可按积分计算，也可按智龄分数计算，然后按智商公式算出智商分数。陆志韦自称，该测验用于 6～14 岁儿童较为可靠，6 岁以下或 14 岁以上儿童虽也能采用，但不及上述年龄范围准确。

中国的比奈—西蒙量表第三次修订本由吴天敏主持，称为《中国比奈测验》。它可用于 2～18 岁的被测评者（每岁 3 题，共 51 题），最佳适用年龄是小学至初中阶段。评定成绩的方法采取离差智商。另有一个由 8 个试题组成的《中国比奈测验简编》，用起来较为方便省时。试题包括对比、判断、数数、说反义词以及情境问题等。例如，试题 1 是让被测评者看 3 个大小不等的圆形，说出哪个大，哪个小；试题 2 为说出物名：爸爸写字用什么？妈妈切菜用什么？缝衣用什么？试题 7 为数手指：你这只手有几个手指？那只手有几个手指？两只手共有多少手指？试题 10 为看图说画：有 3 幅画，第一幅为一位小朋友在柜台前买东西的情景；第二幅为一位小朋友和爸爸妈妈一起逛公园的情景；第三幅为一位小朋友在车站给妈妈送雨伞的情景。让被测评者看这些图画，并说出画的是什么。试题 14 为说反义词：快（慢）、甜（苦）、热（冷）、少（多）。一般来说，每道试题中的问题全部答对才算通过，如果连续 5 道题没有通过即可终止测定。

4. 离差智商

离差智商的原理是用各个年龄段内人的智商的平均数作为参照，以被测评者在同龄组中的分数为基础，看其分数与平均数的距离有多少标准差，从而确定其智商的高低。美国心理测量学家韦克斯勒（D. Wechsler）在1939年编制了新的智力测验量表，并提出离差智商概念。

如两个年龄不同的成年人，一个人的智力测量得分高于同龄组分数的平均值，另一个人的测验分数低于同龄组的平均值，那么，就得出前者的 IQ 比后者高的结论。

1.4.2 人才测评的兴起与发展

心理测验是人才测评的基础。主要经历以下几个阶段。

1. 操作测验的发展

早期的测验偏重文字材料和言语能力，适用人群和测验的功能存在局限。为此，心理学家编制出一批操作性测验，既可弥补语言文字量表在理论上的缺陷，又可适用于文盲、文化水平低和有言语障碍的人。

2. 团体智力测验的发展

早期的测验多是个别进行的，如比奈—西蒙量表每次测量一个人。在第一次世界大战期间，为满足军队从平民中选拔官兵和分派兵种时快速测评的需要，研究者约翰·奥蒂斯（John Otis）和罗伯特·耶基斯（Robert Yerkes）开发出陆军甲种测验和陆军乙种测验，对两百万人进行了测查，起到简便快速筛查人才的作用，扩大了测验的应用范围。陆军甲种测验由 8 个分测验组成，包括指使测验（照令行事测验）、算术测验、常识测验、异同测验（区别同义词和反义词）、字句重组测验、填数测验、类比推理测验和理解测验。陆军乙种测验属于非文字测验，由 7 个分测验组成，包括迷津、立方体分析、补足数列、译码、数字校对、图画补缺和几何形分析。

3. 能力（智力）测验

20 世纪 30 年代，随着因素分析理论的发展，多重能力倾向测验在第二次世界大战后编制出来，如韦克斯勒智力量表。这种成套测验为分析个人心理品质的内部结构提供了适用的工具。按照能力的种类划分，能力测验分为一般能力测验和特殊能力测验。

在人事管理中应用能力测验，既有考察能力水平的目的，也有考查能力结构的目的。一方面，不同的人能力水平不同，选择能力强的人，可期望高绩效。另一方面，能力水平相近的人，其能力结构可能不同。有的人擅长言语的理解、加工和表达，有的人擅长数字的加工，有的人则擅长对形象的分析和加工，而有的人擅长逻辑推理等。

能力测验常用的工具有图文推理测验，主要是以抽象的图形推理形式检测智力，还有一些专门为组织开发的能力测验，它们大多专门针对某些具体的能力进行测验，如数量分析能力测验、逻辑推理能力测验等。另外，还有针对特殊技能的测验，如打字测验、音乐美术测验、精确度与灵敏度测验等。

4. 教育测验的发展

在美国，卡特尔的学生桑代克（E. L.Thomdike）等人，利用心理测验原理，编制了第一批标准化的教育测验。专门的教育测验机构也在一些国家陆续成立，如美国教育测验中心成立于1947 年，是目前世界上最大的测验编制和研究机构。桑代克心理测验分为 4 个组成部分：初级型，适用于低年级儿童，包括口头、词汇、关系概念、多重智力和数量概念；文字测验，适用于小四以上，包括词汇、句子填充、词语分类、词语类推；数量测验，适用于小四以上，包括数的大小比较、数列补充和建立关系；非文字测验，适用于小四以上，包括图形分类、图形推理和图形综合。

5．人格测验

人格是心理学研究的一个重要领域，著名精神病学家克雷佩林（E.Kraepeilin）最早应用自由联想测验测查精神病患者的心理特征。心理学家伍德沃斯（R.S.Woodworth）在第一次世界大战期间设计了个人资料调查表，可以了解士兵的适应问题和心理障碍问题，被认为是人格评定量表的蓝本。瑞士心理学家罗夏（H.Rorshach）开创了投射测验了解人格。20 世纪 40 年代以后，发展了现在依然常用的明尼苏达多项人格调查表（MMPI）、16 种人格因素问卷（16PF）和艾森克人格问卷（EPQ）。20 世纪 60 年代后，由于认知心理学的崛起，实验法与测验法相结合，产生了信息加工测验等方法，使心理测验出现了新的发展趋势，心理测验得到越来越广泛的应用。

6．职业兴趣测验

职业兴趣也是人事管理中经常参考的一种心理测验。历史上著名的职业兴趣测验有霍兰德（Holland）的职业倾向测试，他通过分析，提出了 6 种基本的职业类型，包括实际型、研究型、艺术型、社会型、组织型和传统型。通过鉴别人的职业兴趣，可以对人事选拔、配置、人员开发、个人职业生涯规划等提供重要的参考依据。

7．价值观测验

价值观是一个人对周围的客观事物（人、事、物）的意义、重要性的总评价和总看法。人们对事物的评价，在心目中的主次轻重的排列次序构成了价值观体系。价值观和价值观体系是决定人的行为的心理基础。在相同的生活或工作条件下，不同的价值观会表现出不同的行为和态度，在人力资源管理中，正确地运用员工的价值观提高公司绩效有十分重要的意义。

行为科学家格雷夫斯把错综复杂的价值观划分为 7 个等级，其具体内容如表 1-3 所示。

表 1-3　格雷夫斯价值观的 7 个等级

类型	内容
反应型	这种类型的人并没有意识到自己和周围的人类是作为人类而存在的。他们照着自己基本的生理需要做出反应，而不顾其他任何条件
部落型	这种类型的人依赖成性，服从于传统习惯和权势
自我中心型	这类人粗犷、富有闯劲，为了取得自己想要的东西，愿意做任何工作
坚持己见型	这种类型的人对模棱两可的意见不能容忍，难以接受不同的价值观，希望别人接受他们的价值观
玩弄权术型	这种类型的人通过摆弄别人，篡改事实，以达到个人目的，非常现实，积极争取地位和社会影响
社交中心型	这种类型的人把被人喜爱和与人善处看得重于自己的发展，受现实主义、权力主义和坚持己见者的排斥
存在主义型	这种类型的人能高度容忍模糊不清的意见和不同的观点，对制度和方针的僵化、空挂的职位、权力的强制使用，敢于直言

8．态度测验

态度测验是对态度的方向和强度的测量，它是重要的心理测验方法。它由一组相互关联的叙述句（态度语）或项目构成，根据被测评者对态度语或项目做出的反应推测被测评者的态度。

反应包括认知（同意或不同意）、情感（喜欢或不喜欢）和行为（支持或反对）3 类。通用方法主要有自我评定法、自由反应法、行为观察法及生理反应法。

1.5　我国人才测评的现状与误区

1.5.1　我国人才测评的现状

1．我国人才测评的行业规范性不断加强

随着企业的快速发展和激烈竞争，对优秀人才的竞争也越来越白热化，现代企业逐渐摆脱依赖经验等传统方式选人的误区，开始采用科学的人才测评工具和方法来进行人事决策。由此，我国逐渐形成了巨大的人才测评市场，并处于持续高速增长的态势，人才测评已成为我国的重要新兴产业之一。国内外多家专业机构瞄准人才测评产业发展契机，纷纷踏足这一领域，在推动人才测评专业化和产业化发展的同时，也导致当前我国人才测评市场鱼龙混杂。

2008 年 11 月至 2008 年 12 月，人力资源和社会保障部全国人才流动中心下属人才测评办公室作为我国国内最早从事人才测评的专业机构之一，接受全国人力资源服务标准化技术委员会秘书处的委托，成为人才测评国家标准的主要编写成员单位之一，承担相关标准的编制工作。2008年 12 月上旬完成了《人才测评服务业务规范（草案）》草稿的起草及与 7 家人才测评机构、10家客户以及 4 所高校、科研院所相关专家的访谈调研；12 月下旬，形成了作为推荐性的国家标准《人才测评服务业务规范（草案）》，并把征求意见稿及编制说明报秘书处。

《人才测评服务业务规范》国家标准是目前国内外唯一一部人才测评服务业务标准，于2015 年 7 月 1 日起实施。重点对从业人员基本条件、测评服务流程、测评方法的实施流程进行了规范，有利于人才测评服务质量的提升和服务业务的发展。人才测评服务业务规范国家标准的出台和推广将在人才测评的主要方法、服务流程和技术标准等方面对人才测评行业进行有效规范，使从事人才测评服务的专项机构和综合机构能够按照国家规定和建议的规范化的工作行为、流程和步骤实施工作，使需要接受人才测评服务、建设人才测评管理平台的各类型组织机构能够寻找到评价和确定服务提供商的合理化依据，保障人才测评使用单位和个人的利益，规范人才测评市场，使人才测评业务在国家的指导下得到良性的进展，使人才测评行业能够得到健康的持续发展。

2．中国化测评工具的不断研发

目前国内的很多测评软件只是将国外的测评软件经过简单的汉化翻译便面向市场。由于生活环境、文化背景的不同，东西方人在心理特征、行为道德规范、智力因素和职业选择等方面差异较大，一些以西方心理学研究成果为基础的人才测评显然大大影响了测试的准确性。以 DDI 为代表的采用行为心理学的技术和方法论来进行人员选拔和培训研究，强调行为控制的美式测评工具并不能全面准确地展示人才的心理状态和能力，因此需要加强以中国化为基础的测评软件开发。

3．测评人员专业素质不高

现代人才测评是集心理学、管理学、统计学、行为科学、社会学、计算机科学为一体的跨学科体系，它要求从业人员具备一定的知识结构、能力素质以及专业技能，尤其是具备心理测量相关学科知识。在美国，对人才测评的操作必须是由专业人士来执行，并对结果给以建设性的说明和解释。这种专业人员，在发达国家必须是博士，经过专业考核获得专业资格认证，还必须经

过反复培训，比医学还要严肃。而我国几百所大学中，开设心理测量课程并投身人才测评事业的简直是凤毛麟角，其他条件更不具备。从我国现有人才测评方面的教学来看，对于测评理论知识的教学较为丰富，但是缺乏有实际评估经验的人才进行学生实践教导，导致了理论与实践难以结合，在测评的过程中出现测评漏洞。因此，测评人员专业素质低、缺少相关从业经验，是阻碍人才测评发展的重要因素，我们要对现有的测评人员的综合能力提出更高要求。

4. 研究理论相对滞后

相对于应用而言，关于人才测评基础理论的研究相对滞后，自 1990 年以来，关于人才测评的文章明显增多，但从相关文献检索的结果来看，发现文章基本上都是介绍和操作性的内容，而关于理论的探讨则非常鲜见，这在很大程度上制约了测评技术的进一步提高，也阻碍了测评事业的进一步发展。

1.5.2　我国人才测评的误区

1. 误区一：盲目信任测评软件

从现有的企业人才测评的现状来看，人才测评多依赖于软件进行评估，测评者对于计算机软件使用过于频繁，导致了其基本测评能力难以得到提升，测评工作名存实亡。而人才的筛选也出现问题。盲目地追求测评指标，对于人才没有全面合理地进行评估。从测评软件的发明来看，一些公司为了追求短期利润，没有经过合理的测试就将测评软件出售，不仅没有任何实践经验，而且存在较大的技术误区，超低的技术指标代表了这样的测评工具误差较大，可信度较低，这样会给使用该测评软件的公司带来误导。

2. 误区二：人才测评是选拔人才的最准确的依据

当前，人们认识到了人才测评是一种严谨、客观和准确的考察人的基本素质和能力的活动，有些企业就把人才测评看成是人才选拔的最准确的或唯一的科学依据。这种看法虽然认识到了人才测评科学的一面，但过于片面，又产生了盲目的依赖。首先，人才测评的有效性和可靠性是具有一定的限度的，并不能单纯依靠测评分数来准确定位一个人才，因此，测评必须和其他的甄选手段结合使用；其次，测评主要是考察人的知识和能力。但实际工作中，决定人们绩效高低的因素不仅限于知识和能力，激励水平也是重要因素，如果激励不足的话，测试评价很高的人仍然可能成为一个低效率的工作者。因此不仅要关注人才测评的结果，更应该注意人才测评的应用，要全面、科学性地看待人才测评。

3. 误区三：测评一次，终身有效

有一些企业进行人才素质测评是请的外部专业店测评机构，一般的普通测评的费用在 200～500 元/人，所以，企业为了节约成本，往往出现对某位员工进行素质测评后就决定其在公司的发展定位，"一次测评终身有效"。随着员工在工作中能力不断提升，态度、价值观、兴趣、性格在不断变化，而且周围的环境也在不断变化，所以，人才素质在发生变化，那么素质测评也应当具有动态性。当员工素质提高而现状得不到改变时，跳槽的可能性将增加。所以，"一测定终身"存在风险。企业应当在工作过程中，根据需要对员工进行动态测评，了解员工的素质变化，因才施用，员工也可以据此确定自己的发展方向。

1.5.3　我国人才测评的发展趋势

1. 测评移动化

随着智能移动设备的普及，移动时代已经到来。传统的人才测评行业当然也会受到它的影

响。在移动化的大潮中，对移动测评应用或服务的需求不断增强。

在 HR 看来，为应聘者提供方便快捷的申请、应聘过程无疑是吸引年轻应聘者的重要手段。移动设备的灵活性与便利性也使得受测者几乎可以随时随地完成测评过程，比起传统的纸笔测试甚至有监督的上机测试，组织测验的成本被大大降低了（Lahti & DeKoekkoek, 2006）。

2. 测评本土化

任何一个人才测评软件在中国的运用，都必须建立一整套适合中国人的"常模"和"样本"，这些都不是从西方理论中照搬能够做到的。可喜的是，在中国，一些本土化的人才测评工具正在兴起。专注人力资源咨询和人才测评研究的倍智人才以个人能力和潜力作为底层逻辑，研发出新的中国化的人才测评工具。据介绍，倍智人才从个人先天潜能（如性格、驱动力和学习力等）和后天能力（如知识、技能、行为表现等）两方面对人才进行综合评定，并根据东方人特有的生活背景来进行解释，最终与岗位进行匹配筛选，得出个人的胜任力。

3. 测评个性化

随着测评外包服务的实施，仅有测评软件是不够的，测评服务的概念越来越得到认同。购买测评服务的企业提出了更多的个性化需求，如素质模型的个性化定制，测评工具的个性化开发，测评实施的个性化设计，测评结果应用的个性化辅导等，这些都会被越来越多的企业提出来，而且标准会越来越高。

测评系统不能千企一面，要根据企业的实际情况来决定测什么、用什么测。在招聘新人时，不仅要考察应聘者的岗位匹配度，还要考察团队的匹配度，这一点是人才素质测评中容易忽略的问题，因为很多企业在招聘或者提拔员工时都会考核其是否具有合作精神，但是没有考虑到和现有团队成员的匹配度。根据贝尔宾的团队角色理论（Belbin Team Roles），完美团队中的 9 种角色缺一不可，新吸纳进来的团队成员一定要角色补缺，所以，即使是招聘同样的一个岗位，不同的企业需要的团队成员的角色风格不同，那么对其测评的偏重点也会有所区别。

【启发与思考】

【思考练习题】

1. 人才测评的定义是什么？
2. 人才测评的作用有哪些？
3. 按照测评对象划分，人才测评可以分为哪几种？
4. 比率智商和离差智商的区别是什么？
5. 简述古人的人才测评思想有哪些。
6. 简述心理测验发展的阶段。
7. 人才测评的误区有哪些？

8. 人才测评的未来趋势有哪些？
9. 人才测评的方法有哪些？

【模拟训练题】

A 公司是一家医药集团，为了加强管理，公司决定改革内部高级管理人员的制度，提出以上缴利润作为提拔高级管理人员的标准。具体做法为：下属企业上缴利润超过 5 000 万元，其总经理可以提拔为集团总裁助理；上缴利润超过 1 亿元，其总经理可以提拔为集团副总裁；提前和大幅度超额完成任务者，其总经理可以提拔为第一副总裁或常务副总裁。

你认为这种用人制度合理吗？你认为应该如何评价人，选拔人？

【情景仿真题】

6 个同学一组，轮番作为面试官利用以下的面试题和评分表考察其他同学，思考自己有哪些方面有待改进。应聘职位自行设定，可以和所学专业相关。

面试题目包括：（1）请做自我介绍。（2）平时喜欢什么活动，有哪些兴趣爱好？（3）你的优缺点是什么？（4）曾经遇到最大的困难是什么，如何解决的？（5）你未来 3 年的规划是什么？（6）你为什么想应聘这份工作？（7）你认为你有哪些有利的条件来胜任将来的职位？（8）你更喜欢独自工作还是协作工作？（9）所学专业知识的提问（可以提问所学的专业术语）。（10）你对待遇有什么要求？

面试评估表

姓名		性别		年龄	
专业		院校		学历	
应聘职位		应聘部门		应聘时间	
考评项目	考评内容	评分（分）			
仪表礼仪	穿着打扮	优（10）良（8）中（6）差（4）			
	行为举止	优（10）良（8）中（6）差（4）			
	形象气质	优（10）良（8）中（6）差（4）			
语言表达	清晰准确	优（10）良（8）中（6）差（4）			
	条理分明	优（10）良（8）中（6）差（4）			
	简洁流畅	优（10）良（8）中（6）差（4）			
思维反应	敏捷迅速	优（10）良（8）中（6）差（4）			
	逻辑性强	优（10）良（8）中（6）差（4）			
专业水平	理论知识	优（10）良（8）中（6）差（4）			
	职业技能	优（10）良（8）中（6）差（4）			
总计		分			
评语：（录用、待考核、不考虑）					
考核人：					

第 2 章　胜任素质模型

学习目标

1. 把握胜任素质的概念、特征及原理。
2. 把握胜任素质模型的概念、特点及其在人力资源各个模块中的应用。
3. 掌握胜任素质模型的构建方法和流程。
4. 了解胜任素质构建过程中的注意事项。

引导案例

东方泵业岗位胜任素质模型构建

上海东方泵业（集团）有限公司有着超过 2 000 人的销售团队，如何将这支队伍打造成高水准的销售团队，一直是人力资源总监赵相平关注的重点。这两年，东方泵业将"十年内力争行业第一"作为企业战略定位，而实现这一战略目标解决人才素质提升问题成为关键性的一步。

公司驻外办事处主任的主要职责在于带领销售团队完成所辖范围内的销售目标。这一目标能否完成，将直接影响到整个公司的销售业绩。为了给该岗位构建出专业性较高的胜任素质模型，赵相平总监找到了北森测评，希望借助专业的人才测评方案专业定制经验解决企业目前面临的问题。

通过对公司的员工状况进行分析，专家组认为驻外办事处主任的素质提升将会成为实现企业战略目标的重要因素；而构建驻外办事处主任的岗位素质评估模型，并最终实现素质落地，成为解决东方泵业人才素质问题的最佳切入点。专家组为东方泵业制定了三步走的解决方案。

阶段一：胜任素质提取并实现落地

此次，东方泵业公司锚定的驻外办事处主任在职人员共有 200 多人，每位员工的素质都呈现多元化倾向，哪些才是胜任岗位所必需的素质？哪些是与岗位相背离的素质？专家组运用岗位分析、结构化访谈、问卷调查等多种调研方法相结合的方式对岗位核心胜任素质进行了初步圈定，并对初步圈定的岗位核心胜任素质进行了系统分析，为核心素质找到了相应的测评指标，初步建立起岗位胜任素质评估模型。

阶段二：用测评印证核心素质

专家组应用锐途管理人员素质测评系统对在岗绩效员工进行测评，并对测评数据进行了分析。他们发现，东方泵业绩优的驻外办事处主任在创新意识、自信心、责任心、压力管理等方面的得分都很高，且得分很集中，表明这些素质在绩优员工身上得到了集中体现，这很可能是支撑这些员工表现优秀的重要素质。对于这类素质，专家组会给出提高权重的建议。而对于绩优员工身上差异性较大、未表现出共性的素质，则给出删除或者降低权重的建议。

阶段三：最终确立素质模型

在第一阶段，专家组通过分析调研提取出了一些核心素质；在第二阶段，专家组通过绩优员工测评数据分析也发现了绩优员工的一些共性素质。两者相比较，它们之间也存在一定的差异。因此，北森专家组与东方泵业项目组进行了充分沟通后，对驻外办事处主任的工作职责和任职要求做了进一步澄清，最终保留了一些对岗位非常重要、但是目前绩优员工测评数据尚未有较好表现的素质，而删除了一些对岗位职责相对不那么重要的素质，同时也对所有的胜任素质和测评指标的权重进行了调整和确定，最终形成驻外办事处主任岗位胜任素质评估模型。

（资料来源：改编自李旭旦，吴文艳. 员工招聘与甄选. 2 版[M]. 上海：华东理工大学出版社，2014：50）

思考题

1. 东方泵业集团的岗位胜任素质模型的构建有什么特点？

2. 通过此案例，你觉得在进行胜任素质模型构建时，应该要明确什么？

企业实施人力资源战略管理的一个基础条件就是了解企业对人力资源素质的要求，要想建立更加有效的人力资源管理系统，寻找有效的人力资源管理切入点和管理模式，就需要建立起基于企业战略发展要求的胜任素质模型。一个先进的胜任素质模型能够作为组织从事员工培训、改善员工绩效水平、在招聘中定义能力以及其他人力资源管理的基础。

2.1 胜任素质概述

胜任素质模型已经应用到社会的各个方面，对组织的人才招聘、培训、考核等人力资源管理活动起着重要的作用。

2.1.1 胜任素质的概念与特征

1．胜任素质的概念

胜任素质，又称为能力素质，是在组织管理中驱动员工做出卓越绩效的一系列综合素质，是员工以不同方式表现出来的知识、技能、能力、职业素养、自我认知、特质和动机等的素质集合。

将胜任素质用于实践的第一人是哈佛大学教授麦克利兰。20 世纪 70 年代初，麦克利兰应美国政府邀请，为其设计了一种能够有效预测驻外联络官绩效的方法。首先，他采用行为事件访谈法收集到第一手材料。然后，比较并分析工作表现优秀者和一般驻外联络官的具体行为的差异项。最终，提炼出了驻外联络官胜任工作和能做出优秀绩效所应具备的能力和素质。

胜任素质模型现已被应用到人力资源工作的各个方面。实践证明，它不仅可以提高组织的人力资源质量，提升组织竞争力，还能推动组织发展战略的实现。

2．胜任素质的特征

胜任素质的内涵可以概括为 3 个方面。

（1）胜任素质是个体深层次的特征。胜任素质是指个体潜在的特征，包括知识、技能、能力、动机、特质等各方面的内容。

（2）胜任素质能够引起或预测优劣绩效的因果关联。胜任素质的深层次特征显示了个体的思维方式和行为特征，具有跨情境和跨时间的相对稳定性。在人力资源管理中，胜任素质并不是对个人所有素质特征要素的简单加总，而是关注那些与岗位要求及管理绩效有因果关系的个人素质特性，以达到能够预测多种情境或多样工作中人的行为特征的目的。

（3）胜任素质作为参照效标而存在。胜任素质是能够衡量个人在特定的环境下，完成工作所需的知识、技能、性格、动机等深层次特征的参照效标。参照效标是胜任素质定义中最关键的一个方面，是衡量某素质特征预测现实情境中工作绩效优劣的效度标准。如果一个素质的特征不能预测一些有意义的差异（如绩效方面的差异），则其就不能称为胜任素质。

2.1.2 胜任素质的原理

1. 人的差异性

胜任素质的主体是人，只有人的素质存在区别时，胜任素质才有现实的客观基础。如果每个人的素质没有区别，千人一面，那么就无胜任素质可言，也不需要进行人才测评了。由于受先天因素、后天自然和社会因素的影响，人的差异是客观存在的，表现在性别、年龄、外表、体能、能力、动机、特质等方面。

本章所探讨的胜任素质是与个人完成一定的工作任务相联系的素质。从人们完成工作的效果和效率可以看出人的素质特征是不一样的，同一工作，不同的人去做会有不同的效率。

2. 岗位、工作的差异性

胜任素质的另一客观基础是不同的岗位具有差异性。由于社会分工的存在，各工作任务之间必然存在差异性，如大学教师与大学校长的工作存在着明显的差异。

一方面，由于各工作岗位的工作内容、工作权利、工作责任的不同，就会对完成这些工作的人有着不同的要求，不同岗位的工作需要拥有相应素质特征的人来承担。

另一方面，每个人的个性特征和兴趣爱好是不一样的，使得每个人适合做和喜欢做的工作有着一定的区别。个人可以根据自己的实际情况在千差万别的工作种类中进行挑选，以展现自己的特长，发挥自己的实力。

3. 胜任素质的动态性

胜任素质是与一定的环境和一定的岗位、工作任务相联系的。人具有主观能动性，表现为人们在认识世界和改造世界的过程中有目的、有计划、积极主动、有意识的活动能力。人的主观能动性表现在"想""做"和"精神状态"3个方面。

社会的不断发展，外界环境的不断变化，使得人的主观能动性得到加强，促进了人们素质的提高，有利于人们素质的全面发展。岗位、工作任务是处于一定的宏观环境、行业环境、组织环境中的，因此岗位要素会随环境的变化而不断地发展变化。变化后的岗位胜任素质要求该岗位员工的素质能够适应环境的动态调整。所以说，胜任素质具有动态性。

因此，在实践中，人员的胜任素质与岗位的胜任素质、组织的环境特征是密不可分的，这三者集合的交集越大，员工的绩效越高。

2.1.3 胜任素质研究的主要学派

1. 行为主义学派

行为主义学派主要从事培训领域的胜任素质研究。以预测工作绩效为目的，从完成岗位单一任务的方式与过程入手，在方法上主要依赖于任务分析，即通过结构化的观察得出具体的胜任素质，把胜任素质的构造完全看作是一个纯粹的技术过程，只注重对胜任素质的技术性描述，而忽略政治以及社会维度的规范性成分。另外，行为主义学派关于胜任素质分析的缺点在于它分离了员工与工作，从而没有能够有效地观察与测量员工在工作过程中所表现的胜任素质，因此其分析不够全面和深入。

2．通用性学派

通用性学派对胜任素质的研究主要集中在管理教育领域。行为主义学派的研究主要关注如何确保所有的职业人员都能够胜任所需要完成的工作，侧重于方式，而通用性学派的胜任研究着眼于什么使职业人员能够成为胜任的工作人员，侧重于目标。因此，通用性学派研究员工能够顺利完成各项工作任务的特征，但它过于以工作绩效为目标，缺乏对胜任素质内在结构的考虑。

3．认知学派

认知学派的研究主要集中在高等教育领域。前两个学派都运用工作绩效来验证胜任素质的有效性，而认知学派则以语言学的研究为代表，它不同于与工作绩效相关的胜任素质，而是研究相关人员的语言胜任素质，认为语言是人员各项特征的综合体现。其代表人物乔姆斯基认为"语言的胜任素质是一种深层次的结构模型，而不是行为性的言语和动作的总和。言语的表现不仅需要言语的胜任素质，还包含一系列的文化规范及基本的语言规则；发音清楚、说话流利并不等于口才好，言语表现不好也并不是说不具有语言的胜任素质"。认知学派总结指出，胜任素质是指个人所知道的，在理想状态下能够做到的，而工作绩效是指在实际现存的环境中所能做到的。所以他们认为是教育赋予人们知识，还培养了人们构造知识和认知技能的能力。

2.2 胜任素质模型概述

2.2.1 胜任素质模型的概念与特点

胜任素质的概念和胜任素质是通过胜任素质模型来展现的，胜任素质模型是胜任力识别的主要方法。

1．胜任素质模型的概念

胜任素质模型（Competency Model）是指担任某一特定的任务角色所需要具备的胜任素质的总和。[①]几十年来，中外学者对各种类型的胜任素质模型进行了深入而广泛的研究，取得了众多成果。

合格的胜任素质模型应符合以下 3 个要求：关注引起或产生高绩效的关键性因素；与组织的愿景、战略、价值观紧密相关；胜任素质模型形式简单、通俗易懂、能够被组织成员接受，以便能够将其融入工作实践中转化为员工的自觉行动。

2．胜任素质模型的特点

胜任素质模型具有以下 3 个特点，如表 2-1 所示。

表 2-1　胜任素质模型的特点

特点	主要内容
具有行业特色	它反映了某行业对各岗位人员的素质要求，具体表现为对知识和技能的掌握、运用能力，对客户的认知程度等
具有企业特色	由于各企业的企业文化、企业战略和经营目标的差异，胜任素质模型针对不同的企业有不同的内容，它反映的是单个企业对特定岗位、特定人员的要求，该要求可以细化到行为方式的各个等级
具有阶段性特征	在企业成长的各个时期对员工有不同的胜任素质要求，所以说胜任素质模型是与企业的发展相联系的，随着企业的经营目标、经营策略或经营环境的不同而不同

---

① 时勘，王继承，李超平. 企业高层管理者胜任素质模型评价的研究[J]. 心理学报，2002，34（3）：306-311.

根据企业中从事某岗位的员工所应具备的胜任素质，从知识、技能/能力、职业素养 3 个层面构建其胜任素质模型，具体内容如图 2-1 所示。

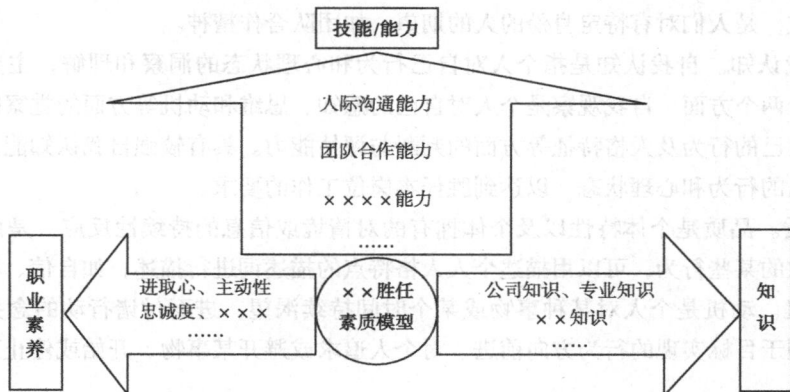

图 2-1　××胜任素质模型

2.2.2　经典的胜任素质模型

人们在进行胜任素质的研究时认为，胜任素质是潜在的、持久的个人特征。这种观点强调，胜任素质是与一定的工作或情境中的、效标参照的、有效或优异的绩效有因果关系。"潜在特征"指胜任素质一个人个性中深层和持久的部分，显示了行为和思维的过程，能够预测多种情境或工作中的行为；"有因果关系"指胜任素质能够引起和预测行为及绩效；"效标参照"指胜任素质能够预测表现优异者和表现一般者，就像按照特定标准进行测量一样。

根据这种观点，斯潘塞（Spencer）等（1993）经过多年研究提出了"冰山模型"和"洋葱模型"。这些行为和技能必须是可衡量、可观察、可指导的，并对员工的个人绩效以及企业的成功产生关键影响。长期以来，诸如知识、技能等显性的胜任素质层次因素，由于可以被直接观察和研究，就好比冰山浮出水面的那部分，一直为人力资源管理者所关注。而自我概念、特质、动机等隐性因素，好比冰山潜藏于水下的部分，往往容易被忽略。而近来的研究发现，能够有效区分高绩效与一般绩效者的关键因素正是这些隐性因素。麦克利兰（Mcclelland）将不能区分高绩效与一般绩效者的知识、技能，称为基准性胜任素质（Threshold Competencies），也就是从事某项工作所起码应该具备的胜任素质，而把能够区分高绩效与一般绩效者的自我概念、特质、动机等称为鉴别性胜任素质（Differentiating Competencies）。

1．麦克利兰的冰山模型

麦克利兰的冰山素质模型对胜任素质的构成要素进行了形象的描述，"冰山以上部分"包括基本知识、基本技能，是外在表现，是容易了解与测量的部分；而"冰山以下部分"包括社会角色、自我认知、品质和动机，是人内在的部分。

（1）知识。知识层面不仅包括员工从事某一职业或某一领域工作所必须具备的专业信息，如物业管理、人力资源管理、生产运营管理等学科的专业知识，还包括员工在某一组织中工作时所必须掌握的一些相关信息，如公司的基本简介、产品知识和客户信息等。

（2）技能、能力。技能是指员工掌握和运用某项知识来完成具体工作的技术或能力，如计算机操作技能、财务分析能力等。

能力是个性心理特征之一，是指员工天生具备或在外部环境影响下不易改变的特质，如人际协调能力、问题分析能力、市场拓展能力、判断推理能力等。

（3）社会角色。社会角色是与个人的某种社会地位、身份相一致的一系列权利、义务的规范和行为模式，是人们对有特定身份的人的期望，如团队合作精神。

（4）自我认知。自我认知是指个人对自己行为和心理状态的洞察和理解，主要包括自我观察和自我评价两个方面。自我观察是个人对自己的感知、思维和动机等方面的觉察能力；自我评价是个人对自己的行为及人格特征等方面的判断与评估能力。具有较强自我认知能力的人能够积极地调整自己的行为和心理状态，以达到胜任本岗位工作的要求。

（5）品质。品质是个体特性以及个体拥有的对情境或信息的持续性反应，是由于个人的某种倾向而导致的某些行为，可以用描述个人人格特点的描述词进行描述，如自信、和蔼可亲等。

（6）动机。动机是个人对某种事物或某个时间持续渴望，进而付诸行动的念头。它会指导个人选择有利于目标实现的行为方向前进，对个人追求或避开某事物、开始或停止某活动具有推动作用。

2．斯潘塞的冰山模型

斯潘塞（1993）等人在麦克利兰冰山模型的基础上，从特征的角度将其冰山模型中的 6 个层次改为了 5 个层次。该模型的水上部分为知识和技能，水下部分为自我概念、品质和动机。

相对来讲，知识和技能是裸露在水面上的表层部分。这部分属于基准性素质，是对员工的基础素质要求，是很容易被测量、观察和模仿的，但不能把组织中的优秀者与一般者区别开来。这部分的素质是可以通过培训获得的。

自我概念、品质和动机等属于潜藏于水下的深层部分的素质，属于鉴别性素质，是区分绩效优异者与一般者的关键因素：职位越高，该部分发挥的作用比例就越大。与基准性素质相比，鉴别性素质不容易被观察和测量到，难于对其进行改变和评价。这部分素质很难通过培训获得。

3．洋葱模型

美国学者 R.博亚特兹（Richard Boyatzis）和斯潘塞（spencer）等人对麦克利兰的素质冰山理论进行深入地研究后提出了"洋葱模型"（见图 2-2）。

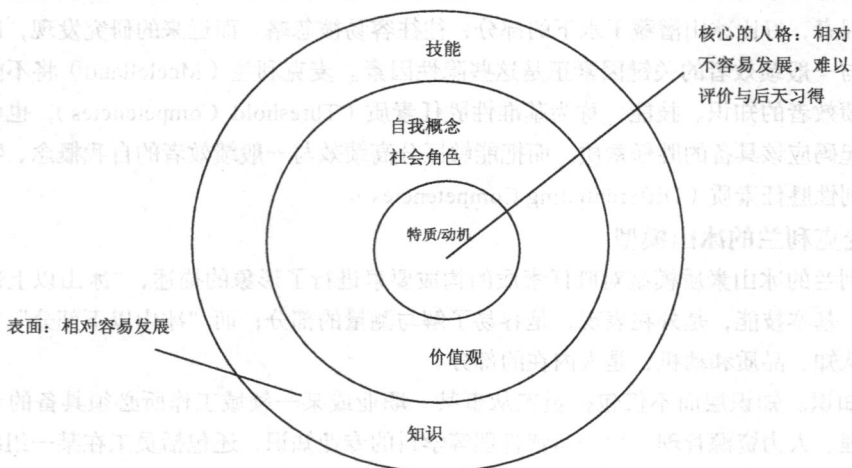

图 2-2　洋葱模型：核心胜任力与表面胜任力的发展

（资料来源：Spencer L.M., Spencer S.M.. 才能评鉴法：建立卓越的绩效模式[M]. 魏梅金，译. 汕头：汕头大学出版社，2003，17）。

洋葱模型把麦克利兰对素质划分的 6 个层次分为 3 类，即把胜任素质概括为层层包裹的结构。该模型中最核心的素质是品质和动机，中间部分是社会角色、价值观和自我概念，洋葱表面是知识和技能。洋葱模型中的素质越向外层，越易于培养和评价；越向内层，越难以评价和培养。

洋葱模型同冰山模型都强调核心素质或基本素质等胜任素质。相比而言，洋葱模型更能够突出潜在素质与表象素质的层次关系。

2.2.3 通用的管理者胜任素质模型

许多学者提出了管理者的通用素质模型。Boyatzis（1982）建立的管理者胜任素质通用模型，如表 2-2 所示。

表 2-2 管理者胜任素质通用模型[1]

目标与行动管理群	指导属下群	领导群	专注他人群	人力资源群	专门知识
效率导向	启发他人	自信	自我控制	运用社会化权利	记忆
生产力	运用单向权利	运用口头简报	认知的客观性	正面思考	专门知识
分析运用概念	自发性	逻辑的思考	精力与适应力	管理团队流程	
关注影响		概念化	关注亲密关系	精确的自我评估	

Spencer 夫妇（Spencer and Spencer，1993）提出了一般管理者的胜任素质，如表 2-3 所示。

表 2-3 一般管理者胜任素质模型[2]

加权	能力	加权	能力
××××××	冲击与影响力	××	自信心
××××××	成就倾向	××	直接/果断性
××××	团队与合作精神	××	寻求资讯
	分析式思考		团队领导力
××××	主动积极	××	概念式思考
×××	培养他人	基本要求	（对组织的了解与关系建立）专门知识/专门技术

时勘等（2002）采用 BEI 行为事件访谈技术探讨了我国通信业高层管理者的胜任素质模型，结果证实我国通信业高层管理者的胜任素质模型包括：影响力、组织承诺、信息寻求、成就欲、团队领导、人际洞察力、主动性、客户服务意识、自信和发展他人。[3]

严正等（2006）按照管理的职能对管理者的胜任素质进行了归纳，如表 2-4 所示。

表 2-4 管理者的胜任素质[4]

管理职能	胜任素质
计划	解析力，决断力，战略思维，判断力，制度构建，情报分析，系统思考，制订计划，归纳力，计划实行，时间管理，战略制定，市场解析，前沿创新，市场重心，远见，概念性思考，演绎力，信息收集

① Boyatzis , R. E. The Competent Management : A Model for Effective Performance[J]. New York : John Wliey，1982.
② Spencer L.M. , Spencer S. M.. 才能评鉴法：建立卓越的绩效模式[M]. 魏梅金，译. 汕头：汕头大学出版社，2003：194.
③ 时勘，王继承，李超平. 企业高层管理者胜任素质模型评价的研究[J]. 心理学报，2002，34（3）：306-311.
④ 严正，翟胜涛，宋争. 管理者胜任素质[M]. 北京：机械工业出版社，2007，1.

续表

管理职能	胜任素质
组织	全局意识，组织能力，专业精神，团队工作，顾客导向，执行，行动力，业务支持，团队整合，协调能力创造性，配置资源，解疑能力，技术能力，抗压能力，创新能力，主持会议，会议主动，组织思维，影响力，服务观念，组织献身精神
人事	用人适当，指导帮助，包容能力，人本精神，交流能力，口头表达，聆听能力，以己度人，交往能力，团队合作，文字能力，建立关系，理解能力
领导	追求成就，感召力，领导力，委派工作，鼓励能力，教育培养，任务下达，诚信度，情绪控制，移情能力，自控能力，弹性掌控，社交能力，统率力，开放的心态，驱动动机，信赖度，洞察力，危机处理能力，演讲能力
控制	重视绩效，成本控制，重视细节，质量意识，安全意识，强调结果，制度完善，监督能力，信息反馈，应变能力，冲突管理，客户中心
基础	集体认同，自我管理，生涯规划，自我提升，责任感，自我反省，敬业，主动积极，自信，持续改进，坚持不懈，商业思维

赵曙明等（2007）研究发现，企业管理者的胜任素质包括 11 个方面，如表 2-5 所示。

表 2-5　企业管理者胜任素质及其定义

胜任素质	定义
决策能力	管理者根据经验和掌握的信息，准确地分析、判断信息，敏锐地揭示事物间的内在关系，从而果断地做出正确决策的能力
情绪智力	管理者认识、理解、控制自我及他人情绪和情感的能力
自我效能	管理者对有效控制自己各方面能力的知觉或信念
成就动机	管理者追求成就，渴望成功的内部需求和动力
创新能力	管理者创造性地加工、接受环境中的信息，以新颖、独特的方式创造出成果的能力
社交能力	管理者掌握人际交往知识，运用人际交往技能，获得良好社会关系的能力
学习能力	管理者根据环境所需，及时补充最新知识和技能的能力
沟通能力	管理者有效、适时地向他人传递和反馈信息，善于理解他人传递的信息和增强他人信息交流的能力
领导能力	管理者指导、影响、激励员工，从而促使个人和组织达成目标的能力
变革能力	管理者影响、推动员工在思想和行为上发生改变和变革，从而促使整个员工集体或者组织发生根本性变化的能力
知识水平	管理者将掌握的知识应用于工作，并促使工作绩效提高的能力

赵曙明等（2007）通过对不同行业企业管理者胜任素质的测评，研究了不同层级管理者胜任素质与管理绩效之间的相关关系，研究发现财务/金融部门的管理者在沟通能力方面相对较弱，这与该部门的技术专业性密切相关。[①]

李智伟（2007）针对中层管理者的特点构建了中层管理者胜任素质模型，如表 2-6 所示。

表 2-6　中层管理者胜任素质分解

类型	关键胜任力	二级胜任力特征
隐性	个人品德	个人诚信（Brockbank，2002）（陈万思，2006） 敬业自信，人格特征（赵立军，2006）

---

① 赵曙明，杜鹃. 基于胜任力模型的人力资源管理研究[J]. 经济管理，2007，9（6）：16-22.

类型	关键胜任力	二级胜任力特征
隐性	动机（Spencer，1993）	主动性，信息寻求，成就欲（潘文安，2005）
显性	管理技能	团队领导（Spencer，1993），（赵立军，2006），决策能力，激励能力，变革能力
综合	沟通协调	人际关系，团队合作（Spencer，1993），上传下达
	专业知识 战略贡献（Brockbank，2002）	技术专长，商业知识（Brockbank，2002）部门绩效（金杨华，2004），帮助与服务他人（Spencer，1993）

2.2.4　胜任素质模型的应用

胜任素质模型在人力资源管理各个模块中的应用，可以更好地帮助企业选拔、培养、激励员工，实现企业人力资源管理的目标。

1．在招聘录用中的应用

（1）工作分析。工作分析是企业进行招聘的基础，如果仅仅按照职位说明书（如岗位名称、特征、职责权限、工作条件和环境等）进行分析，将很难准确识别岗位的胜任素质要求。

基于胜任素质模型的工作分析侧重于研究岗位要求与优秀绩效表现相关联的特征及行为。工作分析结合胜任素质及其行为表现定义了岗位的任职资格，使胜任素质模型具有了较强的绩效预测性，从而为企业招聘与录用人员提供了参考标准。

（2）录用决策。企业招聘之难在于识别应聘人员的潜在素质，即如何从应聘人员过去的工作表现中预测其未来的工作绩效。以应聘人员的知识、技能及经验背景等外在特征做出录用决策，缺乏对应聘人员未来的预测。

绩效的科学判断与预测，将降低企业人才录用带来的风险。基于员工胜任素质模型的招聘与甄选，旨在从应聘人员过去经历中的行为表现中发现其潜在素质（能力素质是其深层次特质，不易改变），分析其与应聘岗位胜任能力的契合度，并预测其未来工作绩效，从而做出录用决策。

（3）招聘录用示意图。基于胜任素质模型，对某岗位应聘人员进行招聘录用的流程如图2-3所示。

2．在员工培训需求分析中的应用

企业设计培训环节是为了帮助员工弥补自己知识和能力等方面的不足，以提高其岗位胜任素质，从而使其达到岗位素质的要求。科学、合理地分析员工的培训需求是培训的首要环节。只有结合员工自己的素质和岗位的胜任素质要求，才能制订出有针对性的培训规划。

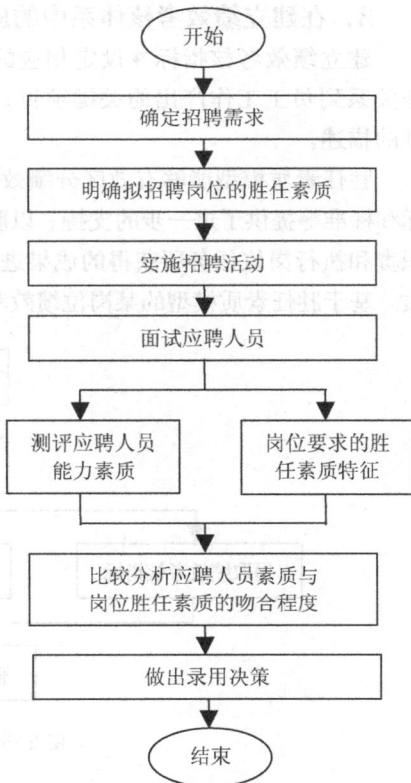

图2-3　基于胜任素质模型的招聘录用流程

基于胜任素质模型的培训体系不仅能够发现员工的不足，有针对性地培养员工的核心技能，激发、强化员工的优势与潜能，开发员工的潜在能力，还能够帮助企业储备具备核心能力素质的人才。

基于胜任素质模型的某岗位员工培训需求分析如图 2-4 所示。

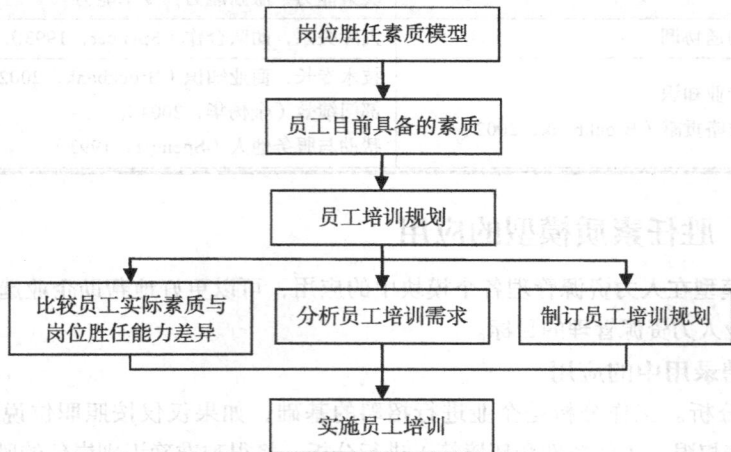

```
        ┌─────────────────┐
        │  岗位胜任素质模型  │
        └─────────────────┘
                 ↓
        ┌─────────────────┐
        │  员工目前具备的素质  │
        └─────────────────┘
                 ↓
        ┌─────────────────┐
        │   员工培训规划    │
        └─────────────────┘
       ↓          ↓          ↓
┌──────────┐ ┌──────────┐ ┌──────────┐
│比较员工实际素质与│ │分析员工培训需求│ │制订员工培训规划│
│岗位胜任能力差异│ └──────────┘ └──────────┘
└──────────┘
                 ↓
        ┌─────────────────┐
        │   实施员工培训    │
        └─────────────────┘
```

图 2-4　基于胜任素质模型的员工培训需求分析

3．在建立绩效考核体系中的应用

建立绩效考核指标并设定相应的绩效标准是绩效考核工作的关键环节。其中，考核指标是关系到员工工作产出的关键项目；绩效标准是对员工行为表现、工作结果达到的目标或程度的描述。

胜任素质模型能够有效区分绩效优秀和绩效一般者的行为表现差异，这为设定绩效考核指标和标准等提供了进一步的支持。以胜任素质模型为基础的绩效考核体系，可以对员工履行岗位职责和执行岗位任务所获得的成果进行客观的绩效评价，有利于真实地反映员工的综合能力素质。基于胜任素质模型的某岗位绩效考核如图 2-5 所示。

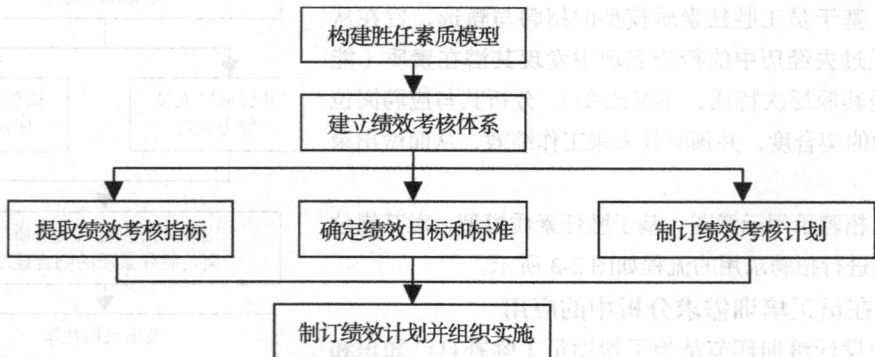

```
        ┌─────────────────┐
        │  构建胜任素质模型  │
        └─────────────────┘
                 ↓
        ┌─────────────────┐
        │  建立绩效考核体系  │
        └─────────────────┘
       ↓          ↓          ↓
┌──────────┐ ┌──────────┐ ┌──────────┐
│提取绩效考核指标│ │确定绩效目标和标准│ │制订绩效考核计划│
└──────────┘ └──────────┘ └──────────┘
                 ↓
        ┌─────────────────┐
        │制订绩效计划并组织实施│
        └─────────────────┘
```

图 2-5　基于胜任素质模型的绩效考核

4．在员工职业生涯规划中的应用

胜任素质模型能够帮助组织员工明确个人发展方向和目标，从而更有效地进行职业生涯发展规划，有助于促进组织成员对自己的职业生涯和工作任务负责。

由上述可知，胜任素质模型可以应用到组织人力资源管理的各个模块中，但是在应用时一定要根据自身企业的实际情况，根据组织结构、岗位特征等把胜任素质模型与日常工作紧密地结合起来，以提高胜任素质模型构建质量和应用的需求。

2.3 胜任素质模型的构建

胜任素质模型的构建是制定组织中各岗位胜任力标准科学有效的方法。对胜任素质模型标准进行准确的构建是应用胜任素质模型的前提条件。

2.3.1 胜任素质模型的内容与结构

1．胜任素质模型的内容

岗位胜任素质模型主要包括胜任素质要素、胜任要素的等级说明、胜任要素的权重，同时要对胜任素质模型的建立进行说明，包括建立胜任素质模型的目的、总体思路、构建情况、应用等方面的内容。

（1）胜任素质要素

胜任素质要素是通过工作分析后获得的，为完成某项职业、某个工作所需具备的基本要素或核心要素，如表 2-7 所示。

表 2-7　某公司某岗位胜任素质要素（部分表格）

胜任要素	胜任项目	胜任内容
知识要素	公司知识	公司业务知识（业务分类、产品分类、收费标准、收费方式等）
		公司各部门职能、负责人、联系方式等
	客户知识	目标客户群、客户购买心理、客户满意理念等
技能要素	基本技能	使用计算机、网络的熟练程度，商务礼仪知识，电话沟通技能等
	受理业务的技能	公司 13 项业务受理技能（见销售岗岗位制度）和相应的设备使用技能
	业务推广的技能	激发购买欲望技巧、促成交易技巧、处理异议技巧
┆	┆	┆

（2）胜任素质要素的等级说明

胜任素质模型中的素质要素有很多，不同岗位、不同发展阶段所需的要素水平是不同的，所以对胜任素质要素的等级说明是十分有必要的，表 2-8 所示为胜任素质要素等级说明的示例。

表 2-8　激励和关心下属的等级说明

激励和关心下属：通过给予下属正向激励，发展和提高下属的能力	
等级	说明
一级	1．与下属沟通不足，对下属的指导和建议较少 2．不能很好地了解下属的需求，很少为下属的工作和职业发展提供指导

激励和关心下属：通过给予下属正向激励，发展和提高下属的能力	
等级	说明
二级	1. 能与下属就其工作表现进行沟通，并给予适时的反馈和适当的指导 2. 当下属遇到问题时，能积极提供帮助，并协助其解决难题 3. 了解下属的职业、工作发展需求，并为其制订合适的培训计划
三级	1. 对下属的工作及时地提供正确的反馈与指导 2. 能够准确地判断下属的能力和技能水平，根据下属的不同特点，制订相应的发展计划 3. 为下属提供发展和学习的机会、工具、辅导以及各种资源
四级	1. 为下属创造合适的发展空间 2. 作为下属的职业生涯发展的导师和教练，真正以开发下属潜能为己任

（3）胜任要素的权重

权重表现了该胜任素质要素在胜任素质模型所有素质中的重要程度，通常以百分比的形式呈现，这有利于对胜任素质素质模型进行有针对性的运用。

在完成胜任素质要素的制定、胜任素质要素权重的分配和胜任素质要素等级的描述后，胜任素质模型就得到完整呈现。

2. 胜任素质模型的结构

根据对胜任力的分类，胜任素质模型主要由 3 个部分组成：全员核心胜任力、领导力和专业胜任力，如下所示。各部分在不同的层面反映了对员工能力素质的要求。

（1）全员核心胜任力

全员核心胜任力是基于企业核心价值观形成的，体现了企业的文化、企业的经营准则和业务特色等，是组织对所有员工的要求，体现了组织员工的公共行为方式。它可以用于员工招聘与绩效考核，包括客户导向、责任心、诚信、纪律性、持续学习等。

（2）领导力

领导力是指完成团队管理及领导职责所需具备的胜任力，是组织领导者应该具备的素质。它可以作为选拔、考核职位序列经理等领导者的辅助工具，包括战略思考力、团队建设能力、激励能力等。

（3）专业胜任力

专业胜任力是基于企业的战略目标而决定的，是完成各岗位工作所需具备的胜任力，体现了员工在不同组织分工或角色条件下不同的专业胜任力。它可以用于员工的招聘、晋升、岗位调整等。例如，人事经理的专业胜任力包括沟通能力、说服能力、组织协调能力、专业知识运用能力等。

2.3.2 胜任素质模型构建的方法

目前得到公认且最有效的胜任素质模型构建方法是美国心理学家麦克利兰（McClelland）结合关键事件法和主题统觉测验而提出来的行为事件访谈法（Behavioral Event Interview, BEI）。行为事件访谈法采用开放式的行为回顾式探察技术，让被访谈者找出和描述他们在工作中最成功和最不成功的 3 件事，然后详细地报告当时发生了什么。

其内容具体包括：这个情境是怎样引起的？牵涉哪些人？被访谈者当时是怎么想的，感觉如何？在当时的情境中想完成什么，实际上又做了些什么？结果如何？然后，对访谈内容进行分析，来确定访谈者所表现出来的胜任素质。通过对比担任某一任务角色的卓越成就者和表现平平者所体现出的胜任素质差异，确定该任务角色的胜任素质模型。[①]

1. 行为事件访谈法

行为事件访谈法是一种开放式的行为回顾式调查技术，类似于绩效考核中的关键事件法。

行为事件访谈法主要以目标岗位的任职者为访谈对象，通过对访谈对象的深入访谈，收集访谈对象在任职期间所做的成功和不成功的事件，挖掘出影响目标岗位绩效的细节性行为。然后，对收集到的具体事件和行为进行汇总、分析、编码。最后，在不同的被访谈群体（绩效优秀群体和绩效普通群体）之间进行对比，找出目标岗位的核心素质。具体操作程序如图 2-6 所示。

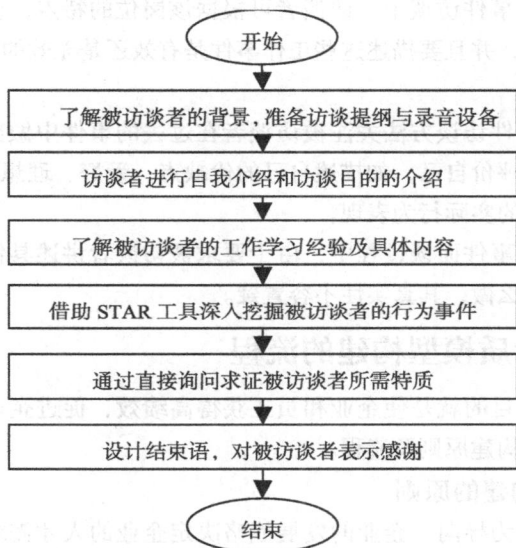

图 2-6 行为事件访谈法操作程序

2. STAR 工具在行为事件访谈法中的应用

行为事件访谈法对访谈者的要求非常高，只有经过专业培训的访谈者才能在访谈过程中通过不断的有效追问，获得与目标岗位相关的具体事件。在进行行为事件访谈时，访谈者访谈的重点应是被访谈者在过去确实的情境中所采取的措施和行动，不应是假设性的答复或包含哲理性、抽象性及信仰性的行为。因此，访谈者需借助 STAR 工具来深层次挖掘出被访谈者具体的行为细节。STAR 工具在第 1 章 1.3 节已有所提及，这里对该方法做重点阐述。

STAR 工具主要有以下 4 个问题。

（1）S（Situation）：那是一个什么样的情境？什么样的因素导致了这样的情境？在这个情境中有谁参与？

（2）T（Task）：您面临的主要任务是什么？为了达到什么样的目标？

（3）A（Action）：在那样的情境下，您当时心中的想法、感觉和想要采取的行为是什么？

（4）R（Result）：最后的结果是什么？过程中又发生了什么？

STAR 是一项比较复杂的技术，技术关键点有以下 6 个。

---

① 时勘，王继承，李超平. 企业高层管理者胜任素质模型评价的研究[J]. 心理学报，2002，34（3）：306-311.

39

（1）从正向的事件开始。

（2）遵循事件本身的时间顺序。

（3）探究相关的时间、地点和心情，这样通常有助于被访谈者回忆起当时的情节。

（4）让被访谈者多说有用的素材。通过不断强化，可以训练被访谈者如何描述此类事件。

（5）了解访谈过程以及被访谈者可能会出现的情绪反应。

（6）一次只描述一个情况，注意探究其行为模式。探究思想上的起因 S 和行为过程 A，即实例中技术问题的解决模式和策略规划的思考程序。

3．行为事件访谈法的优点

（1）客观性：在行为事件访谈中，被访谈者谈的是具体事件，这大大提高了访谈的客观性。

（2）针对性：在行为事件访谈中，访谈者可根据该岗位的特点，要求应聘人员有针对性地说出自己过去的工作事件，并且要描述这些工作事件是有效还是无效的，这便大大增加了招聘面谈的针对性。

（3）准确性：行为事件访谈方法关注被访谈者在过去的事件中做出的具体行为。在以前的传统面谈中，被访谈者会评价自己，如描述自己的优缺点、爱好、理想、态度以及人生哲学等，这些方面并不能说明个人的实际行为表现。

（4）真实性：在行为事件面谈过程中，由于要求被访谈者讲述具体的事件以及自己在其中的表现，而非想象其会怎么做，其真实性不容置疑。

2.3.3　胜任素质模型构建的流程

构建胜任素质模型的目的就是使企业和员工获得高绩效，促进企业的长远发展。因此，有必要了解胜任素质模型的构建原则及流程。

1．胜任素质模型构建的原则

（1）以企业发展战略为导向。企业的发展战略决定企业的人才需求模式及人才标准。构建胜任素质模型要考虑企业发展战略中的核心竞争力，据此确定员工的核心能力和素质要求。

（2）以职位为客观依据。在明确企业发展战略后，胜任素质模型应当主要以职位工作内容为依据，从关键职位入手，循序渐进，最后全面铺开。

（3）以企业经营思路和业务处理方式为标准。同一行业中的两家企业在具体问题的处理方式上也会截然不同，因此，一定要以本企业的经营思路和业务处理方式为标准。

2．构建胜任素质模型的流程

构建胜任素质模型的具体流程如图 2-7 所示。

3．模型构建的具体步骤

（1）明确企业发展战略目标。企业的发展战略目标是建立胜任素质模型的总指导方针。人力资源管理者应首先分析影响战略目标实现的关键因素，研究企业面临的挑战，然后提炼出企业要求员工应具备的胜任素质，最终构建出符合企业文化及环境的胜任素质模型。

（2）选定所要研究的目标岗位。企业战略规划的实施往往与组织中的关键岗位密切相关。因此，人力资源管理者在建立胜任素质模型时应首先选择那些对企业战略目标的实现起关键作用的核心岗位作为目标岗位，然后分析目标岗位要求员工所应具备的胜任素质特征，最终构建出符合岗位特征的胜任素质模型。

（3）界定目标岗位绩优标准。完善的绩效考核体系是界定绩优标准的基础。通过对目标岗位的各项构成要素进行全面评估，区分员工在目标岗位绩效优秀、一般和较差的行为表现，从而界定绩优标准，然后再将其细化到各项具体任务中去，最终识别任职者产生优秀绩效的行为特征。

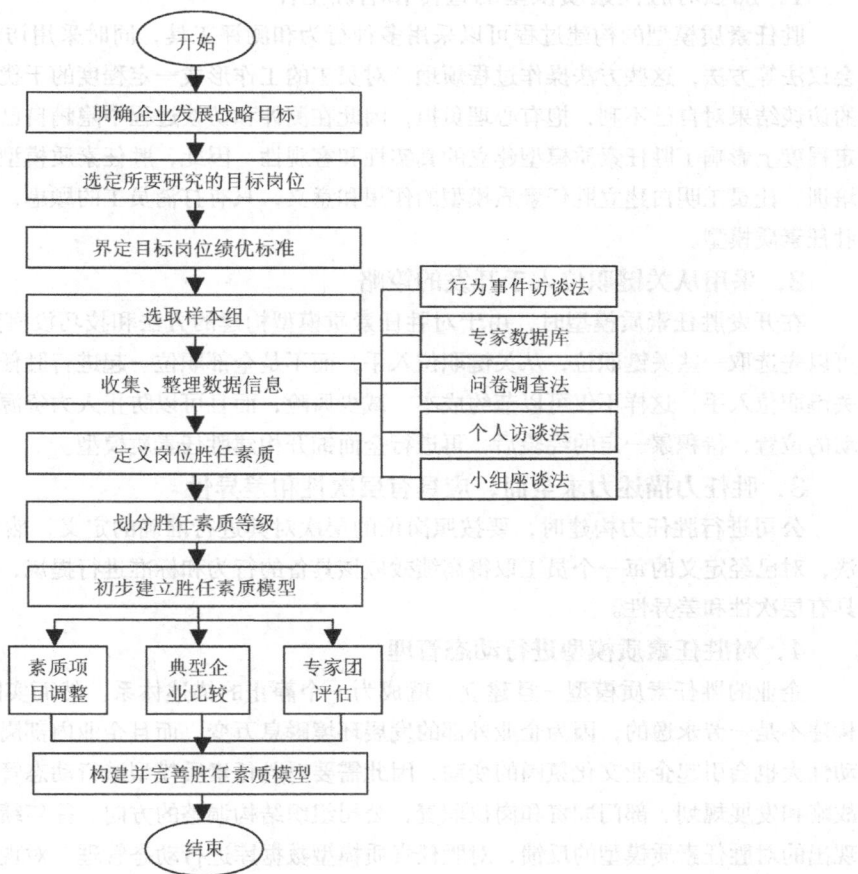

图 2-7 构建胜任素质模型流程

（4）选取样本组。根据目标岗位的胜任素质，在从事该岗位工作的员工中随机抽取绩效优秀员工（3～6 名）和绩效一般员工（2～4 名）作为样本组。

（5）收集、整理数据信息。收集、整理数据信息是构建胜任素质模型的核心工作。一般通过行为事件访谈法、专家数据库、问卷调查法等方式来获取样本组有关胜任素质的数据资料，并将获得的信息与资料进行归类和整理。

（6）定义岗位胜任素质。根据归纳整理的目标岗位数据资料，对在实际工作中对员工的关键行为、特征、思想和感受有显著影响的行为过程或片断进行重点分析，发掘绩效优秀员工与绩效一般员工在处理类似事件时的反应及行为表现之间的差异，识别引起关键行为及其结果的具有显著区分性的能力素质，并对识别出的胜任素质做出规范定义。

（7）划分胜任素质等级。定义了目标岗位胜任素质的所有项目后，应对各个素质项目进行等级划分，并对不同的素质等级做出行为描述，初步建立胜任素质模型。

（8）初步建立胜任素质模型。结合企业发展战略、经营环境及目标岗位在企业中的地位，将初步建立的胜任素质模型与企业、岗位、员工三者进行匹配与平衡，构建并不断完善胜任素质模型。

2.3.4　胜任素质模型构建的注意事项

1．加强对胜任素质模型的宣传和培训工作

胜任素质模型的构建过程可以采用多种行为和测评工具，同时采用访谈法、调查法、小组会议法等方法，这些方法操作过程烦琐，对员工的工作形成一定程度的干扰。有的员工担心测评的访谈结果对自己不利，抱有心理负担，因此在测评和访谈过程中隐瞒自己的真实想法，这在一定程度上影响了胜任素质模型建立的真实性和客观性。因此，胜任素质模型建立前要进行宣传和培训，让员工明白建立胜任素质模型的作用和意义，只有打消员工的顾虑，才能真实有效地建立胜任素质模型。

2．采用从关键职位入手开发的策略

在开发胜任素质模型时，由于对胜任素质模型构建的方法和技巧没有熟练掌握，因此公司可以先选取一些关键职位，从关键职位入手，而不是全部职位一起进行胜任素质模型的开发。从关键职位入手，这样不仅可以节约成本，减少风险，而且可以防止人力资源部门因失误而处于被动的位置，待积累一定的经验后，再进行全面铺开构建胜任素质模型。

3．胜任力描述力求全面，应具有层次性和差异性

公司进行胜任力构建时，要按照岗位的层次对其进行准确的定义，然后通过胜任力工作方法，对已经定义的每一个员工取得高绩效应该具备的行为和标准进行提炼，使不同岗位的胜任力具有层次性和差异性。

4．对胜任素质模型进行动态管理

企业的胜任素质模型一旦建立，就成为一个静止的描述体系。然而实际上，胜任素质模型构建不是一劳永逸的，因为企业外部的发展环境瞬息万变，而且企业内部岗位调整频繁、员工流动性大也会引起企业文化氛围的变动，因此需要对胜任素质模型进行动态管理。企业根据公司的战略和发展规划、部门职责和岗位职责，公司组织结构调整的方向、往年绩效考评实施过程中体现出的对胜任素质模型的反馈，对胜任素质模型数据库进行动态管理。对现有的胜任素质模型的分析、评价及修正，一般一年做一次。

【启发与思考】

【思考练习题】

1．胜任素质模型的概念是什么？
2．胜任素质的特征有哪些？
3．胜任素质模型的原理是什么？
4．胜任素质的经典模型有哪些？
5．胜任素质模型的应用是什么？

6. 胜任素质模型的流程是什么？

7. 胜任素质模型的结构是什么？

【模拟训练题】

S 公司是一家集日常生活用品研发、生产、营销于一体的大型企业，经过近几年业务的发展，公司开发了一系列的产品，并在市场中塑造了自己特有的品牌形象。但是，面对国外知名品牌进军市场的情况下，如何才能保持并继续发展自己的品牌，这是摆在公司高层领导面前的一大挑战。

公司总经理意识到，一流的品牌需要一流的人才及团队来塑造，为了发现和用好品牌推广人员，全面了解公司现在已有的品牌推广人员的胜任能力及潜在素质，为公司的可持续发展提供一个良好的环境，总经理决定对公司的品牌推广人员进行一次全面的胜任素质测评。

如果你是该公司的人力资源部经理，你将如何开展这项工作，请根据下面的测评表写清楚每一项素质要素的测评所需要采用的测评工具的组合内容。

S 公司胜任素质测评表

测评要素	测评方法	方法使用权重
1. 知识素质水平		
2. 判断推理能力		
3. 语言表达能力		
4. 职业兴趣倾向		
5. 个性特征		
6. 诚信倾向		
7. 工作态度		
8. 成本意识		
9. 应变能力		
10. 人际交往能力		

【情景仿真题】

人力资源总监王自成，负责 B 公司的高层管理者招聘，经过一个星期的招聘和测评，这次又接到了人力资源部经理王洋的电话，王洋对这次招聘的两位高级经理的测评效果还是不太满意。关于人才测试方面的问题已经困扰王自成很久了，自从公司使用了高级经理人才胜任素质模型后，公司招聘变得更加困难，一些看上去不错的其他公司的高级经理、总监、副总，在胜任素质模型方面总是过不了关。前几天公司高层会议，公司老总问王自成什么时候公司能招到独当一面的副总，这个问题已经折磨他太久了。现在离公司结束招聘日期还剩 3 个月了，如果招不到合适的人才，高层领导会怀疑人力资源部门的招聘能力，以前改进招聘方式的努力都白费了，还不如不用胜任能力素质模型，直接采取审批制。

阅读以上案例回答以下问题。

1. 公司用的是哪种人才测评方法？你所知道的其他方法还有什么？

2. 公司的人才测评问题出在哪里？你有什么解决方法吗？

第 2 部分

现代人才测评方法

第3章 笔试测评

学习目标

1. 了解笔试的概念和特点。
2. 掌握笔试的实施流程。
3. 熟悉笔试试题的分类和常见的题型。
4. 掌握笔试试题的设计与编制过程。

引导案例

某银行柜员招聘笔试测评方案

某大型股份制银行某省分行近年来业务得到迅猛发展，越来越多的客户选择到该行办理业务。人力资源部门感到人员招聘的压力越来越大，到各支行进行访谈，分支行负责人强烈要求人力资源部加大人员招聘的力度。在各类岗位的人员招聘中，前台柜员招聘的数量最大，一是因为本身从事该岗位的人员就多，二是该岗位人员流动性也比其他岗位大。

为了提高银行柜员招聘的效率，及时满足用人单位的需求，提高所招聘人员的素质水平，建立规范、优化的用人机制，该省分行人力资源部报请总行领导批准，委托某测评公司协助进行柜员招聘的测评筛选工作。

以前柜员招聘需求不大的时候，对柜员的招聘选拔往往采用专业知识考试+面试的方式。笔试采用闭卷考试的形式，考试科目共有 3 门，分为语文、计算机、金融基础知识。笔试内容则是：语文考试大体属于中专水平；计算机考试内容以计算机知识为主，大体相当于国家计算机一级水平；金融基础知识以国家统一的助理经济师考试内容为主。根据笔试成绩，按照招聘人数1:2 的比例确定面试人员。

测评公司经过分析之后，对原有的测评方案进行了以下改进。

（1）笔试采用下列 3 项能力测验：数字推理测验（30 分钟），考察候选人以数字为介质进行逻辑推理的能力；图形推理测验（30 分钟），考察候选人以图形为介质进行逻辑推理的能力；言语推理测验（30 分钟），考察候选人以言语为介质进行逻辑推理的能力。

（2）把 3 项能力测验分别与同龄常规的数据进行比较，计算出各项测验的标准分，转换成百分制，分别占1/3 的权重，得到每个人的分数和相应的名次。

（3）按照招聘人数 1:2 的比例确定进入面试的人员。

经过前期简历筛选，分行人力资源部最终确定 521 人参加能力测评。笔试测评实施过程如下所示。

1. 测验工具的准备

测评公司专门针对银行柜员的岗位开发了 3 项测验，并在试测的基础上对每一道测验题目进行项目分析，确认每道测验题目的区分度和难度，保证每道测验题目的质量。为了做好题目的保密工作，测评公司提前把题目印制好，并装订密封，直到候选人现场开始答题时才拆封。

2. 测评场地

分行人力资源部联系 1 所条件较好的高校，落实 4 个能够容纳一百多人的教室作为考场，在前一天与校方沟通好，落实第二天考试场地要求，并派人把每一位候选人的考号贴在相应的座位上，方便候选人找到自己的考试位置。

3. 测评考官

每一个考场均派出测评公司的一名测评顾问作为主考官，按照心理测量学的标准统一指导语，确保每个候选人在公平的环境中进行测评。同时分行人力资源部派出相应工作人员协助测评顾问主持测评考试，保证考试的秩序。

4. 测评成绩处理

考试均采用标准化的程序进行，答案涂在答题卡上，测评公司收回试卷后，通过光电阅读机读入考试结果，按照测评分数统计模板统计处理，按照客户需求对成绩进行各二级分行内的排名，最终提供能力测试成绩给该分行人力资源部。

（资料来源：改编自王淑红. 人员素质测评[M]. 北京：北京大学出版社，2012：241）

思考题

1. 新方案中为什么改变笔试的测评内容？

2. 正式考试前，测评公司做了哪些准备工作？

笔试测评是人才测评的重要组成部分，笔试测评的方法在中国由来已久。由于笔试测评具有较高的公平性及应用简便性，因此，未来笔试仍然是不可替代的人才测评手段。本章将在笔试概述的基础上，探讨笔试试卷的结构设计与试题编制等问题。

3.1 笔试概述

3.1.1 笔试的概念及作用

1. 笔试的概念

笔试是指测评者按统一测评标准测验被测评者所掌握的知识数量、知识结构与知识程度的一种方法。笔试需要安排被测评者在统一时间和统一地点，按照测评者或测评组织的统一要求，通过纸笔测验的形式完成测试题目。

测试题目一般是根据被测评者将要从事的工作的性质、工作条件和岗位职责所必备的理论知识等测评要素来设计的。通过笔试可以测量被测评者的专业知识、基本知识、外语知识、文字表达能力、逻辑分析能力等素质能力的差异。由于笔试对被测评者来说是相对公平的一种测试方式，且易于组织实施，现已被很多用人单位所采用。

1956 年，教育心理学家本杰明·布鲁姆提出了一个新的学问分类法，该分类法把学问分为知识（知道）、理解（领会）、应用、分析、综合、评价 6 个类别，学问分类法在笔试测评中同样适用，其具体内容如表 3-1 所示。

表 3-1 布鲁姆目标分类系统

类别	说明	示例	关键词
知识 （知道）	对具体知识的记忆，被测评者是否已经记牢，能否进行识别、鉴别	如对"什么是人力资源管理"的记忆、识别、列表等	记忆，识别，列表，定义，陈述，呈现等

续表

类别	说明	示例	关键词
理解（领会）	对事物目的或意义的理解	如你能描述发生了什么事情吗	描述，解释，区别，归纳，比较、推断等
应用	运用所学的概念、法则或原理去解决问题，去理解事物的本质	如工作中如果遇到某问题，你将怎么处理	应用，论证，操作，实践，分类，解决等
分析	对知识进行分解，并理解各部分之间联系，解释其因果关系	如工作中为什么会遇到这样的问题	分析，检查，实验，组织，比较，辨别等
综合	以分析为基础，将各个部分或元素组合成一个整体，以便创造性地解决问题	如工作怎么样才能避免这样的问题出现	组成/建立，设计，计划，支持，系统化等
评价	综合内部与外部的资料和信息，做出符合客观事实的推断	如公司的规章制度能够帮助我们避免这样的问题吗	评论，鉴定，辩护，证明，预测，支持等

2．笔试的作用

（1）笔试测评有助于用人单位对被测评者的专业知识、文字表达能力和书写态度等综合能力的了解。由于笔试测评是通过纸笔测验的形式进行的，所以被测评者的回答必须落实到笔头上，这就可以对被测评者表达能力和书写能力进行考查。测评者甚至可以运用笔迹学方面的知识在一定程度上推测被测评者的人格特质。

（2）笔试测评可以避免测试过程中的不正之风，也可以作为被测评者能力的留档记录。由于被测评者在笔试过程中与测评者不会正面接触，试题的评分如果能做到在密封的情况下进行，就能在最大程度上减少考试结果徇私舞弊的可能性。

（3）笔试测评得分比较可靠，对被测评者比较公平。笔试测评的题目可以大量采样，对知识和能力的考查信度和效度较高。评分标准较为客观也是笔试测评的特点之一，这些能保证测评的客观性和公平性。

（4）笔试测评结果可以作为用人单位测试被测评者能力的主要依据。通常笔试主要限于一些对专业技术要求或对人员素质要求很高的单位，如事业单位、著名企业等。

3.1.2　笔试的方法与考核内容

1．笔试的方法

从笔试的实施者、笔试的组织形式及被测评者 3 个角度来看，笔试的划分方法有多种。

（1）就实施者而言，笔试的方法是通过试卷测试法完成对被测评者能力的测验，随着现代计算机技术的发展，为节省成本，很多企业也采取机试的形式进行测试。

（2）就笔试的组织形式而言，笔试有开卷考试和闭卷考试之分。

① 开卷考试是指被测评者可以携带参考资料参加考试。考生自行查看资料、课本等，但是相互之间不可以商量答案。与闭卷考试比，开卷考试的试题更具开放性和灵活性，有利于被测评者充分发表自己的见解，展现自己的能力。

② 闭卷考试是指被测评者只可以独立完成试题，不能看课本和参考资料，不可以与其他被测评者商量答案、传递答案等。

（3）就被测评者而言，应对笔试的方法主要有 5 个。

① 了解笔试的内容和重点，有针对性地进行复习。

② 了解笔试的目的，灵活运用知识进行答题。

③ 要适当地减轻思想负担，保证有良好的睡眠，适当地参加一些文体活动，以饱满的精神状态参加考试。

④ 提前熟悉考场的环境和考试注意事项，这有利于消除应试时的紧张心理。

⑤ 答卷时要认真审题，合理分配答题时间，注意卷面整洁。

2．笔试考核的内容

笔试考核的内容很多，归纳起来主要有基础知识考试、专业知识考试、相关知识考试、性格测试和智商测试等。

（1）基础知识考试

基础知识考试又称为广度考试或综合考试。它的考试内容比较广泛，可以包括自然常识、社会常识、数理化、文艺、体育、外语等。它的主要目的是了解被测评者知识掌握的广度。

（2）专业知识考试

专业知识考试主要是测评与被测评者职位有直接关系的专业知识，是对被测评者专业知识深度的测量。如被测评者的职位是室内装修方面的工程师，专业知识的考试内容可以包括室内设计 AutoCAD 制图、污染学、工程力学、光学、人体工程学、色彩配置学、基础土建工程学等方面的知识。

（3）相关知识考试

相关知识考试主要是考察被测评者对与工作内容相关的知识了解程度的考试，如求职者的职位是人事专员，相关知识考试的内容可以有心理学、管理学、公共关系等各方面的相关知识。

（4）性格测试和智商测试

运用笔试的形式使被测评者完成性格和智商方面的试题，以测评被测评者的性格特征和智商水平。

3.1.3 笔试的优缺点及适用领域

1．笔试的优缺点

组织在招聘活动中，通常采用笔试的形式来测试求职者的知识水平，与其他测评方法比较，它的优点具体如图 3-1 所示。

客观性	1. 考卷可以密封，测评者和被测评者不必直接接触，增强测评的可信性 2. 被测评者回答问题的真实材料可以得到保存 3. 被测评者考核的试题相同，评卷标准相对较客观，被测评者的测评成绩可以进行比较
经济性	1. 试卷的设计、印刷比较迅速，降低了时间成本 2. 在同一时间、不同空间可以对大量被测评者进行测评，易于组织实施，降低管理成本 3. 根据笔试成绩实现优胜劣汰，降低了沟通成本
广泛性	笔试试题量大，形式多样，知识的涉及面广，易于考核被测评者知识掌握的深度、广度及运用知识的能力，信度和效度较高
简便性	笔试一般不需要特殊的专业人才来进行测评，在测试的时候比较简便
利于发挥	参加笔试时，被测评者的心理压力相对较小，容易发挥其正常水平

图 3-1　笔试的优点

虽然笔试具有以上 5 个方面的优点，但是由于试题本身具有主观性，造成笔试具有以下 3 方面的缺点（见图 3-2）。

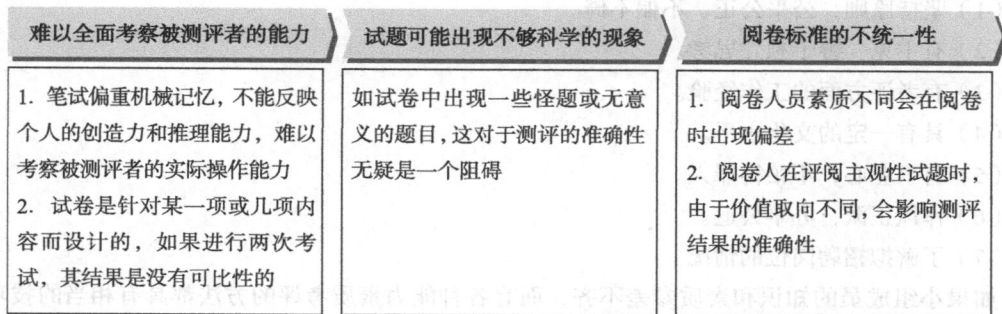

难以全面考察被测评者的能力	试题可能出现不够科学的现象	阅卷标准的不统一性
1. 笔试偏重机械记忆，不能反映个人的创造力和推理能力，难以考察被测评者的实际操作能力 2. 试卷是针对某一项或几项内容而设计的，如果进行两次考试，其结果是没有可比性的	如试卷中出现一些怪题或无意义的题目，这对于测评的准确性无疑是一个阻碍	1. 阅卷人员素质不同会在阅卷时出现偏差 2. 阅卷人在评阅主观性试题时，由于价值取向不同，会影响测评结果的准确性

图 3-2 笔试的缺点

2．笔试的适用领域

笔试适用范围非常广泛，凡是接受过初等教育的人都有过笔试经历。具体来讲，可以从"民、官、学"3 个角度进行划分。

（1）笔试应用在企业中

按照企业性质来分，笔试适用于各技术型和非技术型企业，为保证企业人力资源管理活动的效用，各企业应用笔试测评的形式对人力资源进行鉴别。

按照功用划分，笔试适用于企业人力资源的选拔、岗位调整、员工培训、职位晋升、绩效考核等方面。

（2）笔试应用在政府机构及类似组织管理机构中

笔试在政府中应用的最主要体现就是国家公务员考试、各级地方公务员考试、事业编制考试、银行录用选拔考试等。一般来说，政府在进行内部人员职位调整时，也会涉及笔试。

（3）笔试应用在学校教育中

其实，只要提到笔试，人们脑中的第一印象就是学校考试，包括中考、高考、研究生考试、期中考试、期末考试、日常模拟考试等大大小小、各种类型的考试。显然，笔试已经成为学校教育的重要手段。

3.1.4 笔试的实施流程

笔试具体实施包括用人单位根据拟制招聘的岗位需要的知识和能力拟制题目并安排应聘者进行测试，相关人员根据应试者的答题情况进行评定。笔试由人力资源部负责组织实施，各用人部门给予协助。笔试的组织实施具体可分为 3 个过程：笔试实施前的准备、笔试正式实施阶段和阅卷与评分，9 个步骤：组建笔试团队、收集资料、编制笔试题目、组织试题测试、确定笔试地点、通知笔试人员、笔试用具准备、实施笔试、审阅评估试卷。

1．组建笔试团队

笔试团队，又称笔试小组，它负责整个笔试工作的实施，如试题的设计、编制、监考、阅卷、费用的预算等。具体可由人力资源部招聘人员、用人部门负责人和专业人员组成。小组人员的质量和数量对整个考评工作起着举足轻重的作用，合理的人员搭配和人数确定能使考评的指标体系和参照标准体系发挥预计的效用，最终达到考评目的。

笔试小组组长一般由人力资源部经理担任，全面负责笔试小组的管理工作。为保证笔试的质量，笔试小组成员一般需具备以下素质。

（1）坚持原则，公平公正，不偏不倚。

（2）有主见，善于独立思考。

（3）有考评方面的工作经验。

（4）具有一定的文化水平。

（5）有事业心，不怕得罪人。

（6）作风正派，办事公道。

（7）了解拟招聘岗位的情况。

如果小组成员的知识和素质参差不齐，而且各种能力素质考评的方法都具有相当的技巧和微妙性，这时就必须对小组成员加以培训，使之了解、熟悉并掌握各种方法和相关知识，必须排除个人感情因素对考评工作的干扰。

同时，在笔试开展前，还需要对笔试团队进行有针对性的培训，主要包含以下4个方面。

（1）确定培训内容及方法。增强笔试团队成员在组织招聘过程中对笔试的责任感和使命感，并就笔试题目开发、评分标准等工作实施培训。

（2）确定需参加培训人员名单。对笔试团队进行培训，参训人员一般包含团队所有成员，针对笔试团队的培训其实也是一次针对整个项目工作的动员大会。

（3）确定培训时间及地点。人力资源部是笔试团队培训的负责部门，人力资源部负责招聘的相关人员根据团队成员的时间安排，协商安排培训时间及地点。

（4）其他培训安排事项。包括在培训前、培训中及培训后需要协调或跟进的具体事务等，如培训团队成员用餐安排等。

在笔试管理工作中，笔试团队的分工和准备工作同样对笔试的顺利进行起着举足轻重的作用。合理地分工，一方面可以达到人尽其用的目的，另一方面可以最大限度地提高工作效率，实现整体效益最大化。

2．收集资料

收集资料是为试题编制做准备，主要收集与实施笔试有关的岗位信息、胜任素质信息以及有关试题的其他内容。

3．编制笔试题目

通过收集与实施笔试有关的岗位信息、胜任素质信息以及其他内容，根据笔试要考查的要素、企业招聘岗位的特点及企业需要，确定试题的类型、内容、难易度、题量的多少、试题答案等内容，编制笔试题目包括5个方面的具体内容。

（1）题目选择。测评题目的选择主要依据题目自身的性质及其实际测评到的与计划测评的目标一致性程度。要根据测评对各部分内容所要求的比例选择适当数量的试题，也要考虑试题的难易、重要程度以及试题的类型。

（2）题目编制。试题编排的3种思路：一是将题型相同的题目编排在一起；二是按题目的难度不同，按由易到难的顺序编排；三是按题目所测的内容编排，即把测评同一内容的各个题目编排在一起。在试题的实际编排过程中，通常是将上述方法组合使用。为防止相邻座位的应试者互通信息、相互抄袭，可采用编制A、B卷的方式。两卷的题目不变，只是使两份试卷的试题顺序交错排列，或对选择题的正确答案变换位置。目前，越来越多的笔试都采用了A、B卷形式，并取得了积极的效果。

一般来说，笔试测试分为业务知识与能力（含外语）测试、综合知识测试、综合能力测试 3 个方面。根据组织内部各部门之间的专长，测试题目的拟制分工也不同。

① 业务知识与能力（含外语），其题目根据岗位任职资格要求确定，由用人部门编制。

② 综合知识，包括公司的历史、业务、现状的通用知识，由人力资源部负责编制题目。

③ 综合能力，是指对参加竞聘者的分析能力、思维能力、领导能力等进行测试，由人力资源部负责编制题目。

外部专家负责为笔试试题的设计提供指导性意见和建议，并提供多方面的智力支持。各测试题目拟制负责人在笔试进行之前，要确保题目拟制并测试完毕，保证笔试题目质量。

（3）编制试卷副本。有时同一测评需要在不同情况下多次使用，或者在不同时间对同一类型测试者进行测评，或者为了防止泄密以及被测评者可能出现的作弊行为，在组织试卷正本的同时，需要编制试卷复本。所谓复本，就是两套或者两套以上等值的测评试卷。

（4）试卷的检验。检验试卷主要是对整个试卷的文字、指导语、正确答案在不同选项中出现的频数、格式进行审查。检验是对试卷的题目是不是较好地反映了测评指标，复本是不是等值，试卷的难度是否恰当等进行审查。要解决这些问题，可以对试卷逐项进行审查，也可做必要的预测试。

（5）编写答案及评分标准。答案的编制主要是针对客观题的标准答案和主观题的参考答案这两大类。对于参考答案的编制，主要是给出试题涉及的相关关键知识点，然后为每一个知识点分配计分权重。而对于标准答案的编制，则需要确保答案的标准性、唯一性、无可争议性及对应性。

评分标准的编制主要是指确定测试的总分值以及每道试题的分值和计分标准的一个过程。要做好这一方面的工作，必须先确定测验的总分值，然后根据指标体系的权重赋分值，对每一种题型进行赋分，最后再制定得分标准。

4．组织试题测试

在企业条件允许的情况下，在试题编制好以后，首先选择一部分相关人员（如用人部门的人员、相关专家等）进行预测试，以检验试题的质量。测试的实施过程与环境条件应与将来的正式测评相似。然后，根据预测试的反馈结果对试题做出进一步的完善，以提高试题的信度和效度。

试题预测试结束后，工作人员要收集测试结果及反馈信息，并对其分析，主要参考下面 3 个方面的信息，如表 3-2 所示。通过试题的进一步修改和完善，达到优化试题、提高笔试试题效度的目的。

表 3-2　试题预测试的反馈

测试的反馈	内容
答题者的反馈	答题者的反馈是试题修改和完善的重要依据。试题是不是很难理解，是不是觉得有话可说，能不能引起足够的争论，其他的一些感受也可以发表修改意见等。这些意见一般可以从侧面反映一些问题，可以直接应用于讨论试题的修正
评分者的反馈	评分者的意见可以用来完善评分表和评分要素。评分者对参与者进行观察并进行评价，他们所提出的建议应重点考虑，作为修改的依据
统计分析结果的反馈	统计分析主要是决定笔试的效果，主要是分析信度和效度，如果达到了设计的要求，就可以考虑成稿了；如果未达到设计的要求，则做出修改，也可以考虑其他笔试方法

5．确定笔试地点

人力资源部负责安排笔试地点，笔试地点应尽量选择在安静、整洁、采光好的房间。

6．通知笔试人员

人力资源部确定笔试时间，并及时通知参加笔试的应聘人员。

7．笔试用具准备

人力资源部准备好笔试所需的试卷、备用文具等材料。

8．实施笔试

在前期的准备工作都已完备的情况下，人力资源部门就可以组织应试者的考试工作，包括人员组织、考场管理、试卷的保管等内容。

9．审阅评估试卷

（1）笔试的阅卷过程

笔试试卷的评阅也是整个考试流程中十分重要的环节。只有公正、客观地评阅试卷，才能保证考试的有效性和可靠性。笔试阅卷需要专业性强的人员参加，并且注重保密性。

笔试阅卷流程可分评分环节和结果处理环节。

① 评分环节。评分环节包括通过部分试卷的抽样来进行试评。评分环节包括试评、明确阅卷方法与正式阅卷等环节。

A．试评以完善标准答案和制定评分细则。评分之前，阅卷组应首先抽样试评，再结合试评情况仔细审核标准答案，并在此基础上制定评分细则。

B．确定阅卷方法。目前较常见的主要有两种。一种是由一个人评阅整个问卷，另一种是由多人采取流水线的方式一起评阅问卷。

C．正式阅卷。进入正式阅卷阶段，试卷启封应在一定的保密措施下进行，阅卷也应实行严格的程序管理。

② 结果处理环节。结果处理环节包括登分与核分、数据处理等环节。

A．登分与核分。试卷每个小题、大题及全卷分数的登记、核分与核查是非常重要的环节，稍有不慎，就可能因人为差错而改变应试者的考试结果。为此，登分与核分必须实行分段隔离管理，即分别由不同的人员在不同时段进行，确保数据的准确性。

B．数据处理。对全体及每个应试者的笔试成绩，包括各科目的笔试成绩及其不同测评要素的得分情况分别予以统计和分析。

（2）计分

① 客观题计分。客观题的答案具有唯一性，阅卷计分只与答案有关而与阅卷者无关，如填空题、选择题、判断题、匹配题等都属于客观性试题。可采取机器阅卷来进行计分。机器阅卷可以避免人为阅卷造成的误差。同时，机器阅卷的方法经济成本也较低。

② 主观题计分。主观题能够有效地考查应试者的实际能力和水平，其主要缺点是评分不够客观，计分过程中经常受阅卷者的情感、态度的影响。扎实、有效的岗前培训是确保阅卷工作平稳顺利进行的根本保证，应从源头抓起，切实做好阅卷员的 4 项培训：[1]

A．上岗培训。主要包括思想政治教育、保密条例教育、工作责任感教育、荣誉感教育、阅卷纪律教育、业务知识培训等。

B．试评培训。主要包括评分细则的讨论和制定、阅卷系统的操作、试评卷和测试卷的评

---

① 刘建华，马睿，邰国民，刘华民．主观题网上阅卷员队伍建设与误差控制研究[J]．中国考试，2012，9：32-39．

阅等。

C. 质量控制培训。主要包括试卷复评、抽查、退回、修改、问题卷处理等。

D. 心理压力和情绪调节培训。主要包括放松训练、腹式呼吸训练、肌肉放松训练、渐进式放松训练等。

（3）笔试阅卷的质量控制

笔试阅卷质量控制包括确立实施方案、组建阅卷队伍、准备各种工具、创设特定环境等内容。这些既是笔试阅卷质量控制的方法手段，更是笔试阅卷质量控制的条件和保证。

客观公正是笔试阅卷的基本原则。为确保笔试结果的公正有效，笔试阅卷质量控制可采取以下措施。

① 建立监督制度。从试评开始，试卷的领取、评阅、保管等环节都必须处于严密监控之下。试卷袋的分发要随机、限时；试卷领取不仅要签名，还要注明领取时间；试卷回收要检查，确认无数量差错，无破损、拆封现象；试卷及各大题和小题的评分、登分、核分、统计应由不同的人员担任，严防串通舞弊。阅卷期间，任何无关人员不得进入阅卷地点。除监督人员在场，阅卷人员不得与外界发生任何方式的接触联系。

② 正式阅卷前进行试评。阅卷前，应组织专家随机抽取一定样本的考卷进行试评，根据试评情况对原命题人员拟定的试题答案和评分标准进行修订。

③ 采用复评办法。复评办法包含两种阅卷方式。一是指以第一位阅卷人员的评分结果为依据，第二位阅卷人员对其结果进行复评，主要目的是核查核实。二是对于主观性试题，对于分值比较大的试题，采取二评或三评的方式进行评分，以减少、降低不同阅卷员对试题的评阅误差。

④ 加强阅卷过程的监控。在阅卷过程中，可以给阅卷人员反馈各种质量监控指标，如均分、分数分布情况、标准差、评分误差等。必要的时候，可以将专家给定分数的标杆发给阅卷员，考查其对阅卷标准的把握是否准确；还可以将阅卷员自己阅过的试卷再返给他，看其两次阅卷间的分差有多大。随着网络阅卷的发展，阅卷过程的监控已经非常容易实现。

3.2 笔试题型

3.2.1 笔试题型的分类

笔试题型主要分为客观性试题和主观性试题。客观性试题是指试题有统一的答案，评分标准客观、准确、统一，由客观性试题所组成的试卷题量大、取样广泛，易于使用计算机阅卷，而且不受测评者主观因素的影响，可以提高测评速度，降低测试成本。由于客观性试题答案的标准化，无法考核被测评者的表达能力、写作能力及分析能力等，无法考查被测评者的解题过程，也无法避免被测评者猜题的行为。常用的客观性试题有选择题、判断题、填空题、配对题 4 种形式。

主观性试题只有题干，需要由被测评者将答案自己写出来，它是能更好地考查被测评者的具体情况或个性的试题。通过主观性试题的测评可以全面了解被测评者对知识的掌握程度，可以测试被测评者组织材料，理解分析问题及解决问题的能力。由于它的求解思路和答案等往往带有主观性，评分欠缺标准，所以需要测评者有较高的测评水平以保证测评成绩的准确性，这样测评结果才可以令人信服。常见的主观性试题有情境模拟式的题目、论文式的题目、案例分析题等。

3.2.2　笔试常见题型

笔试常用的题型有选择题、判断题、填空题、配对题、情境模拟式题目、论述题、案例分析题等。

1．选择题

（1）选择题可以分为单项选择题和多项选择题，由题目和备选选项组成。被测评者需要根据题目的要求，从备选选项中，找到一个或几个符合题目要求的选项，并把选项前的字母，填在相应的位置上。选择题示例如图3-3所示。

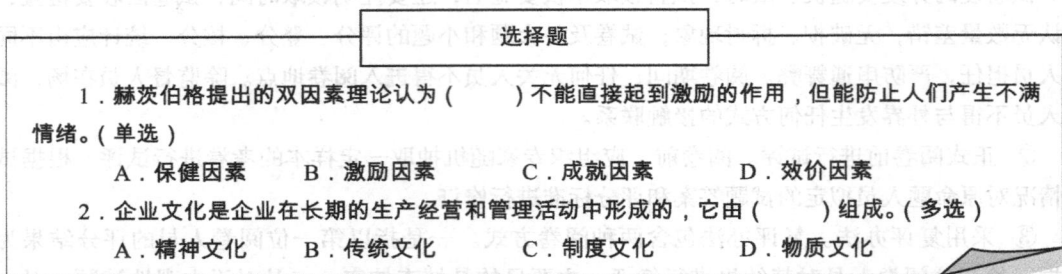

```
┌──────────────────────────────────────────────┐
│                    选择题                        │
├──────────────────────────────────────────────┤
│  1．赫茨伯格提出的双因素理论认为（     ）不能直接起到激励的作用，但能防止人们产生不满 │
│情绪。（单选）                                      │
│     A．保健因素    B．激励因素    C．成就因素    D．效价因素 │
│  2．企业文化是企业在长期的生产经营和管理活动中形成的，它由（     ）组成。（多选） │
│     A．精神文化    B．传统文化    C．制度文化    D．物质文化 │
└──────────────────────────────────────────────┘
```

图3-3　选择题示例

（2）设计选择题时的注意事项如下。

①　备选选项的数目不宜太多。在设计选项时一般采用4～6个答案；另外，同一个测评中每个选择题后的选项数目是相同的。

②　备选选项的表述方式应力求一致，如全部进行简单表述或全部进行详细表述。

③　备选选项之间应该独立存在，不能存在重叠现象。

④　诱答题不要做得太过于明显，应使不具备该知识的被测评者不会凭借常识找到答案。

（3）选择题的优缺点如下。

单项选择题目前是笔试中最常用的一种客观性试题，其突出优点在于题量可以比较大，考查的知识点比较多，采样的代表性高，有利于考试结果的误差控制和考试的标准化。当然，单选题也存在缺点，如对其他迷惑选项的设计要求较高，具有一定的难度。多选题虽然能够弥补单选题的缺点，但是其往往难度较高，因为漏选或错选一个选项均使得整个题目错误，对应试者掌握知识的全面性要求很高。

2．判断题

（1）判断题即只为被测评者提供正确和错误两种答案，无中间答案。判断题的命题通常是一些比较重要的或有意义的概念、事实、原理或结论。判断题示例如图3-4所示。

（2）设计判断题时的注意事项如下。

①　避免"有时""可能""肯定""绝不""所有的"等暗示性的特殊词汇出现，如所有的男性都比女性理智。

②　题目中应避免半对半错的现象出现，每题中应避免出现两个以上的概念。

③　题目叙述应条理清晰，尽量避免双重否定的叙述。

判断题

判断题（正确的打√，错误的打×）

1. 决策就是要选择一个最好的方案去实现组织的目标。（ ）

2. 科学管理对人性的假设是“社会人”的假设。（ ）

图 3-4 判断题示例

④ 题目内容应以有意义的概念、知识点、原理等为基础，避免以无关紧要的细节命题。

⑤ 对的测试题目与错的测试题目应随机排列，数量应大致相等。

（3）判断题的优缺点如下。

判断题的优点是命题容易，评分简单，计分客观。应试者回答方便，因此题量可以较大，便于广泛采样，一般出题者都乐于采用。但是判断题也有一些缺点：一是题型的预测效度不高，即使你没有掌握某题的知识点，也有 50% 的概率能够回答这个问题；二是判断题只能看出应答者的思维结果，不能测出应答者的思维过程，因此无法知晓应答者的思维能力。

3．填空题

（1）填空题要求被测评者用一个正确的词或句子来填充一个未完成的句子，它的主要作用是测评被测评者的知识是否扎实，对关键知识点的掌握是否精准，填空题非常适用于诊断性的测评。

（2）设计填空题时的注意事项如下。

① 题目中所空缺的词语或句子应该是知识测评的重点，要和上下文有密切的联系。

② 一道题目中不能设置太多的空白，否则不易于被测评者理解题意。

③ 题目中的空白一般放在句子的中间或末尾，不建议放在句子的开头，因为开头一般作为引导作用。

④ 每个空白处应有一个简短精悍的标准答案，易于测评者评分。

（3）填空题的优缺点如下。

填空题的优点是评分客观，答案唯一，应试者的猜测因素较小；缺点是填空题往往与企业实践结合较少，更多的是考查知识点的连贯性和全面性。另外，填空题不能反映岗位所要求的综合能力。

4．配对题

（1）配对题是选择题的一种变式，配对题的题目本身包括多个反应项（匹配题）和多个刺激项（被匹配题）；被测评者在解答的过程中需要对反应项和刺激项进行理解和对应；配对题有两种常见的形式，完全匹配（一对一匹配）和不完全匹配，表 3-3 所示为一对一匹配和不完全匹配的示例。

表 3-3 配对题示例

分类	示例
一对一匹配	刺激项：1. 伦敦（ ） 2. 中国（ ） 3. 巴黎（ ） 4. 华盛顿（ ） 5. 塞舌尔（ ） 反应项：A. China B. Seychelles C. Washington D. London E. Paris
不完全匹配	刺激项：1. 青莲居士（ ） 2. 香山居士（ ） 3. 六一居士（ ） 4. 易安居士（ ） 反应项：A. 李白 B. 李清照 C. 白居易 D. 欧阳修 E. 蒲松龄

（2）设计配对题时的注意事项如下。

① 在格式上，配对题的反应项和刺激项应排成两列或两行，易于被测评者理解。

② 配对数目的选择要适中，在使用不完全匹配时，可以不限制每个反应项被选择的次数，以提高题目的灵活性。

③ 试卷中应对匹配方法进行规定，同时应说明反应项可以被匹配的次数。

④ 同一个匹配题应安排在同一页面上，避免反应项与刺激项分开，浪费被测评者的答题时间。

（3）匹配题的优缺点如下。

匹配题的优点是容易编制，覆盖面广。但是仍然存在一些不足。第一，匹配题只能测量简单记忆的事实材料或概念关系，并且要求编制的选项是同质的；第二，匹配题一般在知道大部分匹配关系之后，剩下的匹配难度越来越小，因此匹配题对于考察应试者对知识的掌握程度也比较弱。

5．情境模拟式题目

（1）情境模拟式题目是指在试题中创造一个情境，让被测评者将其在模拟环境中的具体行为以文字的形式表达出来。在题目设计上一般有两种方法，如表3-4所示。

表 3-4　情境模拟试题的类型

方法 1	方法 2
1．在题干中假定被测评者的身份，如经理 2．然后用文字描述一个场景、问题或矛盾，需要被测评者亲自处理 3．被测评者根据题目设定的身份和情境，进行分析判断，最后编写自己的处理方法、建议等	1．题干描述某个特定场景或是某段时间内各种人物的思想、态度和行为等 2．被测评者仔细阅读材料后，根据题目的要求，回答与题干提供的材料相关的问题

（2）设计情境模拟式题目时的注意事项如下。

① 情境设计应符合逻辑，便于被测评者对号入座。

② 情境设计应符合工作分析的要求，便于真实反映被测评者的能力水平。

③ 情境设计中的问题应该具有开放性，便于被测评者运用多角度、多方法解决问题。

（3）情景模拟题的优缺点如下。

情景模拟题是测评中高层管理者能力的常用题型。它的优点是题目的设置能够与企业的实践更好地结合起来，并且应试者有更多表达自己想法和能力的机会。其缺点主要体现在两个方面，第一，情景模拟题的编制难度较高，合适的情景模拟题必须与岗位所需要的能力有密切的相关关系；第二，对情景模拟题的评分客观性不强，主要是凭借评价者的认知能力和经验，没有指定的标准，因此计分不太容易。

6．论述题

（1）论文式的题目要求被测评者以长篇的文章对某一问题进行分析、评价，并表明自己的观点、态度、立场和主张等，进而测验被测评者的知识、才能。例如，"你是如何看待企业文化的，它能否移植？字数范围要求300～500字之间。"

（2）设计论述题时的注意事项如下。

① 题目中应有明确的做答长度，应避免出现含糊性的问题。

② 在设计题目时应该有一系列答题标准或答题方向，应规定答案的可接受范围。

③ 为保证测评准确性，论述题的数量不要太多，必要时可以将一个大题目拆分成几个小题目。

（3）论述题的优缺点如下。

论述题综合程度高，解题难度大，主要用于考查被测评者的理解能力、论述能力以及作用原理或观点分析问题的能力等。论述题的很大优点在于可以较全面、深入地考查被测评者的知识水平和能力，而题目设计比较容易，不需要花费较大成本。论述题的缺点是评分成本较高，另外，试题采样代表性差，毕竟一道论述题的分值含量比较大，这就决定了每次考试的论述题题量较少，从而难以代表科目的全部内容，应试者的得分就有一定的偶然性。如果应试者碰巧对某个论题很熟悉，就会得到"虚假的高分"，反之会得到不真实的低分，影响考试的信度和效度。

7．案例分析题

（1）案例分析题也是一种主观性试题，它通过提供情景材料、图形、表格或文字资料，要求应试者针对提出的问题，运用相关的知识点，结合案例进行分析，并给出结论。

（2）设计案例分析题时的注意事项如下。

① 题目中应反映出一定的背景，并有清晰的问题。

② 案例分析题在设计题目时应该有一系列评分标准。

③ 案例分析题应结合企业的实际情况，追求对日常工作模拟的似真性与选拔职位的适应性。

（3）案例分析题的优缺点如下。

案例分析题的优点是能够反映出应试者批判性分析信息的能力、决策能力、对管理问题的诊断能力等，是一个能同时测评多个管理能力的方法，其主要的缺点是，案例的编制花费的时间成本较长，对编制人员的专业水准要求较高。

3.3 笔试试题的设计与编制

3.3.1 笔试设计原则

在设计笔试题目时，应当遵循以下 5 个原则。

1．信度高、效度大

以测评目标为指导，笔试试题应具有较高的信度和效度，应具有必要的区分度和适当的难度，这是对笔试试卷质量的要求。

2．实用性强

通过笔试的方法来筛选应聘者，必须从企业的实际出发，根据企业的实际条件和招聘工作的需要来安排笔试的人力、物力、时间及费用等事宜，以最少的人力和费用支出来达到较为满意的效果。同时笔试设计还应注意阅卷工作、数据工作等方面的顺利实施。

3．客观、严谨

笔试试题编制的客观、严谨，就是要保证试题题目及答案的准确性，试题结构形式设计的合理性，各种类型题目占比要适当。

4．试题难度要与测评目标相统一

一般情况下，笔试试题的整体难度要适中。在招聘选拔中，如果题目太难，只有少数应试者会通过，对以后招聘的筛选工作会产生影响。在晋升性测评中，可以使题目相对难一点，有利于选择优秀的人员进行岗位调整。

5．差异原则

笔试所编制的题目应具有差异性，能够准确地测试出被测评者在德、智、体等素质上的差异区别，合理拉开档次，体现出好、中、差不同层次等级，以利于择优录取。差异原则要求整体难度适中，要求尽量提高难度的精密度。题目的难度越精密，区分度越高。一般情况下，编制的题目难度分布应以正态分布为最佳。

3.3.2　笔试试卷结构设计

试卷结构，是指一份试卷所含组成成分及各种组成成分相互联系的方式，它由两维相交的两个向度构成，分别反映试卷结构的不同组成成分及其比例关系。通常情况下，一种向度上反映试卷的内容、题型、难度、分数、时限结构等组合成分；另一种向度上反映试卷目标结构及试卷结构各组成成分的比例与相互关系。这些结构要素及其比例互为条件相互制约，其中任何一种要素设置不当、比例失调或改变排列组合方式，都会影响试卷整体测试效果。[①]双向细目表是试卷结构的具体表现形式，它能够将测评内容、测评目标、试卷题型、试卷复杂程度进行数量化。双向细目表是用于表明测评内容、测评目标及其相对重要程度的一种表格，它可以使笔试命题工作具有计划性，避免盲目性；使命题者明确测验目标，易于把握测验知识与试题题型的比例与分量，提高命题的效率和质量。同时，它对于试题的审查效度也有重要指导意义。

双向细目表是包括两个维度（双向）的表格，较常见的双向细目表有 4 种。

（1）反映测评内容与测评目标关系的双向细目表，如表 3-5 所示。

表 3-5　测评内容与测评目标关系的双向细目表示例

测评内容	测评目标						
	知识	理解	应用	分析	综合	评价	合计
……							
合计							

（2）反映测评内容与测评目标、题型之间关系的双向细目表，此类型的表是上一个表的改进，增加了试卷的题型，如表 3-6 所示。

表 3-6　测评内容、测评目标与题型之间关系的双向细目表示例

测评内容	选择题	简答题	证明题	应用题	分析题	合计
	识记、理解	识记	分析、综合	应用	分析、综合、创造	
……						
合计						

---

① 刘远我. 人才测评方法与应用（第 2 版）[M]. 北京：电子工业出版社，2011，9.

（3）反映题型与难度、测评内容之间关系的双向细目表。此类型的表可以体现题型数量、难易度、测验内容的分配问题。该表可以使试题取样代表性高，可以适当控制试题的难易程度，表中的数据比较容易分配，但它没有反映出测评目标，如表3-7所示。

表 3-7　反映题型与难度、测评内容之间关系的双向细目表示例

题型		题量	分数分布		难易程度			覆盖面			合计
主观题	客观题		每小题分数	每大题总分	易	中	难	第一章	第二章	……	
选择题											
	填空题										
	论述题										
	……										
合计			合计								

（4）反映题型、难度与测评目标之间关系的双向细目表，如表3-8所示。

表 3-8　反映题型、难度与测评目标之间关系的双向细目表示例

题型		填空题	选择题	判断题	解答题	论述题	……	合计
题数								
分数								
难易程度	A							
	B							
	C							
	D							
认知度	1							
	2							
	3							
	4							
合计								

难易度解释：A. 较易，B. 中等，C. 较难，D. 难度较大；认知度解释：1. 识记，2. 理解，3. 简单应用，4. 综合运用

双向细目表制作遵循以下几个流程。

① 列出大纲的细目表。测评是依据测评目的针对具体的内容进行的，大纲应包括要求被测评者掌握哪些知识内容，不同知识在该测评中的相对重要性，不同知识内容所应实现的测评目标。这些都是测评设计中需要解决的问题。在编制细目表时应先列出大纲的细目表。

② 列出各部分内容的权重。应根据测评目的确定各测评知识在整个测评中的相对重要性，并分配相应的权重。

③ 列出各种测评目标（学习水平）的权重。测评题目要涵盖所确定的测评（学习水平）目标，分别是识记、理解、应用、分析、综合、评价6级目标，应根据测评的特点，对6级不同目标进行合理的权重分配。

④ 确定各考查点的参数。在测评知识的内容和其应达到的认知能力目标所对应的表格内，分配各考查点的题型及得分，再根据相应权重计算各得分点的实际分数值。如第三大题第4题2分，用"三、4（2分）"表示。

⑤ 审查各需考查知识点的分配是否合理。应重点审查各认知能力目标的权重分配是否合理；审查各测评知识内容权重分配是否合理。

通过以上的步骤，从表格中就可以看出测评内容分布、测评难度和测评目标分布的情况。这样可以避免由于主观随意性产生的知识覆盖面狭窄、偏题，试题过难或过易的状况。

3.3.3 笔试试卷结构确定的流程

确定笔试试卷结构需要很强的专业性知识。双向细目表是试卷结构确定的重要依据，主要遵循以下几个步骤。

（1）明确测评目的

首先应明确测评是注重于选拔、晋升、诊断还是考核等，它是试题的核心或主题，笔试的立意要体现两个方面的内容。

① 要实现的测评目的，体现能力的考查主旨。把知识和能力要求相结合，根据所要达到的测评目标组织笔试内容。

② 立意的主题要鲜明、观点要明确、理论要清晰、重点要突出，使考查目标有层次和相关性。

（2）确定试卷的内容结构

试卷内容结构，是指一份试卷内容的组成部分，以及不同部分所占的比重与相互关系。试卷内容结构应当根据测评的目的确定。试题的类型选择应当将选择题、判断题、填空题及论述题结合使用，也可以只选择其中一种或两种；试卷的各个组成部分应当存在内在联系，能反映出需要测评内容的重点。对于以上两个问题的解答，可以采用双向细目表。

（3）确立题型结构

试卷题型结构，是指一份试卷所用试题的种类、各类试题在全卷题量中的比重，以及同类型试题间的内在关系。不同的题型在测量具体的能力方面具有各自的优缺点，因此，可以根据所需测试能力的比重设计题型结构。同时需要考虑到施测的时间以及应试者的能力等因素。

（4）确立难度结构

试卷难度结构，是指试卷不同层次难度试题的数量及其比例关系，以及全卷试题的分布状态。全卷总体难度和试题难度必须与应试者群体的现实水平相适应，过难或过于简单都会影响试题的鉴别力，有碍选拔目的的实现。全卷不同难度试题的分布应尽量符合应试者的心理特点。

（5）确立分数结构

试卷的每种题型的分数以及每小题的分数都需要认真确定。但是每种题型内部每个小题的分数并不一定要分值相同，因为每道题所测验的题目解题难度、复杂程度均存在差异。

（6）确立时限结构的基本要领

试卷时限结构是指考试施测限定的时间和各类试题的作答时间分配，以及试题作答时间在整个施测时间中的比例关系。确立试卷时限结构必须结合考试的特点、目的要求，必须符合试卷的长度、难度，必须以试题内容的呈现形式、方式、解题要求和应试者群体的年龄特征为依据，防止因时间宽严失控而造成试题及既定难度标准的升降。

3.3.4 笔试试题的编制方法

笔试试题在编制方法上主要有选题、改题和编题3种类型。

1．选题

选题一般是选用某些现成的题目作为试题。使用选题方法编制笔试试题，一般适用于规模较小的自测性或课堂检验。对于正规性、大型的考试，若采用此种方法，必须有一个庞大的试题库，确保试题选择的精准性和避免重复性。

（1）选题的原则。采用选题的编制方法，首要原则是选择的题目要具有代表性、普遍性。

其次，题目形式要完美，各种类型题目比例合适。最后，选题取材应当主要来源于普遍使用和具有公信力的教材。

（2）选题的作用。通过选题编制笔试试题，测试者可以引导被测评者重视第一手资料来源，如教材、E-learning 培训中教师讲授内容。

（3）选题的注意事项。选题并不是原封不动地把题目搬过来，可以根据需要对题目进行适当改动。例如，改变题目的描述方式、改变其中的数字、改变题型等。但是，应当保持基本难度和风格不变，否则，就成为"改题"。

（4）选题后的检查。对选择的题目应当主要从 6 个方面进行检查，具体如图 3-5 所示。

图 3-5　对选择的题目进行检查的方法

2．改题

改题是指以一个现成的题目为基础，经过修改，使之成为一个适用性的题目。改题的方法主要有以下 4 种。

（1）改变题目中的条件或结构。如原题目是"以下哪几个选项中所表述的内容能够增强培训效果"，可以将其变为"如果采取以下选项中哪几种措施，培训效果必然会降低"。

（2）对题目进行外包装。对题目进行外包装主要是通过语言表述的方式改变原有题目的外在表现形式。

（3）改变题型或者提问方式。改变题型是指将之前客观性的题目变为主观性题目，如变为探索性或开放型的题目。也可以由选择题变为判断题或者填空题。改变提问方式是指将直叙性的题目变为提问式的。

（4）对若干题目进行组合。如可以将各种选择题、判断题变换为案例解答题或者阅读理解题。在使用改题方法时，一定要注意改变后的题目是否仍旧符合考查目的，所涉及的知识点是否全面，难度是否适中。

3．编题

编题是根据测评对象、测评目的、测评指标等编制新颖的试题，是试题编制的主要手段。编题首先应当了解测评目的，这是编制试题的基础。然后，根据目标确定题型。最后，对编制好的试题进行检查。

3.3.5　笔试试题编制

笔试试题编制按照试题内容分为专业知识笔试试题编制、综合笔试试题编制、语言笔试试题编制，也可以按照各个测评岗位分别编制。

1．专业知识笔试试题编制

专业知识笔试试题编制主要有以下 3 个特点。

（1）考试范围广。在专业知识笔试试卷上往往会体现出与该专业有关的所有知识，例如，化学类工程师专业知识的笔试题目可以包括普通化学、有机化学、物理化学等。

（2）知识与时俱进。笔试试题不仅包括本专业的基础知识，还会涉及该专业或该领域目前发展的最新动向。

（3）针对性强。专业知识考试以选拔本单位所需要的专业人才为目的，因此笔试试题更注重对专业知识的运用，而非对其概念、理论的简单再现。如在招聘市场部经理时可能会要求被测评者就某一产品做出营销策划推广方案。

关于专业知识考试试题示例，具体如图 3-6 所示。

招聘专员笔试题

1．选择题（每题 2 分，共计 20 分；其中 1～8 题为单选题，9、10 题为多选题）

（1）下面的（　　）不属于内部招聘的方法。

    A．员工推荐　　　　B．人才招聘会　　　C．发布职位公告　　D．人力资源技能清单

（2）招聘的基本程序是（　　）。

    ①招聘准备　②招聘评估　③招聘信息的发布　④人员选拔　⑤录用决策

    A．①②③④⑤　　　B．③①④⑤②　　　C．①③④⑤②　　　D．③①⑤④②

（3）人员招聘的直接目的是（　　）。

    A．为企业做宣传　　　　　　　　　　　B．招聘最优秀的人才

    C．为企业做人才储备　　　　　　　　　D．招聘到企业所需要的人才

（4）工作分析法不包括下面哪一种（　　）？

    A．工作日志法　　　B．问卷调查法　　　C．观察法　　　　　D．职业倾向法

（5）人才招聘会较适合于招聘（　　）类型的人才。

    A．高层管理者　　　B．专业人才　　　　C．热门人才　　　　D．无工作经验

（6）在应聘人数众多时，为达到筛选人员的目的，一般采用（　　）方法。

    A．笔试　　　　　　B．面试　　　　　　C．评价中心　　　　D．心理测验

（7）影响招聘效果的外部原因之一是（　　）。

    A．企业的知名度　　　　　　　　　　　B．企业文化

    C．外部劳动力市场供求状况　　　　　　D．企业的发展阶段

（8）《中华人民共和国劳动法》中规定：劳动合同期限在一年以上两年以下时，试用期不得超过（　　）。

    A．15 日　　　　　B．30 日　　　　　　C．60 日　　　　　　D．6 个月

（9）根据人员来源渠道不同，招聘分为（　　）。

    A．内部招聘　　　　B．员工推荐　　　　C．外部招聘　　　　D．猎头公司

（10）招聘的基本原则有（　　）。

    A．能级对应　　　　B．因岗择人　　　　C．公平公正　　　　D．协调互补

2．名词解释（每题 5 分，共计 25 分）

（1）结构化面试；（2）人力资源成本；（3）工作分析；（4）信度和效度；（5）评价中心。

3．简答题（每题 10 分，共计 50 分）

（1）招聘的主要渠道及各自的优缺点。

（2）简述招聘的流程。

（3）请列举招聘中常见的几种误区以及如何规避。

（4）简述人才测评在人力资源中的应用。

（5）简述无领导小组讨论的定义及优缺点。

4．应用题（每题 15 分，共计 15 分）

某电子公司，因业务发展的需要，需要招聘销售经理 1 名，文秘 1 名，请您为该公司设计一个招聘方案。

图 3-6　专业知识考试试题示例

2．综合知识笔试试题编制

综合知识笔试试题的涉及面比较广泛，不同组织、不同部门、不同岗位可以有不同的侧重点。综合知识笔试会涉及时事政治、公共关系、社交礼仪、人际技巧、环保知识、法律常识等方面的内容。图 3-7 所示为综合知识笔试试题示例。

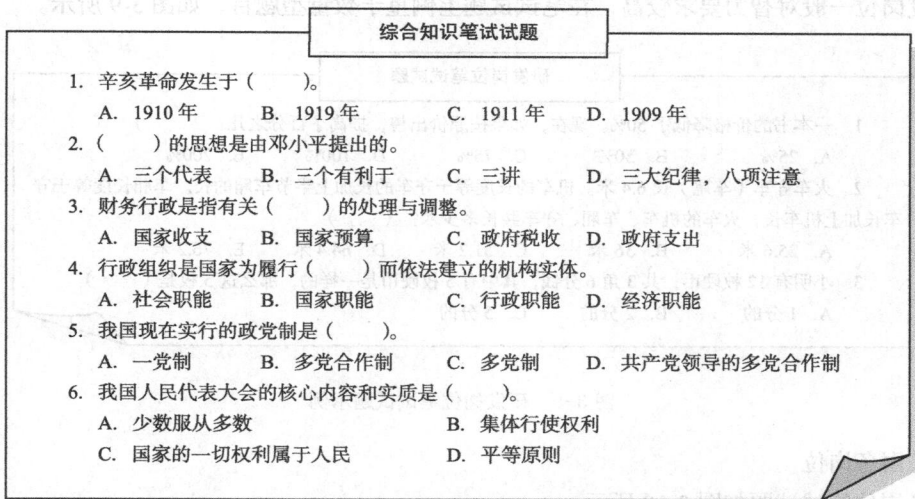

综合知识笔试试题

1. 辛亥革命发生于（　　）。
   A. 1910 年　　　B. 1919 年　　　C. 1911 年　　　D. 1909 年
2. （　　）的思想是由邓小平提出的。
   A. 三个代表　　B. 三个有利于　　C. 三讲　　　D. 三大纪律，八项注意
3. 财务行政是指有关（　　）的处理与调整。
   A. 国家收支　　B. 国家预算　　C. 政府税收　　D. 政府支出
4. 行政组织是国家为履行（　　）而依法建立的机构实体。
   A. 社会职能　　B. 国家职能　　C. 行政职能　　D. 经济职能
5. 我国现在实行的政党制是（　　）。
   A. 一党制　　　B. 多党合作制　　C. 多党制　　D. 共产党领导的多党合作制
6. 我国人民代表大会的核心内容和实质是（　　）。
   A. 少数服从多数　　　　　　B. 集体行使权利
   C. 国家的一切权利属于人民　　D. 平等原则

图 3-7　综合知识笔试试题示例

3．语言知识笔试试题编制

语言知识考试主要是测试被测评者对文字、词汇、语法、段落等知识的理解、分析、运用能力，一般情况下教师岗、客服岗、公务员、秘书岗、编辑岗等职位需要针对语言知识设计笔试试题。图 3-8 所示为语言知识笔试试题示例。

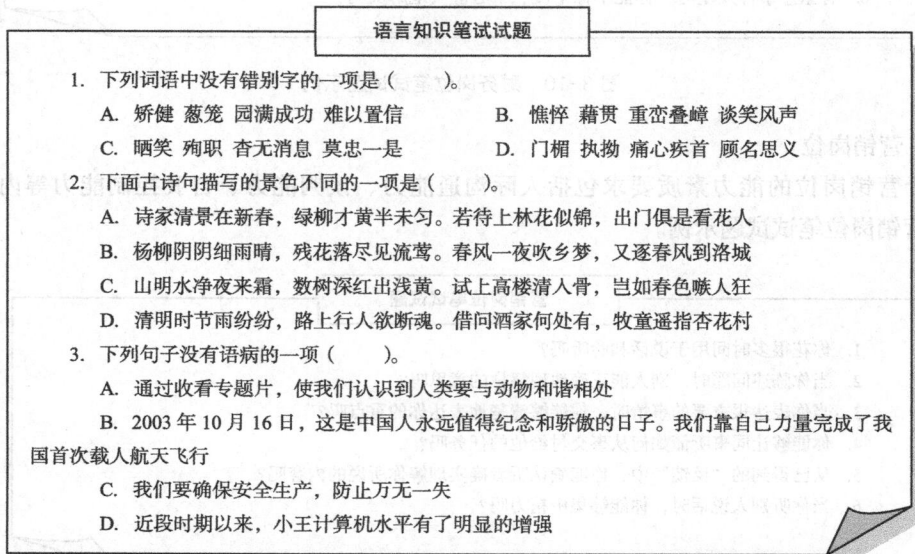

语言知识笔试试题

1. 下列词语中没有错别字的一项是（　　）。
   A. 矫健　葱笼　园满成功　难以置信　　B. 憔悴　藉贯　重峦叠嶂　谈笑风声
   C. 晒笑　殉职　杳无消息　莫忠一是　　D. 门楣　执拗　痛心疾首　顾名思义
2. 下面古诗句描写的景色不同的一项是（　　）。
   A. 诗家清景在新春，绿柳才黄半未匀。若待上林花似锦，出门俱是看花人
   B. 杨柳阴阴细雨晴，残花落尽见流莺。春风一夜吹乡梦，又逐春风到洛城
   C. 山明水净夜来霜，数树深红出浅黄。试上高楼清入骨，岂如春色嗾人狂
   D. 清明时节雨纷纷，路上行人欲断魂。借问酒家何处有，牧童遥指杏花村
3. 下列句子没有语病的一项（　　）。
   A. 通过收看专题片，使我们认识到人类要与动物和谐相处
   B. 2003 年 10 月 16 日，这是中国人永远值得纪念和骄傲的日子。我们靠自己力量完成了我国首次载人航天飞行
   C. 我们要确保安全生产，防止万无一失
   D. 近段时期以来，小王计算机水平有了明显的增强

图 3-8　语言知识笔试试题示例

4．各岗位笔试试题的编制

不同岗位，企业对任职者的素质、能力要求不同，笔试试题的内容、考察的侧重点等都会存在差异，下面分别列举研发岗位、财务岗位及营销岗位的笔试试题。

（1）研发岗位

研发岗位一般对智力要求较高，在笔试试题上侧重于数量型题目，如图3-9所示。

研发岗位笔试试题

1. 一本书的价格降低了50%。现在，如果按原价出售，提高了百分之几？（　　）
   A. 25%　　　　B. 50%　　　　C. 75%　　　　D. 100%　　　　E. 200%
2. 火车守车（车尾）长6.4米。机车的长度等于守车的长加上半节车厢的长。车厢长度等于守车长加上机车长，火车的机车、车厢、守车共长多少米？（　　）
   A. 25.6米　　　B. 36米　　　C. 51.2米　　　D. 64.4米　　　E. 76.2米
3. 小明有12枚硬币，共3角6分钱，其中有5枚硬币是一样的，那么这5枚是（　　）。
   A. 1分的　　　　B. 2分的　　　　C. 5分的

图3-9　研发岗位笔试试题示例

（2）财务岗位

财务岗位笔试试题如图3-10所示。

财务岗位笔试试题

1. 在学业上或者生活上，为了达到目的，你习惯于面对困难和解决困难吗？
2. 你能否尽可能避免个人的偏见和与他人发生冲突？
3. 如果做错，你会承认错误并从中吸取教训吗？
4. 你能面对问题并且努力去解决它，而不让它继续困扰你吗？
5. 有私人问题时，你仍然能够集中精力学习吗？
6. 有紧急事件发生时，你能不惊不慌、平心静气地解决吗？

图3-10　财务岗位笔试试题示例

（3）营销岗位

对于营销岗位的能力素质要求包括人际沟通能力、谈判能力、自我控制能力等内容。图3-11为营销岗位笔试试题示例。

营销岗位笔试试题

1. 你花很多时间用于说话和聆听吗？
2. 当你陈述问题时，别人能正确地理解你的意思吗？
3. 当你表达很重要的事情时，你能够清楚地表达你的重点吗？
4. 你能够让同事听懂如何从事交付给他的任务吗？
5. 从已得到的"反馈"中，你能确认听者确实理解你所说的内容吗？
6. 当你听别人说话时，你能够集中精力吗？

图3-11　营销岗位笔试试题示例

（4）管理能力笔试试题编制

管理能力从根本上说是管理者提高组织效率的能力。管理能力是管理者能够准确地把握时势，并且提升组织效率的关键。管理能力主要体现在计划、组织、领导、控制等方面，具体如表3-9所示。

表 3-9　管理能力的要求

项目	包含要点
计划能力	预测能力、构思能力、系统的分析能力、逻辑思维能力、前瞻性、创造能力等
组织能力	沟通能力、人际交往能力、组织协调能力、适应能力、谈判能力等
领导能力	决策能力、学习能力、教导能力、应变能力、激励能力、冲突管理能力、说服力等
控制能力	规划能力、自我管理能力、信息反馈能力等
……	

图 3-12 所示为管理能力笔试试题示例。

管理能力笔试试题

1. 请问您在求学经历中参加过哪些社团组织或参加过哪些公益活动，您在其中扮演什么角色？

2. 课堂上您对老师的讲解有所疑惑，您是采取何种方式去消除这种疑惑的？

3. 您来面试的过程中有没有想过整个过程？说说您先前是如何打算应对这场面试的，包括各个阶段。

4. 举个例子来说明一下您曾经做过的一个成功计划及实施过程。

5. 您在逛超市时，碰到了一件十分符合您审美意识的物品，尽管这件物品目前对您来说没有多大的实用价值，您此时会有什么行动？

6. 假如您现在的月收入是 3000 元人民币，您在商场看上了一件非常符合您审美意识的西装，价格 2800 元人民币，您倾向于怎么做？

7. 假如您是部门领导，您设想您在每半月一次的会议议程中该如何去部署会更好？（可提示回答方向：直奔主题，还是先给部属打气）

8. 您跟您部属在一个月里的业余沟通的频率是多少？您目前有几个部属？（待回答完后，问），简单说说他们各自的优缺点？

图 3-12　管理能力笔试试题示例

【启发与思考】

【思考练习题】

1. 笔试测评的优缺点是什么？
2. 笔试的方法有哪些？
3. 描述笔试方法的使用情境。
4. 笔试试题的编制方法是什么？
5. 笔试中的题型有哪些？
6. 什么是双向细目表，常见的几种类型是什么？
7. 笔试实施的流程是什么？
8. 阅卷者培训的内容是什么？
9. 描述笔试质量控制的方法。

【模拟训练题】

　　A 公司现在需要编制一套针对人力资源管理专业应届本科毕业生的笔试题。主要测试应聘者的专业知识，题型包括单选、多选、名词解释、简答、案例分析。总分设置 100 分，少于 60 分的应聘者为不合格。请用 1 周的时间完成。

人力资源专业笔试题

考生姓名：专业：应聘日期：成绩：

一、单选题

二、多选题

三、名词解释

四、简答题

五、案例分析题

【情景仿真题】

每 5 个同学一组，假如你们是 B 公司的负责招聘的小组，请讨论出一个方案，明确每名同学的职责，包括谁负责通知、谁负责接待、谁负责出笔试题、谁负责考场安排、谁判阅试卷等，请对即将在 4 天后来应聘的笔试人员做出妥善安排。

笔试安排表

团队成员	职责安排	注意事项
	1. ……	
	1. ……	
	1. ……	
	1. ……	
	1. ……	
安排情况总结：		

1. 存在的问题？

……

2. 问题产生的原因？

……

3. 有哪些解决方法？

……

第4章 面试测评

学习目标

1. 了解面试的定义及作用。
2. 掌握面试的形式。
3. 掌握面试的操作实施流程。
4. 了解面试试题的编制。
5. 熟悉面试测评技术的技巧及常见误差。

引导案例

宝洁的招聘面试

宝洁的招聘面试分为两轮。第一轮为初试，一位面试经理对一个求职者面试，一般都是用中文进行。面试人通常是有一定经验并且受过专门面试技能培训的公司部门高级经理。一般这个经理是应试者所报部门经理，面试时间在 30～45 分钟。

面试中的主要问题如下。

第一，请你举一个具体的例子，说明你是如何设定 1 个目标然后达到它的。

第二，请举例说明你在 1 项团队活动中如何采取主动性，并且起到领导者的作用，最终获得你所希望的结果。

第三，请你描述一种情形，在这种情形中你必须去寻找相关的信息，发现关键的问题并且自己决定依照一些步骤来获得期望的结果。

第四，请你举一个例子说明你是如何通过事实来履行你对他人的承诺的。

第五，请你举一个例子，说明在完成 1 项重要任务时，你是怎样和他人进行有效合作的。

第六，请你举一个例子，说明你的 1 个有创意的建议曾经对 1 项计划的成功起到了重要的作用。

第七，请你举一个具体的例子，说明你是如何对你所处的环境进行评估，并且能够将注意力集中于最重要的事情上以便获得你所期望的结果。

第八，请你举一个具体的例子，说明你是怎样学习 1 门技术并且怎样将它用于实际工作中。

根据以上几个问题，面试时每一位面试官当场在各自的"面试评估表"上打分，打分分为 3 等：1～2 分（能力不足，不符合职位要求，缺乏技巧、能力及知识），3～5 分（普通至超乎一般水准，符合职位要求，技巧、能力及知识水平良好），6～8 年（杰出应聘者，超乎职位要求，技巧、能力及知识水平出众）。

具体项目评分包括说服力/毅力评分、组织/计划能力评分、群体合作能力评分等。在"面试评估表"的最后 1 页有 1 项"是否推荐栏"，有 3 个结论供面试官选择：拒绝、待选、接纳。在宝洁公司的招聘体制下，聘用一个人，需经所有面试经理一致通过制。任何一位面试官选择了

"拒绝"，该应聘者都将从面试程序中被淘汰。

（资料来源：案例改编自刘云. 人力资源管理[M]. 北京：科学出版社，2015）

思考题

1. 宝洁公司设计这些面试题目，是要考察应试者哪方面的素质？

2. 从案例中我们可以看出，宝洁公司需要什么样的人才？

在人力资源管理实践中，面试是人才测评中很重要的方法，本章将对面试的基本内容、面试试题的编制、面试测评的技巧和面试常见的误差进行重点介绍。

4.1 面试概述

面试是现代人才测评中非常重要的一种方法，在现代企业的人员选拔中，几乎所有的企业都会使用面试方法。在面试测评中，它的信息沟通通道最多，得到的信息量较多，本节重点介绍面试的定义、作用、形式、内容和流程。

4.1.1 面试的定义及作用

1．面试的定义

面试的定义从招聘方与求职者两个角度来看。

对招聘方来说——面试，可以说是一种经过精心设计，在特定场景下，以面对面的交谈与观察为主要手段，由表及里测评应试者有关素质的一种方式，通过面试，面试官可以了解应聘者的专业知识、语言表达能力、外在风格等方面。

对求职者来说——面试，是继投递简历、笔试之后进一步向所应聘的组织展示自己的能力、推销自己，同时获得应聘组织信息的一个重要机会。

本章主要是从招聘方的角度探讨面试的内容、流程、面试方法与技术以及如何减少面试中的误差。

2．面试的作用

（1）面试是主考官与应试者相互沟通、了解的过程。面试是主考官和应试者之间的一种双向沟通过程。在面试过程中，应试者并不是完全处于被动状态。主考官可以通过观察和谈话评价应试者，应试者也可以通过主考官的行为来判断主考官的价值标准、态度偏好、对自己面试表现满意度等，对自己在面试中的行为表现进行调节。同时，应试者可以借此机会了解自己应聘的单位、职位等情况，这样可以综合考虑是否能够接受这一份工作。

（2）面试可以弥补笔试的不足，同时可以有效地避免高分低能者和冒名顶替者。有些人在笔试过程中，因种种原因没有表现得理想，如果仅以笔试作为最终录取的依据，那么这些人就没有机会被用人单位录取。但是，如果加入面试的形式，则这些人便有机会再次表现，从而成为用人单位的理想人选。

另外，由于目前笔试形式存在的局限性，笔试中难免会有高分低能者和冒名顶替者。在进行招聘录取人员时，会发现有些人笔试成绩很高，但面试时却出现了言语木讷、分析问题和解决问题的能力很差等现象。还有的就是冒名顶替者，一问三不知。

（3）面试可以灵活、具体、确切地考核一个人的知识、能力、工作经验及品德特征。虽然可以说面试是用人单位和求职者之间的一种双向互动式考核，但考核的主动权要控制在用人单位手里。考核具有很大的灵活性，可以要浅即浅、要深即深，从而使得用人单位对求职者的知识、能力、工作经验及品德特征做到多方位的考核。

（4）面试可以考查人的仪表、风度、口头表达能力等笔试难以测评到的内容。笔试是通过文字作为媒介来考查一个人的素质能力知识水平。但人的很多素质特征难以通过文字来表现出来，如风度、仪表等，但这些可以通过面试来考查，例如，由于某些原因，应试者对一些东西进行隐瞒，不愿意表露出来，然而，在面对面的面试测评中，就很难做到了，这些都会被考官所发觉。

4.1.2　面试的形式与内容

1．面试的形式

按照面试内容的构成方式、被测评者的人数及面试中提问的类型，面试具有不同的形式。

（1）结构化面试、非结构化面试

这是按照面试内容的构成方式划分的。其中，所谓结构化面试就是首先根据对职位的分析，确定面试的测评要素，在每一个测评的维度上预先编制好面试题目并制定相应的评分标准，面试过程遵照一种客观的评价程序，对被测评者的表现进行数量化的分析，给出一种客观的评价标准，不同的评价者使用相同的评价尺度，以保证判断的公平合理性。 如公务员录用和竞争上岗面试等都将其作为一种主要方法。

非结构化面试通常没有必须要遵循的模式、程序和框架。由于没有既定的结构，测评者可以进行跟踪式的提问，也可以根据现场情景拟定问题。非结构化面试更容易"因人制宜"，但非结构化面试中很少有对回答做出评价的规范化标准，所以要求测评者必须在面试的过程中从总体上把握面试效果。非结构化面试具有很强的灵活性，同时也具有效度不高的缺点。

（2）单独面试、小组面试

这是按照实施面试时被测评者的人数来划分的。其中，单独面试即测评者对被测评者单独进行的面试。

小组面试即很多被测评者在一起进行的面试，这样可以使测评者在专业、地域及其他方面对被测评者进行比较测评，使择优时有较大的选择余地。

（3）情景面试、行为描述面试、演讲式面试、压力面试

这是按照面试中提问的类型来划分的。其中，情景面试是将被测评者置于某一具体情景中，根据被测评者在该情景中的言行等来观察其各方面的能力的一种面试方法，它的试题多来源于工作，或是工作所需的某种素质的体现，通过模拟实际工作场景，反映应聘者是否具备工作要求的素质，如"被测评者在情景中属于人事专员，某天有 30 个员工集体提出辞职，该被测评者应该做什么方面的工作"。

行为描述面试是指测评者依据被测评者有关以往行为的回答来推断其未来某一段时期内工作态度、工作潜能和工作绩效的一种面试方法。在这种面试中，面试员不是围绕某些假设的情景或情节反复提问，而是提出一些与工作相关的问题，如"在商学院学习时，你最喜欢哪些课程"，以便就某些情况"如该候选人处理将要承担的财务问题的能力"得出结论。

基于行为的招聘面试要求面试考官将注意力集中在求职者的行为上，即通过与求职者之间的"我问你答"来描绘出一幅真实的关于求职者过去行为表现的图画。要做到这一点，面试考官必须且只能借助于求职者自己对过去所发生事件的描述。由于每个求职者的过去都是由许多行为

表现组成的，试图对求职者过去的所有行为表现都进行考察是一项不可能完成的任务。这就对面试考官提出了较高的要求，需要面试考官把握住面试谈话的方向，让求职者跟着自己的思路走，并把求职者的陈述引向那些与求职者是否具有某项素质密切相关的行为领域。[①]测评者主要是提出一些与工作相关的问题，"这件事情发生在什么时候？""您当时是怎样思考的？""为此您采取了什么措施来解决这个问题？"基于行为的招聘面试常见于外企，如宝洁。

演讲式面试是指被测评者根据测评者的提问导向，结合已有的知识和经验，运用语言、肢体动作、神情等向测评者表达自己观点的一种面试形式。演讲既可以是即兴的，也可以是有所准备的。演讲题目可以是结构化的，也可以是半结构化的，甚至是无结构化的。

压力面试是将应聘者置于一种紧张的气氛中，面试官刻意刁难应聘者，并且穷追不舍，将应聘者置于一种进退两难的境地，有时甚至故意问使应聘者感到难堪的问题，目的是要考察应聘者的机智程度、应变能力、心理承受能力及自我控制的能力，常用于需要面临很大压力的工作面试中，如咨询、推销人员。压力面试可以帮助确定哪些候选人是可能对温和的批评做出愤怒和辱骂等过激反应的高度敏感者。但是，压力面试具有侵犯性并且不符合常规道德，它要求面试考官既能掌握好实施面试的技巧，又要坚信工作本身的确需要厚脸皮和承受压力的能力。这需要面试员具有较高的技术水平。

（4）一对一面试、多对一面试、多对多面试

按照面试官的人数与应聘者的人数进行划分。

一对一面试指一个应聘者与一个面试官；多对一面试指数名面试官同时对一位求职者进行面试评估；多对多面试，通常也叫小组面试或群面，多用于应届毕业生的招聘面试中，考察应聘者组织领导能力、沟通能力、团队合作能力和应变能力等。

2．面试的内容

一般来说，面试的内容有以下10种。

（1）仪容仪表仪态

仪容仪表仪态主要是指被测评者的着装、外表装饰、举止、礼仪及精神状态等，如酒店职员、保安、公关人员、演员等职位对仪容仪表仪态的要求是非常高的。

（2）知识的广度与深度

在面试中会涉及所掌握的专业技能，所接受的专业培训以及通过课外学习到的相关知识等，以考查被测评者知识的广度与深度。

（3）实践经验

测评人员会根据被测评者的简历或职位申请表的结果提出问题，查询被测评者的教育背景、工作经历、工作成果等，以考查被测评者的主动性、思维力、岗位胜任力、口头表达力等。

（4）工作态度与求职动机

工作态度的测评主要是针对以往的经历进行考察，通过了解工作态度，可以了解被测评者是否热爱工作、是否具有求知欲，考查其对现在岗位的求职欲望。

（5）反应能力与应变能力

通过被测评者回答问题的准确性、迅速性来考查被测评者对问题的反应是否敏捷、回答是否得当，可以测试出被测评者对于突发事件的处理能力。

[①] 张弘，曹大友. 招聘面试中的行为挖掘技术[J]. 中国人力资源开发，2010，（3）：34-37.

（6）分析判断、综合概括能力和综合运用能力

通过面试测评被测评者是否抓住问题的本质，分析是否全面；对众多概念、论点等的概括是否全面、得体；分析被测评者是否具备运用综合知识解决问题的能力。

（7）人际沟通能力和团队合作能力

面试中会涉及测评人际沟通能力的问题，如"工作中，遇到的最难相处的人是怎么样的？您是如何和他（她）相处的"，通过这些问题，可以了解被测评者的适应能力和沟通能力；良好的沟通是进行团队合作的基础，可以通过情景问题来测评被测评者的团队合作能力。

（8）自我管理能力、自我控制能力与情绪稳定性

通过压力面试、情景面试等，从被测评者的工作经历、生活经历、背景询问中了解其自我管理、自我控制能力及情绪稳定性。

（9）口头表达能力

通过被测评者回答问题时的语言、体态，通过其分析问题的答案，可以了解被测评者的逻辑思维能力、表达的感染力、表达的准确性等方面的内容。

（10）个人兴趣和爱好

通过阅读课外书籍、体育项目、娱乐项目，消费生活方式等可以了解被测评者的兴趣爱好。在面试中，主要是向被测评者了解与工作有关的问题，介绍组织的概况、空缺岗位，讨论岗位薪酬福利的问题等，并就被测评者的疑问进行解答。

4.1.3　面试的操作实施流程

1．面试实施前的准备

面试前的准备工作对于面试的成功是至关重要的。做好面试前的准备工作，至少有两点好处：能够帮助面试者更好地对被面试者做出判断；能够帮助被面试者形成对公司的良好印象。面试的准备主要包括以下 9 个方面的内容。

（1）明确面试的目的

测评人员应该明确面试的目的是什么，最终要达到什么效果，只有明确这些问题后，测评人员才能对被测评者的测评要素做出客观公正的评估。面试目的的确定可以通过回顾职位说明书来完成。在回顾职位说明的时候，要侧重了解的信息是职位的主要职责，对任职者在知识、能力、经验、个性特点、职业兴趣取向等方面的要求，工作中的汇报关系、环境因素、晋升和发展机会、薪酬福利等。

（2）电话筛选应聘者

电话访谈主要是确认应聘者的应聘材料和简历中的信息，初步了解应聘者的职业兴趣是否与应聘的职位相符。在电话访谈中，可以侧重了解以下一些问题：应聘者是从什么渠道了解到公司的？又是如何得知职位空缺信息的？应聘者应聘的原因是什么？应聘者现在做的主要是什么工作？应聘者之前经历过什么？

（3）面试通知的发放

面试通知看似非常简单，但是如何操作才能体现招聘组织管理的规范性，树立组织良好形象作用，体现招聘人员的职业素养，提高面试人员的出勤率，这些都是人力资源从业者尤其是招聘负责人员需要深思的，也是需要不断探索的。

① 面试通知的发放方式。面试通知的发放主要可采用电话通知、电子邮件、公告栏、手机短信、信函等方式。根据组织招聘岗位的性质不同可选择不同的方式，由于工作习惯不同，不同

组织也会采用不同的形式。各种面试通知发放方式如表 4-1 所示。

表 4-1　面试通知的发放方式

通知方式	通知范围	优点	缺点
电话通知	社会应聘者	较常用，实现了与应聘者的双向沟通，信息反馈及时，同时也是一次简单的电话面试	会占用招聘人员较多的时间
电子邮件	1. 电话通知不到的情况下或是非重要岗位的面试 2. 需在短时间内通知大量应聘者	快速，省力	单向沟通，招聘人员不能及时收到反馈信息，且不能保证及时通知应聘者。通知的成功率不高
公告栏（电子版或纸质版）	多用于招聘大量在校毕业生	快速、省力、省时。借发布面试信息，可再次实现宣传企业的目的	招聘人员不能及时收到反馈信息，且不能保证及时通知应聘者。通知的成功率不高
手机短信	招聘量大，通知工作量过大	快速、省时、省力	单向沟通，应聘者可能会将其与垃圾信息混淆，影响企业形象
信函	招聘量很小，重要岗位	正式、严谨	单向沟通，信息传递慢，反馈不及时

② 面试通知的发放模板。本处编者引用邮件面试通知和公告面试通知的模板范例，供学员学习。

以电子邮件的方式通知应聘者的面试通知如表 4-2 所示。

表 4-2　面试通知

面试邀请函
＿＿先生/女士： 您好！ 首先感谢您对我们工作的关注与支持！ 经过初步的挑选，我们认为您具备胜任经理助理一职的能力和要求，因此，很荣幸地通知您，请按照以下要求到我公司参加面试。 面试时间：＿＿年＿＿月＿＿日（上/下）午＿＿时＿＿分 面试地点： 乘车路线： 主要事项： 1. 请携带个人身份证、学历证书、相关职业资格证书原件 2. 个人免冠一寸照片两张 3. 若对以上问题有疑问，请电话联系：＿＿＿＿＿＿＿＿＿   祝您一切顺利！ 　　　　　　　　　　　　　　　　　　　　　　　　　　　　公司 　　　　　　　　　　　　　　　　　　　　　　　年　　月　　日

以发布公告的形式通知面试人员，如图 4-1 所示。

2017 年中国地震局第二监测中心招聘面试公告

根据有关规定，现将我中心 2017 年度招聘高校毕业生的面试工作通知如下：

一、面试时间

面试定于 2017 年 3 月 13 日至 14 日进行：

3 月 13 日下午 14:00～18:00（会计、地震监测岗位）

3 月 14 日上午 8:00～12:00（地震监测与研究岗位）

3 月 14 日下午 14:00～18:00（地震监测与研究岗位）

二、面试地点

陕西省西安市西影路 316 号中国地震局第二监测中心楼会议室

乘车路线：从火车站乘 41 路公交车或者从小寨乘坐 19 路、400 路、521 路公交车到观音庙站下车，前行 150 米（鼎立酒店隔壁）即到；或者乘坐地铁 3 号线至北池头站向前行 500 米即到。

三、注意事项

（一）面试时需要提供的材料

毕业生需提交下列证件和材料原件：（1）本人身份证、毕业证、学位证；（2）所在学校盖章的成绩单；（3）英语四、六级证书；（4）计算机等级证书等。

缺少上述证件和材料者，原则上不得参加面试。毕业生应对提交信息的真实性负责，一旦发现信息不实，将按照有关规定取消面试或者录用资格。

（二）面试答辩

（1）参加面试的博士生研究生和硕士研究生每人答辩 15 分钟（其中 2 分钟英文自我介绍，13 分钟中文阐述）；

（2）参加面试的本科生每个人答辩 10 分钟（其中 2 分钟英文自我介绍，8 分钟中文阐述）；

（3）要求面试者将答辩材料制作成 PPT，可就自己的基本情况、参加科研项目、发表论文、申请的岗位等方面进行阐述。

（三）有关要求

（1）毕业生应合理安排行程，按时参加面试。所有参加面试的毕业生根据具体面试安排，需于当日上午 7:40 和下午 1:40 前进入候考室，否则取消面试资格；

（2）毕业生务必于 3 月 8 日中午 11:30 之前以电话或者邮件形式确认是否参加面试。

联系电话：029-85506628

电子信箱：renshi@eczx.net

特此公告。

图 4-1　面试公告

③ 面试顺序的排序技巧。从面试官的顺序安排来看，面试应该由人力资源部先进行，合格的候选人进入下一环节由用人部门人员面试。这样安排可以提高用人部门面试的成功率，节省用人部门时间。

从应聘者的角度来看，在安排多个人员面试时，应尽量将学历、经历、背景等相当的候选人安排在一起，应避免安排在一起的候选人落差太大。面试官对应聘者的评价容易受到其前后的应聘者的影响，前后相差太大的面试者，更容易使这种影响扩大化。

（4）制定面试实施方案

面试方案应该包括面试时间和面试地点的安排、确定面试的方法、确定面试的测评指标、面试问题的设计和面试小组的组建等。

（5）面试时间和地点的安排

面试时间应合理安排，让面试的双方都留有充分的准备时间。

面试地点应选择宽敞、明亮、安静且室内温度合适的环境，并且，根据测评者和被测评者的人数合理安排座位，如图 4-2 所示。

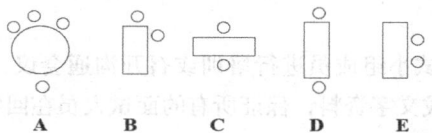

A B C D E

图 4-2　面试位置的安排

A 为一种圆桌会议的形式，多个面试者面对一个被面试者。B 是一对一的形式，面试者与被面试者成一定的角度而坐。C 是一对一的形式，面试者与被面试者相对而坐。D 是一对一的形式，面试者与被面试者相对而坐。E 是一对一的形式，面试者与被面试者坐在桌子的同一侧。

① 在面试中，如果采用 C 这样的形式，面试者与被面试者面对面而坐，双方距离较近，目光直视，容易给对方造成心理压力，使被面试者感觉到自己好像是在法庭上接受审判，使其紧张不安，以致无法发挥出其正常的水平，当然在想特意考察被面试者的压力承受能力时可采用此种形式。

② 像 D 这样的形式，由于双方距离太远，不利于进行沟通和交流，同时，空间距离过远也增大了人们的心理距离，可能会产生隔阂，不利于双方更好地进行合作。

③ 如果采用 E 这样的形式，面试者与被面试者坐在桌子的同一侧，心理距离较近，也不易造成心理压力，但这样面试者位置显得有些卑微，也显得不够庄重，而且也不利于面试者对被面试者的表情、姿势进行观察。

④ 采用 A 这样的形式，排列成圆桌形，使被面试者不会觉得心理压力太大，同时气氛也较为严肃，形式也较为庄重。

⑤ 采用 B 这样的形式，面试者与被面试者成一定的角度而坐，避免目光过于直射，可以缓和心理紧张，避免心理冲突，同时也有利于对被面试者进行观察。

因此，我们建议在通常情况下最好采用 A、B 这两种位置排列来进行面试。

（6）面试相关资料的准备

① 被测评者资料，个人简历、求职申请表等。

② 企业资料，公司宣传资料、人员招聘申请表、面试成绩评定表、面试准备的问题等。

（7）面试小组的组建

根据面试考官人数的多少，面试可以分为个人面试和集体面试两种。从面试团队成员组成来看，面试人员一般包括人力资源部招聘负责人员、用人部门负责人或指定人员、相关专家等。面试团队根据拟招聘岗位的实际需要，由人力资源部负责组建。

面试团队的成员必须具备以下条件。

① 必须具备良好的个人品格和修养，为人正直、公正、客观。

② 应具备相关的专业知识和自己的面试风格，面试成员之间的知识结构和面试风格应相互补充。

③ 了解组织状况及职位要求，这样才能帮助企业选出真正需要的人才。

④ 面对各类应聘者，能熟练运用各种面试技巧，控制面试的进程。

⑤ 能公正、客观地评价应聘者，不受应聘者外表、性格或背景等各项主观感受的影响，因此要求面试者有良好的自我认知能力。

⑥ 要求面试者掌握相关的人员测评技术，能够对录用与否做出果断的决定。

⑦ 具有较强的人际沟通能力和观察判断能力。

⑧ 具备相关专业知识。

在进行面试前需要对面试小组成员进行培训或召开沟通会议，对被测评者感兴趣和关心的问题要做好准备，必要时形成文字资料，保证所有的面试人员在回答问题时口径一致。

（8）面试提纲的编写

编制面试提纲需要结合阅读简历时发现的疑点，设计提问的问题，并确定拟招聘岗位需要考核哪些维度，然后围绕这些维度来编制面试提纲，如"上进心""沟通协作""责任感"等。

① 提纲题目的编写。提纲中的题目应具体、明确，一般整个面试过程应该控制在 30 分钟以内。

面试题目要针对前面确定的维度制定，为保证应聘者叙述事例的完整性，需要根据 STAR 方式来提出问题。

Situation——工作情景或具体任务。

Target——上述情况下想达到的目的、任务。

Action——怎么说的，怎么做的。

Result——上述行为导致的结果怎样。

同时，应聘者有着不同的情况和经历，不必要每个人选都要用同一套提纲依序一问到底。因此，每一个面试项目可从不同角度出一组题目，以便于面试时选择。

② 提纲的主要内容。面试提纲可以分为通用提纲和重点提纲两个部分。通用提纲涉及问题较多，适合于提问各类应聘者。重点提纲则是针对应聘者的特点提出的，以便对职位要求中有代表性的东西有所了解。

另外，不要问一些让应聘者很难回答的问题，例如"您近两年内会考虑结婚（生小孩）吗"，这样的问题让应聘者难以回答，也让人很尴尬。有些招聘人员面谈时，喜欢向其他同事证明他有高明的面谈技巧，因此会问一些极难回答的问题，令面谈气氛向负面方向发展。

对于一些应聘人员因某些方面能力欠缺而回答不上来的问题，不要一再追问，可换个问题，因为这不是知识竞赛或论文答辩，你只需要了解他的适岗程度就够了。还有一些招聘人员自以为是，态度很不友善，无形中为面谈加压。

（9）面试小组人员（测评人员）的准备工作

① 测评人员要回顾岗位说明书或工作分析表，了解拟招聘岗位的任职资格条件。

② 阅读被测评者的个人简历及相关资料，这样有助于测评人员对被测评者有初步了解，方便面试时的沟通。

2．面试实施阶段

面试是一个循序渐进的过程，在面试阶段，测评者应把握好面试进度，有条不紊地实施面试。面试的步骤可以分为面试开始阶段、导入面试阶段、核心面试阶段、被测评者提问阶段和面试结束阶段，其具体内容如图 4-3 所示。

面试开始阶段	测评者与被测评者第一次接触，为了消除被测评者的紧张情绪，为面试创造友好轻松的氛围，测评人员可问一些轻松的、与面试不相关的问题。如"来的时候堵车吗""今天天气不错，希望大家在面试中能发挥正常水平"
导入面试阶段	在这一阶段测评人员应问一些比较通用的、被测评者比较熟悉并且可能有所准备的问题。如"请您用 1 分钟时间简单介绍一下自己""请简单谈一下您的教育经历""目前为止，对您影响最大的人是谁"
核心面试阶段	进入面试核心阶段，即对被测评者进行岗位胜任能力的测评，可提问一些行为性问题、情景模拟性问题等，并根据被测评者的回答对其各项岗位胜任能力做出评价。如"您在哪些方面有优势可以胜任××职位"
被测评者提问阶段	测评人员提问完后，在结束面试之前应给予被测评者提问的机会。如"请问你还有什么要补充的吗""对我们公司或您的求职岗位，您还有什么需要了解的吗"
面试结束阶段	在结束面试时，不管录用与否，测评人员均应礼貌地感谢被测评者前来参加面试，并将下一步的面试程序告知被测评者，如"非常感谢您今天来参加我们公司的面试""面试结果将在一周内公布，我们会以邮件的方式通知您"

图 4-3　面试的流程

（1）面试开始阶段

这一阶段主要的任务是面试官要为应聘者创造轻松、友好的氛围。这种氛围将有助于应聘者在后面的面试过程中更加开放的沟通。通常讨论一些与工作无关的问题，例如天气、交通等。在这个阶段中，通常没有必要采用基于关键胜任能力的行为性面试题目，而主要采用一些需要简短回答的封闭性问题。如"我们这里难找吗？""你是怎么过来的？"等。

（2）导入面试阶段

在导入面试阶段，面试考官首先要问一些应聘者一般有所准备的比较熟悉的问题，以缓解应聘者依然有点紧张的情绪。这些问题一般包括让应聘者介绍一下自己的经历，介绍自己过去的工作等。所问的问题一般比较宽泛，使得应聘者有较大的自由度，另外也为后面的提问做准备。这一阶段最适合的面试题目是开放性的题目。如"请您简要介绍一下你自己的情况。""你是从哪里知道我们企业的？""你希望选择一个什么样的企业？""介绍一下你以前的工作经历。""你喜欢一个什么样的工作？"。

（3）核心面试阶段

核心面试阶段是整个面试中最为重要的阶段。在该阶段，面试官将着重搜集关于应聘者核心胜任能力的信息。应聘者将被要求讲述一些关于核心胜任能力的事例，面试官将基于这些事实做出基本的判断，对应聘者的各项关键胜任能力做出评价，并主要依据这一阶段的信息在面试结束后对应聘者做出录用决定。这一阶段使用的面试问题最主要的是基于关键胜任能力的行为性问题。例如，对于财务经理的岗位，面试官经常会问以下问题："你是否负责编制预算、核对费用、监督部门工作进度以实现财务目标的工作？"；"你曾经在降低成本、增加利润、提高员工士气、实现产量增长方面提出过哪些有价值的建议？"；"你从自己和别人的失败中吸取了哪些教训？"；"它对你以后的工作有什么帮助？"；"你是根据什么来评价属下工作业绩的？"；"你跟领导或者下属关系怎么样？"。

（4）被测评者提问阶段

在面试者提问之后，通常也会在结束之前询问被测评者是否有什么关心的问题。这对于被测评者而言也是了解企业和了解未来任职岗位的最好机会。"请问您还有什么要补充的吗""对我们公司或您的求职岗位，您还有什么需要了解的吗"。这个阶段建议被测评者应当表达出自己对公司与岗位的兴趣，适当准备想进一步了解的问题。

（5）面试结束阶段

在面试结束阶段，应留有时间回答应聘者的问题，并坚持你对求职者的评价立场，适当时还要向应聘者宣传企业。以积极的语气结束面试，应当告知应聘者，企业是否对其背景感兴趣，如感兴趣，公司下一步将怎么办。另外，拒绝应聘者时要讲策略。如果正在考虑应聘者，但不能马上做出决策，就应当告诉应聘者，企业将尽快以书面形式通知面试结果。

4.2 面试试题的编制

在编制面试试题时应该遵循面试试题的特点，灵活地选择面试试题的类型，以达到灵活考查被测评者各方面的素质，有效地避免高分低能者被录用的目的。

4.2.1 面试试题的编制原则

1．针对性原则

面试试题应根据面试的目的，围绕岗位需求、被测评者的状况及面试本身的特点来设计。

（1）面试是针对岗位进行的，所以试题设计要紧密围绕岗位胜任素质，应充分体现不同部门、不同岗位工作要求的特点，突出岗位需求的经常性、稳定性、经典性的内容。

（2）面试试题要考虑到被测评者群体的状况，包括被测评者群体的教育经历、专业背景、工作经历等，以达到有针对性选拔的目的。

（3）与笔试相比，在面试中一般不会设计太多纯知识性的问题，而是更侧重考查拟招聘职位所需的能力、潜力、个性特征等。

2．鉴别性原则

鉴别性是指面试试题应在某一方面具有一定代表性，在面试中题目既要有一定的难度，又要有一定的鉴别力，能够将同一测评要素上处于不同水平的被测评者划分开，以达到准确测试某一特定素质的目的。

3．思想性原则

面试题目的选取应是现实生活中富有意义的热点或社会问题，应具有一定的思想性。如在公务员考试中会根据时事选题。

4．延伸性原则

面试题目的形式及内容应具有一定的灵活性，面试题目应给被测评者留有创新的空间，调动其积极性，也要形成面试所需的融洽氛围，各面试题目之间要相互联系、相互印证，形成面试的有机整体。

4.2.2 面试试题的类型

按照面试试题的答案及面试试题的内容，面试试题可以划分为多种类型。

1．按照问题的答案来分

面试试题可以分为开放式问题和封闭式问题。

开放式问题的答案不是一两个词就可以清楚回答的，它需要进行解释和说明后才能使对方了解自己的想法，开放式问题可以给被测评者留有很多发挥的空间。

封闭式问题有事先设计好的备选答案，被测评者的回答被限制在备选答案中，如"是否"类的问题，但这类问题不能准确测评被测评者的素质水平，所以在面试中所占的比例较小。

2．依据面试试题的内容来分

面试试题的类型可以分为以下几类。

（1）背景性题目。背景性题目通常用于了解被测评者的学习、工作、培训等方面的基本背景。这种类型的题目常会在面试开始后的 2～3 分钟内完成。背景性题目具备 3 个方面的作用，一是让被测评者放松、自然地进入面试情景，使面试现场形成融洽的气氛；二是印证简历或招聘申请表上的相关个人信息；三是有利于为后续的提问提供引导。如"请用 3 分钟时间简单介绍一下你自己""请简述一下自己的职业规划"。

（2）知识性题目。知识性的题目主要考察被测评者对拟招聘岗位所必需的一般知识和专业知识的掌握情况。知识性的题目涉及基础性知识和专业性知识。基础性知识是指从事该职类的人都应具备的一些常识，如人事经理应了解劳动法的法律法规。专业知识是指应具备的专业领域内的专门知识，如人事经理应具备薪酬设计和绩效考核方面的知识。

（3）智能性题目。智能性题目主要考察被测评者对一些现象（如社会热点、时事政治等）的理解能力和分析判断能力，以考察被测评者的逻辑思维能力、综合分析能力、知识运用能力等，如"针对当前的就业形势，您对十八大报告中提出的就业问题是怎么看待的"。

（4）意愿性题目。意愿性题目一般考察被测评者的求职动机与拟任职位的匹配性，还会涉及被测评者的价值取向和生活态度等方面的内容，如"您为何离开原来的公司而选择来我公司求职"。

（5）情境性题目。情境性题目是在面试现场假设一种情境，考察被测评者在特定情境中的行为、态度、个性特征、应变能力等方面的素质特征。

（6）行为性题目。行为性题目是通过关注被测评者过去的行为来预测其未来某一时间段内的工作态度、工作效果、人际交往能力、团队协作能力、解决实际问题的能力等。如"在前一份工作中，您接收到的最有印象的工作任务是什么？您采取了什么解决措施？任务的最终结果是什么？"。

（7）压力性题目。压力性题目是指在面试中对被测评者施加一定的压力，观察其在压力情境下的状态，以考察被测评者的情绪稳定性、应变能力等。此类问题可能会触及应试者的"痛处"。如"由您的简历来看，您在两年的时间内换了 3 份工作，怎么证明您能在我们公司好好干呢？"。

（8）连串性题目。连串性题目是指在提问时会提出一连串的问题来考察被测评者，是压力性题目的一种，它可以考察被测评者承受压力的能力，也可以考察其记忆力、情绪稳定性、注意力、归纳能力等。

4.2.3 岗位面试试题编制

本节中，我们将主要介绍岗位面试试题编制的基本要求及如何编制岗位面试试题。

1．设定岗位面试试题的基本要求

（1）面试题目内容要具体、明确。岗位面试的目的是进一步考查被测评者的能力素质水平、工作经验、个性特征等其他方面的情况，为选拔合适人才提供充分的依据。不明确、不具体的面试题目会影响被测评者能力的发挥，使选拔产生误差，所以岗位面试要依据岗位特征、面试评价目标来编制试题。

（2）题目必须体现重点。拟招聘岗位是特定的，那么面试题目必须是针对岗位胜任要素设定考查重点。否则，面试时就会出现测评人员毫无方向的提问、被测评者不得要领地应答的局面。

（3）试题题目要具备科学性和实用性。面试试题不仅需要科学合理的设计，而且应该具有实用性和有效性。一些笔试中具有科学性的逻辑类问题是不适宜用在面试之中的，在面试压力下，有时用逻辑类的问题来测评被测评者的思维能力往往不能得到较好的效果。在岗位面试中可以请被测评者就某一社会热点现象发表自己的看法，有利于使其在自然表述中体现逻辑思维能力。

（4）题目既要有共性又要有个性。个性问题是针对被测评者的不同教育经历、工作经历和岗位要求提出的，共性问题主要是围绕岗位所需专业知识提出的，在编制岗位面试试题时要将两者结合起来。

在岗位面试试题中，通常"仪容仪表仪态"和"言语表达"两项内容不必以题目的形式罗列出来，其他测评要素均要从不同的角度编制出一组相应的题目，以便面试时就招聘岗位、被测评者群体进行有针对性的提问。根据实际情况有选择地提问，会使面试效果更佳。

（5）试题要有一定的穿透性和张力。岗位面试试题的制作不能太直白，要能够拓展应试者的素质，该类试题的目的主要是考察被测评者思考问题的广度与深度，思路是否清晰，综合概括能力是否到位，语言表达是否得体等。例如，"食品安全问题是现今社会普遍关注的问题之一，'地沟油流向餐桌''蔬菜水果农药超标'等问题屡见不鲜，请结合您周围出现的食品安全现象谈一谈您对食品安全监管的看法。"

（6）面试题目要注重形式。除了内容，面试题目在形式上也要达到一定的要求。

① 题目的范围大小和字数长短要适度，可采取"大题化小、成套组合"的方法。

② 语言表述要明确，语意不可模棱两可，否则会给被测评者带来思考障碍，影响被测评者的正常发挥。

③ 试题编制要符合政策法规的要求，应尽可能避免涉及被测评者个人隐私方面的敏感性问题，不能设计侵犯被测评者人权的问题。

2．编制岗位试题的步骤

编制岗位试题的步骤包括岗位分析、制订岗位试题编制计划、编制面试试题卡、试测分析、试题组合5个环节。

（1）岗位分析。面试时的测评要素要反映岗位的任职条件，在设计面试测评要素前，首先要弄清楚拟录用岗位的工作要求，任职者需具备的素质条件。所以，岗位分析是面试试题设计的基础。

（2）制订岗位试题编制计划。制订"岗位试题编制计划"，对整个试题的编制工作进行总体设计，确定最基本的框架，为面试工作提供依据。制订岗位试题编制计划时应明确的问题如表 4-3 所示。

表 4-3　制订岗位试题编制计划需明确的问题

项目	内容
测评目的	明确为何进行测评及测评结果的用途
测评要素	根据岗位分析结果，进一步明确对哪些素质项目进行测评以及测评结果的质量要求
取材范围	根据测评要素的需要，明确选用哪些素材
题型	依据测评信度和效度的要求，明确采用哪些试题题型
其他	明确对命题工作的质量与数量要求，明确工作程序与工作进度节点

（3）编制面试试题卡。为了适应被测评者选择和组合试题的需要，规范化的面试需要编制"面试题卡"，卡面内容包括试题、答案、用途（测评要素、预定效果等）、测评标准等。

（4）试测分析。岗位面试试题编制好以后，事先选择一些被测评者进行测评，然后对试题的可行性、鉴别力、难度等进行测试，以确保试题的质量。通过测试查找、反馈试题中可能存在的质量问题，对试题进行完善。

（5）试题组合。在面试实施中还需要根据测评目的、测评要素、测评群体等对试题进行组合，测评人员也可以针对被测评者的作答情况进行相关问题的追问。

3．岗位面试试题示例

下面以人力资源专员岗位的面试试题为例，展现岗位面试试题的格式和内容，如表 4-4 所示。

表 4-4　人力资源专员岗位面试试题

岗位职责	面试问题	面试形式
对应聘者进行面试，并将合适的候选人推荐给相应部门	1.　请举例说明你是具体如何招到一名研发人员的 2.　请说明在录用人员时，如果你的意见与用人部门有分歧，具体是如何处理的	行为面试
对将要录用的人员进行背景调查	1.　举例说明，如何对候选人进行背景调查？具体应当询问哪些问题？ 2.　如果背景调查中，候选人信息与候选人自己给出的不一致，如何处理？	行为面试 情境面试
新员工入职手续办理	1.　请讲述一下在上一家公司，你是如何办理新员工入职手续的？ 2.　关于劳动合同的签署，有什么需要注意的问题？	行为面试
新员工入职培训	1.　你是如何组织新员工进行培训的？ 2.　你在培训过程中遇到过什么样的突发问题？是如何处理的？	行为面试
协助经理编写人力资源制度	你编写过关于人力资源管理方面的制度吗？具体如何操作？	现场操作
社保的办理	1.　社保办理的流程是怎样的？ 2.　目前社保的缴纳基数和缴纳比例是如何规定的？	专业测评

4.2.4　结构化面试试题编制

结构化面试试题如何编制？在编制中应当注意哪些事项？在本节中，我们将主要解决这两个问题。

1．结构化面试试题的编制步骤

（1）确定测评要素。根据测评目的，运用工作分析法、胜任力特征分析法、访谈法、历史概括法等确定测评要素，结构化面试中测评要素主要包括但不限于表 4-5 所列的 5 个方面。

表 4-5　结构化面试中的测评要素

测评要素	测评内容
个人修养及礼仪	被测评者在面试过程中所表现出来的气质、礼仪、性格特点、情绪稳定性与自我控制、自信心等，以及着装、走姿、坐姿等行为举止
求职动机及价值观	被测评者的应聘理由、进取心、内在驱动力、工作积极性、工作目标等
职业兴趣与偏好	被测评者的专业、教育经历及工作经验、职业偏好、对学习工作及生活的态度、自我认知等

续表

测评要素	测评内容
一般能力倾向	细分为逻辑思维能力及语言表达能力，具体表现为认识事物的本质、综合分析问题、概括、表达自己的想法、叙述事情的能力等
可发展的潜力	被测评者未来可发展空间及可能性，可细化为决策能力、规划能力、领导能力、创新能力、应变能力、人际交往能力与技巧、团队合作能力与协调能力等

（2）确定测评要素的权重。根据各要素的重要性对其进行排序，识别出相应岗位所需要的主要测评要素，并确定各测评要素的权重。

（3）依据测评要素命题。根据鉴别出来的测评要素，确定评价要点。表 4-6 所示为一个简单的示例。

表 4-6　面试问题及评价要点示例

测评要素	权重	观察内容	面试问题	评价要点
个人修养及礼仪	5%	仪容仪表仪态	……	1. 着装整齐、得体 2. 沉着、稳重、大方 3. 走姿、坐姿符合礼仪 4. 用语文雅
专业技能知识、工作经验	40%	1. 对专业知识了解程度 2. 专业成绩 3. 对所要从事工作的认识度	1. 您为何选择您的专业 2. 介绍一下自己的成绩 3. 谈谈您从事这项工作的优势	1. 专业学识是否符合工作要求 2. 有无特殊技能 3. 有无工作经历
……				

（4）试题的试测分析与组合。岗位面试试题编制好以后，事先选择一些被测评者进行测评，然后对试题的可行性、鉴别力、难度等进行测试，以确保试题的质量。通过测试查找、反馈试题中可能存在的质量问题，对试题进行完善。

在面试实施中还需要根据测评目的、测评要素、测评群体等对试题进行组合，测评人员针对被测评者的作答情况也可以进行相关问题的追问。

2．结构化面试试题编制的注意事项

（1）面试试题的编制要与面试目的、工作特征、被测评群体等紧密相连。在编制面试试题前，试题编制人员应参考面试目的、工作特征和被测评群体特点等，从中分析总结测评指标，以达到测试的目的。

（2）控制试题的难易度。题目设计应该有一定的层次性，能够区分出能力的差异。

（3）测评要素的界定要清晰明确。各个测评要素之间要相互独立，不能出现重叠现象，以免影响测评效度。

（4）明确评分的标准。为使测评人员的评价更客观、效度更高，在编制好试题后，相关负责人应对被测评者对每个问题的可能性答案有个大致把握，从而制定评分标准。

3．结构化面试试题示例

结构化面试试题示例，如图 4-4 所示。

┌─────────────────────────────────┐
│   结构化面试试题示例   │
├─────────────────────────────────┴──────────────────────┐
│ 1. 请简要介绍您所学的专业及毕业设计情况。   │
│ 2. 您是否去其他公司参加过面试?   │
│ 3. 在工作中,如果您与同事合不来,您将会怎么做?   │
│ 4. 在工作中,如果您对上级的决策有意见,您将会怎么做?   │
│ 5. 在此职位上,您希望有什么收获?   │
│ 6. 您怎么样理解"一屋不扫,何以扫天下"这句话?   │
└──┘

图 4-4　结构化面试试题示例

4.3　面试测评的技巧

面试测评的操作技巧与面试操作经验的积累是高度相关的,每个测评人员所积累与掌握的测评技巧是不完全相同的,在面试的实施过程中,问、听、观等测评技巧会直接影响测评结果的准确性。

1.面试沟通的礼仪

所有求职者都应该得到友好、礼貌的对待。面试官在面试过程中应注意的礼仪主要包括以下 11 个方面。

(1)不应让应聘者久等,如若耽搁,应主动表示歉意。并可提供公司的宣传资料或报刊、杂志等供应聘者阅读,需要应聘者久等的应提供饮水。

(2)注意保持与应聘者的距离,避免坐得太近或太远,以 1~2 米为宜。

(3)不随意打断应聘者的讲话。

(4)不带有主观情绪。

(5)坐在应聘者的对面,也可坐在应聘者的侧面,但应避免并排坐。

(6)坐姿自然,脊背应挺直,不要摇摆小腿或仰着头,不要有玩笔等小动作。

(7)态度需自然、亲切、友善、斯文和积极。面带微笑,直视对方。

(8)不直呼应聘者的姓名。可称呼"王女士""刘先生"等以示尊重。

(9)面谈进行中,避免频频看表,避免显出倦意。

(10)不要任意评价应聘者的着装或直指对方的缺陷。

(11)面谈完毕,应感谢应聘者对公司的支持,并指引其离开。

2.面试去伪技巧

面试中除了采用问、观、听、履历分析技巧实现去伪存真的目的外,还可以通过以下两个方面实现该目的。在面试去伪中,应当遵循运用 STAR 原则。

(1)STAR 原则

STAR 原则是面试实施中涉及实质性内容的谈话程序,其中 S(Situation,背景调查)、T(Task,工作任务)、A(Action,行动)、R(Result,结果)。

S(背景调查)。在与被测评者交谈时,首先了解被测评者的学习经历、工作背景,了解其先前供职公司的经营状况、行业的特点、市场状况等。

T（工作任务）。着重了解被测评者在先前工作中具体的工作任务是哪些，每项工作任务的实施程序。

A（行动）。了解被测评者为完成工作任务采取了哪些行动。

R（结果）。了解被测评者采取行动后的结果如何。

通过以上 4 个步骤，测评人员基本可以控制整个面试的过程，通过策略性的沟通对被测评者的工作经历、知识和技能做出恰当的判断，从而招聘到更为合适的人才。

（2）设置模拟情境

面试时，测评人员也可以现场设置模拟情境，或要求几个被测评者进行案例讨论，测评人员只在一旁静静观察，必要时候可以给予被测评者指引。这样不仅可以观察被测评者的言行，还可以观察所有被测评者的反应，如有一个候选人在发言，如果其他候选人聚精会神地听，且时不时地点头微笑或记录，说明其他候选人具有团队意识，并能接收他人的观点。

3．面试提问技巧

（1）语气自然亲切

在面试的开场导入阶段，尽量使用自然、亲切的语气，以缓解被测评者的紧张情绪，使其充分发挥正常甚至更好的水平。如"请您简单地介绍一下××事件发生时的背景""请问当时参与××事件的成员有多少"。

（2）提问时，所提的问题要简明、有力

测评人员向被测评者追问时，应注意语速、节奏等方面的细节，如采用连串式的提问方式，应注意语句的停顿、问题的清晰和明了。

（3）提问的顺序应从易到难或按照行为事件发生的时间顺序进行提问

一般来说，对于提问的顺序，基本上应遵循先易后难、先具体后抽象、事件发生先后顺序的原则，这样做有助于被测评者缓解紧张情绪，清晰明了地回答提问的问题。

（4）声东击西

测评人员若发现被测评者对某一问题欲言又止或者持不想说的态度，则可以尝试着问其他相关问题来实现提问的目的，从而达到获取相关信息的目的。

（5）要有适当性地追问

为了更详细地了解某一信息，面试官可以适时地对应聘者进行追问。

4．面试追问技巧

在面试过程中，面试官需要针对一些关键问题进行适当的追问，恰到好处的追问可以了解事件背后所反映的真实信息。通常我们可以采用 STAR 追问技巧。

STAR 技巧也有点像我们在做工作计划或定工作目标时的 SMART 原则。两者之间有些类同之处，所以在追问时，你也可以让面试者在回答问题时尽量详细化、具体化、甚至数字化，最好的方法就是在他谈到某个行为、方法或结果时，你可以这样问：你能不能就刚才说到的再谈得具体点，如果有数据最好可以给出一些有力的数据等。

另外，追问技巧一般运用在面试的中场，一般在针对面试者的工作经验或专业技能时会用到。开场背景提问或结束收尾提问时不适合用追问，如在开场时有的面试考官会这样追问：你当初学的是计算机专业，为什么后来选择来做保健品销售了？像这样的追问是没有多大意义的，在一定程度上还会引起应聘者的反感，造成面试氛围一开始就不愉快，这也会让你的专业性大打折扣。图 4-5 描述了适用于追问的情形。

面试时适用于追问的情形

1．当被测评者描述某行为事件时，用"我们"来做行为事件的主体，为明确被测评者在该事件中的角色、行为、成果，需使用追问面试。

2．当被测评者描述某行为事件时，为查询该事件的正确性及被测评者在该事件中的作用，需要使用追问面试，以防被测评者借用他人的外衣来包装自己。

3．当测评人员在被测评者的回答中所获得的信息不能准确反映其素质状况时需要使用追问面试，如观点性的信息、理论性的信息、意愿性的信息等都不能准确地反映被测评者的行为特征和素质水平。

图4-5　面试时适用于追问的情形

5．面试观察技巧

通过面试观察可以了解候选人的言谈举止、仪表形态甚至一些细节，并据此推断此人的性格特征和做事风格。在使用面试观察技巧时，应当注意以下3个问题。

（1）谨防以貌取人

容貌与人的内在素质没有必然联系，但是在面试时难免会有先入为主的现象，未见面就会想象某人身高多少、体型怎么样、长得帅不帅等外貌特征。任何人见面都是先看清楚对方的相貌后才会问话，在对话中才能够听到声音，鉴于听、问、观在时间上具有滞后性，测评人员往往在被测评者未开口前便把其与先前见到的某类人归于一类。因此，以貌取人的现象经常发生。

（2）坚持目的性、全面性、客观性、典型性的原则

坚持目的性原则，是指在测评前要明确面试测评的目的、测评要素、测评标志、测评权重、测评标准等，面试实施的过程中要紧紧围绕面试的目的进行，这有利于测评人员迅速准确地捕捉被测评者的素质特征。

坚持全面性原则，是指测评人员应从被测评者的整体言行反应中系统地、完整地测评被测评者的某类素质，它要求测评人员不但要从一般性问题中考察被测评者的素质水平，还要求测评人员创造条件激发被测评者的潜在能力。

坚持客观性原则，是指在面试的实施过程中，测评人员本着实事求是的原则，不要带任何主观意识，从被测评者的实际表现进行测评。

坚持典型性原则，是指测评人员应捕捉被测评者真正能够从本质上揭示其素质的行为，以提高测评效度。

（3）充分发挥感官的综合效应

面试是集问答、视觉、听觉与大脑分析于一体的，它是身体各感官产生共鸣的综合效应，其中，以直觉效应尤为明显。因此，对于测评人员应在获得"有效证据"的支持下，充分发挥直觉的作用。

6．面试倾听技巧

很多面试者在面试的过程中所犯的一个最大错误就是说得太多。事实上，在面试的过程中，面试者讲话的时间应该不超过 30%，在这段时间内，面试者可以向被面试者提问，了解被面试者的工作经历与能力，澄清某些疑问，向被面试者提供关于组织和职位的信息，回答被面试者提出的问题；而被面试者讲话的时间应该占 70%，在这段时间里，面试者应该积极倾听。

（1）倾听时应保持安静，适时询问问题，端正坐姿

在被测评者回答问题时，测评人员应保持安静，不带任何情绪地倾听，针对被测评者的回答，在适当的时机打断谈话来询问问题，以改善对话的质量和效能，而非当场表达自己的看法。另外，在打断被测评者时测评人员要有意识地思考何时打断，何时保持中立。

在面试时测评人员是组织的代表，代表组织的形象，在倾听时端正坐姿，可以使被测评者有受到尊重的感觉，有利于被测评者正常发挥，并对维护企业形象有重要的作用。

（2）完整准确地接收信息，正确地理解信息，避免先入为主

在面试时测评人员要全神贯注地记录或记忆被测评者的回答，完整准确地接收信息，避免针对某一点信息就对被测评者做出评价。测评人员对收集到的信息正确解码、暗中回顾并整理出重点，这有利于面试中提问环节的正常进行。

（3）从言辞、音色、音质、音调和音量等方面区别被测评者的内在素质

被测评者说话的快慢、音量的大小、音色的柔和与否、用词风格等会反映其内在素质，因此测评人员应该注意从其言辞、音色、音调等方面区分其内在素质。

7．履历分析技巧

履历涉及被测评者多方面的信息，可以从 5 个方面讲述履历分析的技巧，包括关注整体印象、分析履历结构、审查履历的客观内容、审查履历中的逻辑性、判断是否符合岗位技术和经验要求。

（1）关注整体印象

履历筛选一般通过观察法对被测评者的履历进行大致的浏览，得出整体印象，标出履历中感觉不可信的地方，以及感兴趣的地方，面试时测评人员可据此询问被测评者。履历筛选的主要观察因素有书写格式是否规范、履历是否整洁、履历视觉效果是否美观、有无错别字等。

（2）分析履历结构

履历结构在很大程度上反映了被测评者的组织和沟通能力，结构合理的履历比较简练，一般不超过两页。履历并没有一定的格式，只要通俗易懂即可。

（3）审察履历的客观内容

履历的内容大体上可以分为两部分，即主观内容和客观内容。其中，主观内容主要包括被测评者对自己的描述，如"本人开朗乐观、勤学好问"等对自己评价性的内容。在筛选履历时应将注意力放在客观内容上，客观内容主要包括个人信息、受教育程度、工作经历和个人成绩等方面。

（4）审查履历中的逻辑性

在审查被测评者履历时，在工作经历和个人成绩方面，要注意履历的描述是否有条理、是否符合逻辑性。如果能够断定在履历中有虚假成分存在，就可以直接将这类应聘者淘汰掉。

（5）通过履历判断岗位技术和经验相符性

在客观内容中，首先要查看被测评者的个人信息和教育经历，判断应聘者的专业资格和经历是否与空缺岗位相关并相符。如果不符合要求，就没有必要再浏览其他内容，可以直接筛选掉。如果对学历有特殊要求，需特别注意履历中是否使用了模糊的字眼、隐藏教育的起止时间及类别，这可能是混淆教育类别的行为。

详细分析被测评者之前的工作经历是否与本岗位所要求的技能及相关经验相符，在实施面

试工作时应对被测评者之前工作单位、岗位、项目经历等相关因素进行综合分析，找到最合适的候选人。

8. 行为挖掘技巧

行为是探查求职者素质的有效预报因子。行为可以成为面试中甄别求职者是否具有某项素质的立足点。通过对求职者过去具体行为的考察，特别是对其行为所呈现出的规律性的考察，可以帮助面试考官对求职者的素质做出正确的判断。因此，有效的面试应该是基于求职者行为的。行为面试的挖掘的技术以一个导入性问题开始，为求职者提供一个可以展开陈述的范围；用一系列目标性很强的探询性问题建立一条纵向的通道，使面试考官能够向下一直深入求职者的具体行为；在需要时用一个后续性问题，来要求求职者对其回答导入性问题时没有涉及的，但是却很重要的领域做进一步的说明。

导入性问题是一些可以自由发挥的问题。通过这些问题，面试考官将与求职者的谈话引向一个既定的领域，但对求职者究竟应该回答些什么或面试考官应该期望得到怎样的答案并没有过多的限制，而是鼓励求职者以他们自己认为合适的任何一种方式来畅所欲言。例如，"从简历上来看，你的上一份工作是在 A 公司做人力资源管理，请你谈谈当时的工作情况"。

探询性问题是一些涉及事件具体情况的问题，其常常包括询问事件的事由、参与者、时间、地点、情境、具体的行为方式等，采用的是 STAR 技术。例如，当求职者介绍其在 A 公司的人力资源管理工作经历时，提及曾成功地实施攻击性招聘，从竞争对手那里获取公司需要的行业精英。这引起面试考官的注意，并将该事件作为一个挖掘点。于是，探询性问题可以如下展开：你是怎么想到去竞争对手那里挖角的？你是怎样向公司提出你的想法的？你是怎样确定挖角行动的目标对象的？你是怎样与目标对象联系的？目标对象的第一反应是什么，你又是怎样做的？……通过这一系列的问题，面试考官可以真实再现求职者实施攻击性招聘的行为过程。后续性问题主要是用来拾遗补漏的。在谈论某个领域的问题时，面试考官希望求职者能够主动谈到某些具体的问题，但求职者没有能够主动谈到，而这个话题对于面试考官来说又十分重要，就需要使用一个后续性问题来进一步发问，迫使求职者不得不对此做出回答。例如，当求职者介绍其在 A 公司的人力资源管理工作经历时，面试考官发现其过去似乎在演独角戏，且有意无意地回避与人力资源部其他同事间的协作以及相互关系。这时，面试考官就可以用一个后续性问题——"让我们来聊聊你是怎样与同事们相处的？"，来让求职者无可逃避。

9. 其他注意事项

（1）如何营造和谐的气氛

和谐的面试气氛可以使应聘者放松紧张的面试情绪，使其更容易正常发挥其真实的水平。和谐面试气氛的营造可考虑从以下方面出发。首先，面试场所安排要安静、舒适，色调要柔和。其次，面试考官与应聘者的座位安排要给应聘者适当的压力，但不要产生太大压迫感。再次，面试考官在面试正式开始前可以与应聘者适当地闲聊，使其紧张的情绪放松下来。最后，面试过程中，面试考官要给予应聘者充分的尊重等。

（2）如何判断事实与谎言

在面试中，每位应聘者都希望给招聘人员留下好的印象，有些应聘者会有说谎的行为，那么如何判断事实与谎言呢？我们可以通过说话的方式及小动作来判断。通过应聘者的语言可以判断事实与谎言。另外，面试考官还可以通过应聘者的非语言行为判断事实与谎言。语言和非语言行为及其内容如表 4-7 所示。

表 4-7　应聘者语言及非语言信息的内容

判断角度		具体内容
语言信息	正常的	描述发生过的事情用"我"，而不是"我们"或没有主语
		说话很有信心，能够连贯一致地描述事件过程
		讲述的内容明显与其他一些已知事实一致
	可疑的	讲述的内容啰唆、重复，很难一针见血
		举止或言语明显迟疑
		倾向于自我夸大
		语言非常流畅，但听起来像背书
非语言信息	目光接触	友好、真诚、自信、果断
	不做目光接触	冷淡、紧张、害怕、说谎、缺乏自信
	摇头	不赞同、不相信、震惊
	打哈欠	厌倦
	搔头	迷惑不解、不相信
	微笑	满意、理解、鼓励
	咬嘴唇	紧张、害怕、焦虑
	踮脚	紧张、不耐烦、自负
	双臂交叉在胸前	生气、不同意、防卫、进攻
	抬一下眉毛	怀疑、吃惊
	眯眼睛	不同意、反感、生气
	鼻孔张大	生气、受挫
	手抖	紧张、焦虑、恐惧
	身体前倾	感兴趣、注意
	懒散地坐在椅子上	厌倦、放松
	坐在椅子边缘上	焦虑、紧张
	摇椅子	厌倦、自以为是、紧张
	驼背坐着	缺乏安全感、消极
	坐得笔直	自信、果断

（3）如何了解更多的信息

如果面试时间允许，面试考官要尽可能地通过与应聘者的沟通、交流，获取更多的关于应聘者本人、应聘者的家庭环境、应聘者之前的工作经历及其供职的组织相关方面的情况等，同时结合应聘者核心胜任能力的信息，这样做有利于面试考官制定面试总结及录用决策。

（4）如何把握谈薪酬的时机

薪酬谈判是企业招聘面试中必不可少的一个环节。在企业做出初步录用决策后，企业应与应聘者就薪酬待遇问题进行讨论。薪酬待遇一般包括薪酬和福利这两个方面。应聘者入职前，企业应为应聘者提供详细的薪酬方面的信息。企业在确定应聘者的薪酬时，应考虑的因素包括应聘者目前的薪酬状况、期望的薪酬水平；应聘者的面试表现、市场上该职位的薪酬水平。

在初试阶段可以这样谈薪酬：放在最后谈或者先发制人。①放在最后谈。因为薪酬问题比较敏感，为了不影响招聘的进程，面试中应先对其他要点进行考核，最后留几分钟时间让应聘者提问，薪酬问题放在这个时候谈比较妥当。②先发制人。先询问对方的薪资要求，但需重视对方以下行为表现。

——低姿态。有些求职者因工作难找而怕真实的薪资要求被拒绝，所以薪资要求很低。这种人是有隐患的，尤其是应届毕业生，这会为将来的离职埋下伏笔，因而测评人员需要思考一下求职者的动机、行情或其原单位的薪资水平，如果薪资要求太偏离反而有问题。

——踢皮球。有些求职者会说"按公司规定办，我没意见"，其实现在的社会对薪资要求到"随便"的状态是不大可能的，说"随便"其实是最不随便，只是比较具有隐蔽性而已。因而在薪资上双方一定要讨个说法，先说个价，再讨价还价为好。

——开天价。一些应聘者开出的价远远超过"内定"的价，一种可能是他原单位的薪资，一种可能是他的理想值，还有一种可能是他漫天要价。对于继续谈的应聘者，向其介绍公司的薪酬、福利、保险结构，至于告知具体的薪酬情况，则要等复试的时候由用人部门经理和他谈。

在复试阶段可以这样谈薪酬。总经理或授权人应明确告知符合要求的应聘者到岗后的薪酬范围（说明税前、税后或转正前、转正后）。

4.4　面试常见的误差与避免

测评人员在面试测评中担任着十分重要的角色，测评人员的素质在某种程度上维系着面试工作的质量，掌握着被测评者的去留。因此建立一支素质优良、公平公正的资格化的测评人员队伍，对于组织的发展具有重要作用。

1．晕轮效应与避免

晕轮效应，作为一种面试误差的主要来源，一直备受学术界关注，晕轮效应也称为光环效应，评价者总体上认为一个人比较好或者不好，会根据这种总体印象去评价其他独立的特质。这种总体的印象导致或者迫使其他的评价维度的评价和总体的印象相一致，甚至当我们有足够的信息去评价那些独立的维度时，也是如此。[1] 例如，某一被测评者的语言表达能力极强，给测评人员留下了很好的印象，有的测评人员受晕轮效应的影响，认为该被测评者其他方面也比较优秀。

在面试实施过程中，测评人员未对被测评者的具体情况和个性特点进行全面了解，而直接做出评价是不公正的，且会提高人力资源管理成本。可以通过下面 3 个方面来减少面试中晕轮效应产生的影响。

（1）测评人员需要拟定一套面试题库和评估标准来衡量被测评者。

（2）面试时采取团队或两个以上的测评人员参与，使面试更加公平、公正、客观。

（3）测评人员通过多种面试技巧收集被测评者的综合信息，对其进行系统整理，依据整体数据和客观事实做出评价。

2．近因效应与避免

近因效应是指当人们识记一系列事物时对末尾部分项目的记忆效果优于中间部分项目的现象。这种现象是由于近因效应的作用。前后信息间隔时间越长，近因效应越明显。原因在于前面的信息在记忆中逐渐模糊，从而使近期信息在短时记忆中更为突出。

近因效应在面试中主要表现为个体经常会被自己对他人的最近印象所左右，而忽略了先前已经形成的对他人的认识。如一名职员最近的表现不错，就把他原来一些不好的表现忽略了，或

① 刘耀中，人员选拔面试中的晕轮效应[J]，心理科学，2009，32（6）：1388-1390.

是一名职员最近表现不好，就把他以前的功绩给忽略了。

近因效应与晕轮效应都犯了以偏概全的错误，均应避免或减少其影响，以对被测评者做出更全面、更客观的综合评价。

3．暗示效应与避免

暗示效应是人们通过语言或非语言的形式提示他人，从而诱导其采取一定的行动或接受某些意见，使其思想、行为与暗示者的期望目标相符合，它是人们的一种特殊心理现象。由暗示效应所产生的误差称为暗示误差。

在面试中，暗示误差主要来源于组织内部员工对测评人员的暗示或诱导。如测评人员在领导者或权威人士的暗示下，很容易接受他们的看法，而改变自己原来的看法，这样可能造成面试评估的暗示效应，可以采取以下方法来减少暗示误差。

（1）组织内制定面试制度，赋予测评人员单独做出测评评价的权利。

（2）在测评时要对测评人员进行宣传教育，讲清楚面试测试的目的、原则、方法和具体标准。

（3）制定良好的测评方式，使测评人员在评估时互不影响。如面试时领导者或权威人士的评估应放在最后，这样他们的讲话就难以起到暗示作用了。

4．个人偏见与避免

面试中的个人偏见效应是指测评人员对被测评者某一方面的特点、短处等看得过于重要，从而误认为其在其他方面的能力素质也相对较差。作为一名面试者，最忌讳的就是在面试的时候带有个人偏见。例如，不喜欢被面试者的长相和穿着，或者觉得被面试者的声音比较怪，等等。这些个人的偏见都会影响你对所获得信息的加工。

【启发与思考】

【思考练习题】

1．面试的定义和特点是什么？

2．组织进行面试前需做的准备是什么？

3．简述面试的流程。

4．面试试题的特点是什么？

5．面试试题有哪些类型？

6．结构化面试试题编制的步骤是什么？

7．面试中的观察技巧有哪些？

8．在面试中如何进行有效追问？

9．履历分析的技巧有哪些？

10. 什么是晕轮效应，面试中应如何避免晕轮误差？

【模拟训练题】

某民营企业的老总在面试一个副总的职位时问了 3 个问题。

（1）我们公司这个职位要带领十几个人的队伍，你认为你带人带得怎么样？

（2）你在团队工作中表现如何？你所应聘的这个岗位需要与人交流、沟通，你觉得你的团队精神好吗？

（3）我们公司是刚开始设立这个职位的，工作压力很大，并且出差的时日也比较多，你觉得你能适应这种高压力的状况吗？

案例分析：你觉得该老总面试时的提问方式有不妥的地方吗？为什么？如果你是这位老总，你会以什么样的方式对面试者进行提问？

【情景仿真题】

假如你是某公司的人力资源部的工作人员，校园招聘很快就要到来，现在需要编制一份面试评定表，这份面试评定表除了包括一些基本的评定维度，如综合分析能力、言语表达能力、应变能力、计划组织协调能力等，还要能够反映面试者的创新、变革能力、战略管理能力等。请你用一周的时间完成。

第5章 心理测验

学习目标

1. 了解心理测验的起源及发展过程。
2. 理解心理测验的定义、种类与形式。
3. 理解并掌握人格测验的相关理论、方法和工具。
4. 理解并掌握能力测验的定义以及能力测验的类型。
5. 理解并掌握职业兴趣测评的概念及测评方法。

引导案例

心理测验在飞行员选拔中的作用

1985 年，美国联合航空公司进行的一项调查，揭示了一个令人震惊的结果：在过去二十年中，全国各地共发生过 50 000 起空难事件，其中，只有 1/5 是属于机器故障。这项调查报告发表以后，立即受到各大航空公司的重视，并促使他们着手改变过去只凭技术、资历和飞行时速对驾驶员进行测评的管理，开始引进心理测验。在甄别对待录用驾驶员智力高低、能力大小的同时，鉴定驾驶员的个性类型等，以便录用的驾驶员能组成一个最佳状态的飞行组。

在 1926 年美国飞行学校的学员中，有 87%的人因飞行不佳被淘汰，其原因是空中飞行心理适应性不佳。直到第二次世界大战期间及其后，客观的要求促使心理测验在人事测评中不断发展、完善和普及，此后因飞行不佳而被淘汰的人数才开始下降。例如，美国空军的淘汰率由70%降至 36%；法国空军的淘汰率则由 61%降至 36%。

有人在计算选拔飞行学校学员的经济效益时指出，培养一名飞行员的费用不少于 70 000 美元，而淘汰成绩不佳者一般是在培训进行了 1/3 时进行的，等于浪费了 25 000 美元。实施心理测验前每培养 100 名合格飞行员，就要对 397 名学员进行培训；而采用心理测验进行选拔后只需要预先培训 156 名预备学员就足够了，则培养 100 名飞行员比进行心理测验前的耗资可以节省600 万美元。这样既提高了职业部门和培训部门的经济效益，也有利于人事测评的进一步研究和推广。

另有资料表明，经过心理测验选拔的货运汽车司机在肇事和伤亡数量上，比未经过人事测评选拔的司机减少了73%。

（资料来源：唐宁玉. 人事测评理论与方法[M]. 大连：东北财经大学出版社，2011）

思考题

1. 你觉得心理测验技术到底是什么？它为什么会发挥如此重要的作用？
2. 从案例中可以看出，未来企业的人才选拔方法会有何趋势？

心理测验、面试、笔试和评价中心，是现代人才测评常用的基本方法，其中，心理测验的应用最为方便、最为常见。本章在对心理测验的内容进行概述的同时，还重点介绍心理测验中的人格测验、能力测验和职业兴趣测评 3 种测评类型。

5.1 心理测验概述

心理测验是一种高量化的测评技术。心理学家常用心理测验来测量评估人们的某种能力或行为，将其作为判断个体心理差异的工具。心理测验数量繁多，据统计，以英文发表的测验已达 5 000 多种，有一部分测验量表被翻译成多国文字，得到广泛应用和一再修订。1985 年出版的《心理测验年鉴》第 9 版中收录了 1 409 个测验，1989 年出版的《心理测验年鉴》第 10 版收集的常用的心理测验量表有近 1 800 种，可见，心理测验越来越普及。

霍格雷夫测试公司曾对 100 家大公司进行调查，在 73 家回复该项调查的公司中，59 家承认采用过心理测验。这说明，心理测验是企业较为普遍使用的一种人才测评方法。

5.1.1 心理测验的定义

阿纳斯塔西（Anastasi）对心理测验的定义：心理测验实质上是行为样组的客观的和标准化的测量。从以上概念可以看出，心理测验包括以下 5 个要素。

1．代表性

人们对事物的特质进行考察时，往往无法对这类事物的所有行为特征逐个进行测评，而是选择抽取这类事物中具有代表性的、典型的一部分进行测评，从而推论该事物的普遍特性。心理测验就是对经过仔细选择的个体行为样本进行测评，如测评管理者的管理能力，只需要使用一组有代表性的题目即可完成测评，这样也能节省时间。

2．标准化

标准化是指测验的编制、实施、评分、计分和测验的结果解释应遵循统一的科学程序。要做到测验的标准化，应实现测验题目的标准化；测验实施过程和评分、计分的标准化；选择有代表性的常模等。

为保证测验的准确性和客观性，在测评中需保证测验条件对所有被测评者都相同。测验条件包括测验的指导语、施测环境与过程、施测的内容、评分和计分过程、解释系统等，为保证测验条件的一致性，测验的编制者在编制完成新的测验后要附上详细的说明，说明的语言要通俗易懂。

3．客观性

心理测验的客观性是指心理测验结果反映被测评者实际情况的程度。

首先，心理测验的题目、指导语、测验实施条件等均经过标准化，尤其是测验题目是在预测的基础上，经过题目难度和项目区分度的统计后最终确定的。其次，心理测验的评分和计分方法经过了标准化，所以它对行为样本反应的量化是客观的。最后，心理测验最终分数的转换和解释经过了标准化，其对结果的推论是客观的。

但行为样本的代表性程度、心理测验的标准化程度、心理测验的信度和效度检测的程度等都会影响到测验的客观性。

4．信度

信度主要是指测量结果的可靠性或者一致性，包括在时间上的一致性，也包括内容和不同评分者之间的一致性。在测评时，同一组被测评者使用同一测验施测两次后得到的分数应该一致，或者同一组被测评者经过一次测验以后再用一个等同形式的测验再测一次，两次所得的分数应该一致。要注意的是，信度会受随机误差的影响，随机误差越大，信度越低。

5．效度

效度即有效性，是指测量工具或者手段能够准确测出所需测量的事物的程度。测量得到的结果能反映想要考察内容的程度。为保证有较高的效度，在测量过程中，必须按照测量目标选择测验材料，测验内容要丰富，难度要适当，尽量排除不相关因素的影响。

5.1.2　心理测验的起源与发展

心理测验起源于 1879 年，心理学奠基人德国生理学家、心理学家、哲学家威廉·冯特在莱比锡大学创立了世界上第一个专门研究心理学的实验室，从事人的知觉和反应的研究，这个实验室还被认为是心理学成为一门独立学科的标志。接着，英国的生物学家、心理学家和优生学的创始人弗兰西斯·高尔顿提出了人的不同气质特点和智能是按身体特点的不同遗传的，他的主要贡献是进行了个别差异和心理测验的研究，并于 1883 年首次提出"测验"这一术语，且在第二年的伦敦国际卫生展览之际，他开办了一个人类学测验实验室。之后美国心理学领袖卡特尔在心理研究中主要研究反应、联想、知觉和阅读、心理物理学等，他于 1890 年最早提出"心理测验（Psychology Test）"一词。卡特尔在实验室编制了 50 个测验，包括测量肌肉、运动速度、痛感受性、视觉、敏度、反应力等。1894 年，卡特尔第一次将心理测验应用于实践。纵观心理测验的发展，我们可以发现在 1869 年至 1904 年间，这段时期可以称为"萌芽期"，心理测验还未形成体系，在内容上局限于个体简单的身体素质测验；在 1905 年至 1915 年间，心理测验慢慢变得成熟，形成了有独立发展的轨迹，也出现了比较成熟的比奈西蒙智力测验，内容上由最初的简单身体素质测验发展到低能儿童智力测验；在 1916 年至 1940 年间，这段时期可谓是心理测验的"繁荣期"，智力测验的深度和广度都有突破性的发展，同时，心理测验理论和形式得到完善——由个体智力测验到团体智力测验、儿童到成人、文字到图形、直接方式到间接方式以及测验向预测等方向发展；1941 年至今，就是心理测验的"完善发展期"，主要是在理论、技术以及编制方法上的发展。

5.1.3　心理测验的原理

为了保证心理测验的科学性和客观性，必须评估心理测验中测评工具的质量。对于测评工具的质量评估，一般包括项目分析、信度评估、效度评估和心理测验的标准化 4 个方面。

1．项目分析，诊断测评题目的难度

心理测验编制的第一步是确定测验目的，明确测量的对象、目标和用途；第二步是有针对性地收集测验材料，选择测评形式；第三步是编写测评题目，测评题目的初稿应该比计划中的测评题目多两三倍，以备筛选；第四步是试测和项目分析。试测是将测评试题施测于某一有代表性的团体，试测团体应是将来正式测评准备应用群体中的一个行为样本。经过试测可以得到该团体在每道题目上的测评结果，对测评结果进行的分析就是项目分析。项目分析一般从测评题目的难度和项目区分度两个方面进行。

（1）心理测评题目的难度。测评题目的难易程度通常以难度的指标来表示，在不考虑猜测因素影响的情况下，难度的指标通常以通过率表示，即以答对或通过某题的人数比例来表示。

难度过大或过小都不能很好地将不同水平的被测评者区分开来，一个测评题目，如果大部分被测评者都能答对，该题目的难度就小；如果大部分被测评者都不能答对，则该题目的难度

就大。

① 难度的计算。

A. 二分法计分。当题目能以 0、1 计分时，难度等于通过率。适用于二分法计分的题目有选择题、判断题、填空题等。二分法计算公式为：

$$P=R/N$$

其中，P 为题目的难度，R 为答对该题的人数，N 为被测评者的总数

当题目以 0、1 计分而被测评者人数较多时，难度等于总分上高分组与低分组通过率的平均数，高分组与低分组的确定方法为：分数最高的 27% 被测评者为高分组，分数最低的 27% 被测评者为低分组，中间 46% 的被测评者为中间组。

B. 非二分法计分。当题目是多重计分时，难度等于平均分与满分之比。适用于非二分记分法的题目有简答题、论述题、案例分析题等。非二分法计算公式为：

$$P = \frac{\bar{x}}{X_{max}}$$

其中，P 为题目的难度，$\bar{x}$ 为全体被测评者在该题目上所得的平均分数；X_{max} 为该题的满分分数

② 难度水平的确定。题目难度的适当性标准仅仅通过项目难度 P 值是不能够准确确定的，它还取决于测验的目的、测验的性质等。对于一般性的心理测验而言，项目难度的适当性标准应在 0.30～0.70；对于成就或成绩测验，其难度可以在 0～1.00 变动，平均难度在 0.50 左右。对于选拔淘汰性、竞赛性考试，其项目难度应接近录取率，如果录取率高则难度应该相对低一些。

③ 题目难度对测验的影响。题目难度会影响测验试题的编排，一般应根据题目的难度，按照从易到难的顺序进行编排；题目难度会影响测验分数的分布形态，整个测验的难度适中，则测验的分数接近正态分布；测验的难度偏大，大多数被测评者分数集中在低分端，呈现"正偏态分布"；测验题目过于容易，大多数被测评者的分数集中在高分端，呈现"负偏态分布"。

题目难度会影响测验分数的离散程度，P 值在 0.50 左右时，分数分布的离散程度最大，P 值过大或过小，都会使分数分布的离散程度变小；题目难度影响测验的信度，当 P 值在 0.50 左右时，分数的分布范围最广，则以相关系数为基础的信度也会相对较高；另外，题目难度会影响项目区分度。

（2）项目区分度。项目区分度指测验项目对被测评者素质特征的区分能力和鉴别能力。项目区分度是测验有效的"指示器"，是评价题目质量，筛选题目的主要指标，又被称为"项目的效度"。

区分度好的项目，能够将被测评者的高低水平分开来。即高水平的被测评者在该项目上得分高，低水平的被测评者在该项目上得分低。确定区分度的方法有鉴别指数法、方差法和相关法。

① 鉴别指数法。一个项目的鉴别指数指总分高分组与低分组在该项目上的通过率之差。其计算公式为：

$$D=P_H-P_L$$

其中，D 为鉴别指数；P_H 为高分组某项目通过人数百分比；P_L 为低分组某项目通过人数百分比

其中，D 值越大，项目区分度越高，项目也就越有效。1965 年，美国测验专家伊贝尔提出

了用鉴别指数评价项目区分度的标准，其内容如表 5-1 所示。

表 5-1　伊贝尔鉴别指数标准

鉴别指数 D	题目评价
0.40 以上	优
0.30～0.39	良好（如能修改，则更佳）
0.20～0.29	尚可（需修改）
0.19 以下	劣（必须淘汰）

② 方差法。方差表示一组数据的离散程度。方差大，表示数据分散。被测评者在某一题目上的得分越分散，则表示该题目的鉴别力越大。方差法的公式为：

$$S^2 = \frac{\sum(X_i - \overline{X})^2}{n}$$

其中，X_i 为第 i 个被测评者在该题的得分；$\overline{X}$ 为所有被测评者在该题的平均分；n 为被测评者的总人数

其中，当 n 小于 30 时，属于统计上的小样本，公式中的分母应改为 $n-1$。

③ 相关法。项目的区分度与难度密切相关，难度越接近 0.50，项目的潜在区分度越大，难度越接近 1.00 或 0，项目的潜在区分度就越小。在常模测验中一般要求项目难度保持在中等水平，这有利于最大限度地区分被测评者的素质水平差异。

2．信度评估，确保心理测评的可信性

仅仅做项目分析是不能直接评定心理测验的质量水平的，考察心理测评质量的好坏，还必须考虑其信度。信度是指测评结果反映的所测素质的可靠性和稳定性，一般多以内部一致性来表示该测验信度的高低。关于信度的具体内容第 1 章已经涉及，在此不再详述。

3．效度评估，确保心理测验的有效性

当进行心理测评时，不仅要保证其测评工具的稳定性和可信性，还要确保其准确和有效，即测评的另一个重要指标是效度。效度即有效性，它是指测量工具或手段能够准确测出所需测量的事物的程度。关于效度的具体内容第 1 章已经涉及，在此不再详述。

4．心理测验的标准化

心理测验的质量水平不仅取决于测评工具的编制者，同时也取决于测评的实施者，如测评人员的个人倾向、被测评者的不同情绪动机及外界干扰等都会影响到测评的可靠性和有效性，所以心理测验的编制、实施、评分、计分和解释等都应遵循统一的科学程序。测验的标准化具体表现在以下 4 个方面。

（1）统一的指导语。心理测评中的指导语主要是对测评目的、内容、测评形式、作答方法与要求等细节方面的解释。纸笔测评中的指导语一般出现在测评试题的开头，由被测评者自己阅读，所以该指导语应该简单明确。个别测评中的指导语一般是由测评人员进行口述的，所以测评人员必须严格按照指导语来口述以避免自己发挥，对被测评者的态度和语气等应保持一致。

（2）统一的时限。一般的心理测评是难度与速度相结合的测评，它一般会有时间上的限制，被测评者应该在规定的时间内完成测评。

（3）统一评分。评分的客观性和公平性是测评结果的重要保证，好的心理测评必须设立明确的评分标准，被测评者的测评结果应该得到完整的记录，测评人员通过对测评结果与评分标准

的对照，给予客观的分数。

（4）建立常模。常模是指对测验分数进行分析和解释的参照系/标准。一般来说，测验原始分数的意义是不明确的，如某学生的数学成绩是 90 分，那么 90 分代表什么？所以，一个标准化的测评应该建立常模，单靠一个原始分数是难以解释测验水平的，常模是解释测验分数的基础。

① 常模的构成要素。

A．原始分数。原始分数是指对被测评者的测评结果与标准答案相比较而获得的测评分数。

B．导出分数。在心理测验中，原始分数本身的意义不大，必须要建立一个参考标准，这种标准是由原始分数构成的分布转换而来，转换而来的分数就叫导出分数。

C．对常模团体的有关具体描述。常模团体是由有某种共同素质特征的人所组成的一个群体，或是该群体中的一个样本。

② 常模的主要类型。

A．发展常模。发展常模指某一年龄心理发展的平均水平，用于衡量被测评者已达到的发展水平，也称年龄量表。

B．百分位常模。百分等级是应用比较广泛的表示测验的方法，测验分数的百分等级指在常模样本中低于该分数的人数百分比；百分等级指出了被测评者在常模团体中的位置，百分等级越低，被测评者所处的位置就越低。

C．标准分常模。标准分常模是将原始分数与平均数的距离以标准差为单位来表示的量表。因为其基本单位是标准差，所以又叫标准分数。

5.1.4　心理测验的种类

目前被使用的心理测验有数千种，依据不同的分类标准可以划分不同的测验类型。

1．依据测验的内容划分

按照测验的内容划分，可以将心理测验分为认知测验和人格测验。认知测验是对认知行为的测评，而人格测验测评的是社会行为。认知测验和人格测验按照具体对象的不同又可以进行划分，其内容如图 5-1 所示。

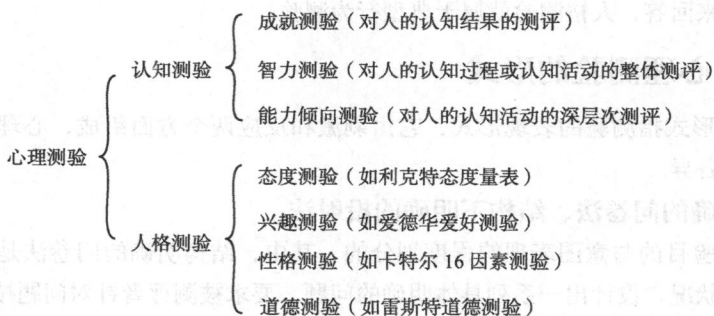

图 5-1　心理测验按内容分类

2．依据测验的目的划分

按照测验的目的划分，心理测验可以分为描述性测验、诊断性测验、预测性测验、配置性测验等。描述性测验的目的是描述个人或团体的认知或品性等，诊断性测验的目的是诊断个人或团体的某一方面的素质水平，预测性测验的目的是预测团体或个人将来的表现、潜能及能达到的素质水平，配置性测验是指根据对个体或团队素质特征的描述，实现人、财、物、岗等方面的合理配置。

3．依据测验中的实施对象划分

按照测验中实施对象划分，心理测验可以分为个人测验和团体测验。

个人测验每次仅对一位被测评者进行测评，这有利于测评人员对被测评者的言行等有较多观察与控制的机会，但个人测验不易于大量施测，对测评人员的素质有较高的要求，且花费较多时间。

团体测验是指在同一时间内对多名被测评者进行测验，这种测验方法易于大量施测，节约成本，但由于同一时间内多名被测评者参与测评，不易控制被测评者的行为，容易产生测量误差。

4．依据测验的时间划分

按照测验的时间划分，心理测验可以分为速度测验和难度测验。在测评中，速度测验会限定在特定的时间内完成任务，它测试的是反应速度。难度测验不限定时间，每题都有时间去完成，它测试的是被测评者解题的最高能力。

5．依据测验编制过程的规范性划分

按照测验编制过程中的规范性划分，心理测验可以分为标准化测验和非标准化测验。

当心理测验按照标准化的程序进行编制时即说明其是一种标准化测验。标准化心理测验通常称为心理量表，它在编制程序、测验施测、分数评定、结果解释等方面都要实现标准化，它一般由能力素质水平较高的心理学专业人员编制。

与标准化测验相对的是非标准化测验，非标准化测验是测评人员或组织根据需求而编制的，这种测验只能粗略地用于对被测评者的心理个别差异进行分类或划分等，不能准确地在一个分数量尺上鉴定被测评者的素质水平。

6．依据测验的要求划分

按照测验的要求划分，有最佳行为测验和典型行为测验。最佳行为测验有正确答案，它要求被测评者尽可能有最好的回答和反应。典型行为测验没有标准答案，它要求被测评者按照自己的日常行为习惯来回答，人格测验就属于典型行为测验。

5.1.5　心理测验的形式

心理测验的形式指测验的表现形式，它由刺激和反应两个方面组成，心理测验的划分标准不同，其形式也各异。

1．结构明确的问卷法、结构不明确的投射法

这是依据测验目的与意图表现的程度划分的。其中，结构明确的问卷法是指为多角度了解被测评者的素质状况，设计出一系列具体明确的问题，要求被测评者针对问题按实际情况作答。结构不明确的投射法是指让被测评者在不受限制的情况下，对各种图形、墨迹、词语等自由地做出反应，根据反应结果来推断该测验的结果。

2．有限反应型、自由反应型

这是依据测验时被测评者反应的自由度划分的。其中，投射测验就属于自由反应型，强迫选择则属于限制反应型。投射测验是指向受测者提供一些意义比较含糊的刺激情境，让他在不受限制的情境下，自由表现出他的反应，测评人员分析反应的结果，便可推断他的人格结构。强迫

选择法是以多项选择问题的形式与工作绩效相关的个性特征或行为，是要求选择出最能反映或是最不能反映被测评者行为表现的方法。评价者并不知道评价结果到底是高还是低或是中等，这就避免了趋中倾向。

3．纸笔测验、操作测验和口头测验、网络测验

这是按照测验方式划分的。其中，纸笔测验的实施比较方便，团体测验一般采用此种方式进行，但纸笔测验中的文字材料易受被测评者文化程度的影响。操作测验多是通过被测评者对图片、实物、工具、模型的辨认和操作来测试，但其不宜团体测验，且要花费大量的时间。口头测验的测验项目是言语材料，测评人员口头提问，被测评者进行口头作答。

随着网络的不断发展，通过网络进行心理测验的频率也迅速增加。网络测验更容易获得样本、操作更灵活准确、成本更低廉以及能提供更优质的测评服务，但同时网络测验法在信度、效度、管理、项目安全以及对被测评者保密等方面有其局限性。[①]

4．一般测验、情境测验和观察评定测验

这是按照测验的反应场所划分的。其中，一般测验侧重于对被测评者在行为样组上反应的测评，情境测验侧重于对被测评者在模拟情境中反应的测评，观察评定侧重于对被测评者在日常状态下行为表现的测评。

5.1.6 心理测验实施步骤

1．确定测试目标

根据企业的要求和部门的需求，明确心理测评的主要目的，并根据心理测评目的界定心理测评人员的类型、数量及分布。

2．测验量表的编制

根据测评对象和测评目的选择心理测评的方法和工具，编制或选择心理测评题目，并且进一步修改和完善心理测评试题，确保心理测评题目的信度和效度。心理测验量表编制的方法依量表的种类不同和编制者的不同而有所差异。按照心理测量学原理，主要有4种传统测验编制的策略：理论法，即首先确定所测内容和理论依据，然后根据某一理论建构，编制测验项目，如人格测验中的艾森克个性测验，能力测验中的 Thurstone 编制的芝加哥基本心理能力测验（Chicago Tests of Primary Mental Abilities，PMA），该方法特别重视理论依据；经验法，即根据实际工作经验，编制项目，如 MMPI 就是按经验性效标答题（Empiracal Criterion Keying）方法编制的，按此法，项目选择和对回答计分是通过效标组与对照组（正常人）比较进行，同时补充统计方法；因素分析法，即根据对标准样本某一人群施测过的大量项目，进行因素分析，将项目归类并合成一个完整量表，如人格测验中的卡特尔 16 种人格因素测验的编制方法就属于此类方法；综合法，实际上，现在大多数测验编制者很少采用单一的方法，而是多种方法的综合，先根据理论和经验法编制出大量项目，然后用因素分析等相关统计方法对项目进行筛选和编排。这样编制的测验既有理论依据，又有实用价值。[②]

3．实施心理测验

首先要组织人员进行心理测评。测评人实施心理测验时要做到公正、客观。测评人本身不仅需要具备职业道德，而且需要具备相关的能力，能够对测评内容有比较深入的了解。测评应当

---

① 叶茂林．网络心理测验法述评[J]．心理科学，2005，28（2）：423-425.
② 马惠霞，白学军，沈德立．论心理测验项目编写的科学性[J]．心理科学，2007，30（5）：1110-1112.

是安静、轻松的环境中进行。

4．鉴定测试结果

对心理测验的结果进行跟踪检验，并总结心理测验的经验，完善心理测验的指标。

5.1.7 心理测验应用中要注意的问题

1．应由专业人员使用测验

心理测试涉及个人智力、能力等方面的内容，可见意义非凡。为此，心理测验应由专业人员对被测评者进行实施测验，这样既可以保证测验过程的顺利进行，也可以保证测验结果的可靠性和科学性。

2．应慎重选择具体的心理测验工具

心理测量工具包括测验能力、记忆、人格等方面，要针对被测评者的具体测试内容慎重选择相应的测验量表。

3．测验要保密

要对个人的隐私加以保护，因为心理测评涉及个人的智力、能力等方面的隐私，这些内容严格来讲，只能让被测评者以及他愿意让人知道的人了解，所以，有关测试的内容应该严加保密。

4．要慎重对待测验结果

心理测验的结果不是万能的、绝对的，但是测验结果是具有一定的科学性的，它可以反映出被测评者的一些指标，具有一定的解释力。所以，被测评者要慎重对待测验结果。

5．认真做好测验的准备、实施、结果解释等工作

主要事先要做好充分的准备，包括要统一地讲出测试指导语；要准备好测试材料；要能够熟练地掌握测试的具体实施手续；要尽可能地使每次测试的结果相同，这样测试结果才可能比较正确；最后要做好测试结果的解释工作，要向被测评者详细地解释他的测试结果，让对方能够得到充分的理解。

5.2 人格测验

人格测验是人才测评中适用范围最广、运用最频繁的测评内容之一。人格反映了人的整个精神心理面貌。个体人格的形成既受先天遗传因素的影响，也会受后天环境因素的影响。不同的人格会有不同的外显特征，因此很多组织将人格测验用于组织的管理当中，这有利于提高组织效率。

5.2.1 人格的概念

人格一词源于希腊语 Persona，心理学家对人格的定义不完全一致，其中美国心理学家奥尔波特（Allport）认为"人格是个体内在心理物理系统中的动力组织，它决定一个人对环境独特的适应性"。英国心理学家艾森克（Eysenck）认为"人格是个人的性格、气质、智力和体格相对稳定而持久的组织，它决定着个人适应环境的独特性"。

综合来讲，人格是个体在行为上的内部表现，是个体在适应环境中的感情、能力、气质、价值观等方面的内部综合表现，它可以离开人的肉体，离开人所处的物质生活条件而独立存在于人类的精神文化维度里。

根据人格的定义，人格一般具有整体性、独特性与共同性、稳定性和可变性、生物性和社会性。

1．人格的整体性

人格是一个有机整体，组成人格的各个方面不是孤立的，人格中的各因素是相互联系的，任何因素的改变都会引起其他因素的变化。

2．人格的独特性与共同性

人格具有独特性，每个人都有与他人相区别的人格特征，世上没有两个人的人格完全相同。人格的独特性表现为人们在需求、动机、价值观、能力、气质、性格等方面的差异性。

另外，人格也具有共同性，它是某一群体、某个阶层或某个民族在特定的群体环境、社会环境和自然环境中形成的共同心理特征。

3．人格的稳定性和可变性

人格具有稳定性，具体表现为人格特征有跨时间的持续性和跨情境的一致性。跨时间的持续性是指人格具有相对的稳定性，它不会在短时间内有很大变化。跨情境的一致性指同一个人的人格特征在不同的情境下，在一定程度上会保持不变。

人格的稳定性是相对的，人格的特征会随环境和时间的变化而变化，这使得人格具有可塑性。

4．人格的生物性和社会性

人格是在人的自然生物特性的基础上发展起来的，这是人格的生物性，生物性对于人格发展的道路和方式有影响。人格的生物性不能对人格的发展方向起决定性作用，而个体的社会历史文化背景对人格发展起决定性作用，这是人格的社会性。

5.2.2　人格的理论

人格理论是心理学家用来描述或解释人格结构、人格发展动力、人格发展条件及阶段的一套正规的假设系统或框架。现代人格理论的类型主要有特质理论、类型理论和整合理论。本书主要介绍人格特质理论和人格类型理论。

1．人格特质理论

特质是一个人的人格维度，它是依据人们在某一特征上所表现出的程度进行分类的。

特质论认为人格存在一些特质维度，人们之间的差异就在于这些维度的不同表现程度，它强调人的个别差异和个体的整体功能，它是以人格特征具有跨情境一致性和跨时间的持续性为研究假设的。特质研究者更关注对人格的描述和预测行为，侧重于预测测评结果在某一范围内，个人有什么典型行为表现，而不是解释个体为什么会有这样的行为表现。

1921 年，美国心理学家 Allport 在《人格特质：分类与测量》中首次提出人格特质的定义，之后，他于 1961 年在《人格的模式与成长》中完善了人格特质理论。Allport（1937）指出特质是人格的基础，是心理组织的基本建构单位。Allport 把人格特质分为两种：共同特质和个人特质。共同特质是指在同一文化形态下，人们所拥有的一般人格特质，例如，支配—顺从。外向—内向，自信—自卑等。个人特质是指个体身上所独有的人格特质，代表着个人独特的行为倾向。Allport 将个人特质分为 3 种。

（1）首要特质：是指最能代表一个人的特点的人格特质，它影响到个体行为的各个方面。

（2）中心特质：它是组成个体独特性的几个主要的特质。

（3）次要特质：它是指一个人的某种具体的偏好或反应倾向，只在特定情境下表现出的个别特质。

卡特尔是美国著名的心理学家，他指出人格特质具有预测作用，可以预测个体在特定情境下的反应和行为。卡特尔在 Allport 研究的基础上，利用因素分析法，提出了人格特质论模型。他通过特质的阶层联系将人格结构划分为四层：第一层是共同特质和个别特质；第二层是表面特质和根源特质；第三层是在根源特质下又分为体质特质和环境特质；第四层为动力特质、能力特质以及气质特质。1995 年，卡特尔通过因素分析法，提出了 16 种相互独立的根源特质，即乐群性、聪慧性、稳定性、恃强性、兴奋性、有恒性、敢为性、敏感性、怀疑性、幻想性、世故性、忧虑性、实验性、独立性、自律性、紧张性，同时编制了 16 种人格因素量表，该量表具有良好的信度和效度，广泛应用于人格特质测量、人才选拔、心理咨询等领域。[①]

Eysenck 在先前心理学家实验的工作基础上，通过对由实验、问卷与观察所得到的大量的人的特质资料的因素分析，提出了人格的 3 个相互垂直的基本特质：外向—内向性、神经质—稳定性控制、精神质—冲动性控制，每种类型由矛盾的一对特质构成。外向—内向性包括社交性、活泼、好动、乐意寻求刺激、自信、无忧无虑和支配性。神经质—稳定性控制包括易于焦虑、抑郁、情绪低落、有内疚感、紧张、喜怒无常、情绪波动大。精神质—冲动性控制包括攻击性、冷漠、缺乏同情心、发散创造力、冲动等。Eysenck 根据三因素模型，编制了 Eysenck 人格问卷 EPQ，该问卷受到了心理学界的重视，并广泛应用于人格评价中。

早期的人格模型构建集中于词汇研究，词汇研究是在词汇假设的基础上，试图用自然语言对特质进行描述和分析，以确立人格维度。大量的词汇研究都证明了英语中用于描述人格特质的术语主要由 5 个维度构成，即人格五因素模型。20 世纪 80 年代以来，人格五因素模型转入量表研究并广为流行。Zuckerman（1994）基于人格特质的生理基础提出了 5 个因素，即冲动的非社会化的感觉寻求、攻击—敌意、活动、社交性和神经质—焦虑，并编制了五维度 90 个题项的 Zuekerman 人格问卷（Zuekerman Personality Questionnaire）。McCrae 和 Costa（1997）根据 16PF 因素分析和自己的理论构建了人格五因素模型，这 5 个因素分别是神经质（Neuroticism）、外倾性（Extraversion）、开放性（Openness）、宜人性（Agreeableness）和尽责性（Conscientiousness）。其中，神经质反映个体情绪状态的稳定性和内心体验的倾向性；外倾性反映个体神经系统的强弱和动力特征；开放性反映个体对经验的开放性、智慧和创造性；宜人性反映人性中的人道主义方面及人际取向；尽责性反映自我约束的能力及取得成就的动机和责任感。

2．人格类型理论

人格类型论是群体间人格差异的描述指标，是可以通过人的行为直接观察到的。该理论认为人格可以划分为几种类型，各类型之间是互相独立、分离的，如外向、内向。常见的人格类型理论有单一类型理论（T 型人格）、对立类型理论（A—B 型人格、内—外向人格）、多元类型理论（气质类型说、性格类型说等）。

单一类型理论认为，人格类型是依据一群人是否有某一特殊人格来确定的，如美国弗兰克·法利提出的 T 型人格。

对立类型理论认为，人格类型包含了某一人格维度的两个相反方向，如著名心理学家荣格提出的外—内向型，外向型人格依据客观标准来看待一切，拥有这种人格的人性格活泼开朗，善于交际，适应力强；内向型人格的特点是性情孤僻，优柔寡断，深思熟虑等。

多元类型理论认为，人格类型是由几种不同质的人格特性构成的，如气质类型说，古希腊

---

① 李慧. 铁路机车乘务员人格特质及其对工作绩效的影响研究[J]. 北京交通大学，2014.

医生加伦认为，当血液、黏液、黑胆汁和黄胆汁这 4 种体液分别在体内占据优势时，分别构成多血质、黏液质、胆汁质和抑郁质 4 种不同的气质。多血质的人行动具有很高的反应性，他们会对一切吸引他注意力的事物，做出生动的兴致勃勃的反应；黏液质的人反应比较低，情感不易发生，也不易外露；胆汁质的人也是反应速度快，具有较高的反应性和主动性；抑郁质的人有较高的感受性，他们往往能够察觉出许多别人不易察觉出的细节。

5.2.3　人格测验的方法

人格测验是依据需要测量的人格特质来编制相关问题，要求被测评者根据自己的实际情况逐一回答，根据被测评者的答案来测评被测评者在某种特质上表现程度的方法。

人格测验的方法有结构明确的自陈式量表和评定量表、结构不明确的投射测验。

1．自陈式量表

自陈量表是采用标准化测验的形式，依据所测量的人格特征编制一系列的客观问题和选项，要求被测评者根据实际情况或感受做出符合自己的答案，以此来衡量个人的性格特征。自陈量表是以纸笔测验的形式进行的，它的结构明确，题量较大，计分简单客观，实施简便，测验分数容易得到解释。此类测验具备以下一些特征：

一是结构明确，被评价者要从几个有限的选择中做出自己的选择；二是测验的目的清晰，评价者和被评价者各自都清楚测验的目的；三是计分方便、容易解释，稍微经过培训的人员就可以使用；四是这种测验广泛应用于人格研究、精神疾病诊断、教育、咨询等多个方面。

2．评定量表

评定量表的理论假设是人格特征可以通过个人的行为举止表现出来，通过观察后能够进行评估。评定量表是由与被测评者比较熟悉的人通过对被测评者行为或特质的观察后，给予一个评定分数的标准化程序。如汉密尔顿焦虑量表就属于评定量表。

3．投射测验

投射测验要求对被测评者进行一些模棱两可的刺激，根据被测评者的反应来分析、推断被测评者的内在心理，它主要用于对人格、动机等内容的测量。投射测验可以使被测评者被隐蔽的个性特征、心理活动或态度更容易地表达出来，但它在计分和解释上缺乏相对客观的标准，所以对主试和评分者的要求相对较高，如罗夏墨迹测试就属于投射测验。

5.2.4　人格测量的工具

人格测量工具在生活和工作中的应用越来越普遍，每个测量工具都有其自身的假设前提和理论基础，且测量维度也是不同的，即使是同一个名称的测量维度在不同测量工具里的内涵也可能会有差别，所以以个人或企业在测评时要依据测量目的和测量的因素有针对性地选择测量工具。常用的人格测量工具如表 5-2 所示。下面我们选择部分常见量表如大五人格量表、明尼苏达人格量表和卡特尔 16 种人格因素测验进行说明。

1．大五人格量表

Costa 和 McCrae 自 20 世纪 80 年代以来对人格五因素模型进行了广泛和深入的研究，他们认为构成个性的五因素分别是：外向性、宜人性、尽责性、神经质、开放性。外向性表示人际互动的数量和密度、对刺激的需要以及获得愉悦的能力，表现出热情、自信、有活力，还具有幸福感和善于交际的特性，而内向者的这些表现不突出，但不等于说他们就是自我中心的和缺乏精力的，他们偏向含蓄、自主与稳健。宜人性是考察个体对其他人所持的态度，这些态度既包括亲近人的、有同情心的、信任他人的、宽大的、心软的，也包括敌对的、愤世嫉俗的、复仇心理的、无情的。尽责性表示克制和严谨、做事有条不紊、有抱负，与成就动机和组织计划有关，该维度用来评估个人在目标导向行为上的组织、坚持和动机，此维度反映个体自我控制的程度以及推迟需求满足的能力。神经质主要是指缺少积极心理调节，情绪稳定性差，容易经历诸如害怕、悲伤、生气、厌恶、窘迫、愧疚等负面情绪，该特质的另一端为情绪稳定。开放性是指对经验持开放、探求态度，而不仅仅是一种人际意义上的开放，它以富有创新能力、具有好奇心、感知能力和洞察能力强为特征，该维度主要评价个体对经验本身的积极寻求和对陌生情境的容忍和探索，主要与传统的、无艺术兴趣的、无分析能力的个体做比较。Costa 和 McCrae 根据卡特尔 16PF 的因素分析，并结合自己的理论构想编制了测验五因素的 NEO-PI 个性量表，每个维度包括 6 个测量特质水平的子量表：

外向性——热情性、乐群性、自我肯定性、活跃性、刺激寻求、正情绪；

宜人性——信任、坦诚、利他、顺从性、谦虚、温和；

尽责性——胜任感、条理性、责任心、事业心、自律性、审慎性；

神经质——焦虑、愤怒性敌意、抑郁、自我意识、冲动性、脆弱；

开放性——幻想、审美、情感、行动、观念、价值。

2．明尼苏达人格量表

明尼苏达多项人格测试是由明尼苏达大学教授 Hathaway 和 Mckinley 于 20 世纪 40 年代制定的，是迄今应用极广、颇富权威的一种纸—笔式人格测验。Hathaway 和 Mckinley 通过重复测验、交叉测验，并在临床实践中反复验证，最终确定为 14 个量表，其中包括 10 个临床量表，4 个效度量表。

10 个临床量表是：

疑病——对身体功能的不正常关心；

抑郁——与忧郁、淡漠、悲观、思想与行动缓慢有关；

癔病——依赖、天真、外露、幼稚以及自我陶醉，并缺乏自知力；

精神病态——病态人格（反社会、攻击性人格）；

男性化—女性化——得分高的男人表现敏感、爱美、被动、女性化；得分高的女性被看作男性化、粗鲁、好攻击、自信、缺乏情感等；

妄想狂——偏执、不可动摇的妄想、猜疑；

精神衰弱——紧张、焦虑、强迫思维；

精神分裂——思想混乱、情感淡漠、行为怪异；

轻躁狂——联想过多过快、观念飘忽、夸大而情绪激昂、情感多变；

社会内向——得分高的人内向、胆小、退缩、不善交际、屈服、紧张、固执及自罪，得分低的人外向、爱交际、善于表现、好攻击、冲动、任性、做作、在社会关系中不真诚。

4 个效度量表是：

疑问量表、说谎量表、诈病量表以及校正量表。

3．卡特尔 16 种人格因素测验

16 种人格因素测验是由美国伊利诺州立大学卡特尔教授编制的，用于人格检测，简称 16PF，是世界上最完善的心理测量工具之一。卡特尔认为人格的基本结构元素是特质，他在其人格的解释性理论构想的基础上编制了 16 种人格因素问卷，从 16 个方面描述个体的人格特征，这 16 个因素分别是：乐群性、聪慧性、稳定性、恃强性、兴奋性、有恒性、敢为性、敏感性、

怀疑性、幻想性、世故性、忧虑性、实验性、独立性、自律性、紧张性。通过 16PF 可以了解应试者在环境适应、专业成就和心理健康等方面的表现。在人事管理中，16PF 能够预测应试者的工作稳定性、工作效率和压力承受能力等，可广泛应用于心理咨询、人员选拔和职业指导的各个环节，为人事决策和人事诊断提供个人心理素质的参考依据（见表 5-2）。

表 5-2　常用的人格测试工具

方法	人格测试工具	内容	适用范围
自陈量表	卡特尔 16 种性格因素测评量表（16PF 量表）	1. 通过让被测评者回答一系列问题，测算出 16 种因素的特征，根据这些特征测量人的人格特征和职业倾向 2. 根据被测评者 16 个因素的结果，分析被测评者在性格内外特性、心理健康状态、学习与适应新环境的成长能力、专业有成就的性格因素、创造能力的性格因素 5 个方面的表现	1. 适用于组织人才的选拔、考核、培养等活动 2. 适用于心理和教育辅导
	艾森克人格测评问卷（EPQ）	1. 主要用来测量人们在内外倾向、情绪性和心理变态倾向 3 个方面的表现程度 2. 问卷采用是非题的形式，从精神质、内外倾向、神经质和效度 4 个维度设计量表，根据被测评者各个量表分数特征分析其人格特征	在人才招聘中适用于销售类和财务类岗位
	霍兰德职业兴趣与价值观测评量表	1. 主要用来测评个人对工作所持的态度和对工作的评价 2. 是由美国心理学家霍兰德提出的，他根据个性特征与职业选择的关系，把人的个性划分为 6 种兴趣类型，并对其特征和职业选择倾向进行了界定 3. 量表由 7 个部分组成，从 60 种活动的特征和应具备的胜任力着手，对被测评者进行测评，分析被测评者最适合的职业类型	适用于所有人群
	明尼苏达多项人格测验（MMPI）	1. 由明尼苏达大学教授哈瑟韦（S. R. Hathaway）和麦金力（J. C. Mckinley）于 20 世纪 40 年代制定的 2. MMPI 共有 566 道题目，其中 16 道是重复性的题目，用以检验被测评者反应的一致性和回答是否认真。MMPI 有 10 个临床量表，可以得到 10 个分数，代表 10 种人格特质，还有 4 个与效度相关的量表，用以考察被测评者的作答态度	该量表适用于 16 岁以上的成年人，要求具有小学以上文化程度
	DISC 个性测评量表	从支配性、影响性、稳定性和服从性 4 个维度设计量表，根据被测评者各量表的得分综合分析被测评者的人格特征	在人才招聘中适用于管理类岗位
	"大五"人格模型	1. 由美国心理学家麦克雷科斯塔等人提出 2. 把人格分成 5 个方面来描述，分别是神经质、外向型、开放性、宜人性和尽责性	适用于销售类、管理类和财务类岗位
投射测试	罗夏墨迹测试的实施	1. 由瑞士精神病学家罗夏创建 2. 通过被测评者对 5 张黑白、3 张彩色和 2 张除黑色外还带鲜艳红色的 3 类图片所产生的联想及联想场景的描述，分析被测评者的人格特征	1. 用来测评人的人格和人生态度 2. 适用于招聘高层管理岗位的测评
	主题统觉测试法	1. 由美国心理学家莫瑞和摩尔根创制 2. 让被测评者对 30 张有具体图形但随意暧昧的黑白图片外加一张空白卡片进行联想，并编制一个故事来描述过去、现在和未来的情景 3. 测评人再根据被测评者描述的故事内容分析被测评者心理特征	1. 用来测评人的深层次需要 2. 能测评人的性格特征和预测人的某些心理特征
	完成句子测试法	1. 测评内容包括 40 个未完成的句子，要求被测评者进行补充 2. 根据被测评者对 40 个未完成句子的补充内容，分析被测评者的情感、态度和观念特征	1. 适用于所有岗位的测评 2. 用来测评人的情感能力

5.3 能力测验

能力是一种个性心理特征，是顺利完成某项活动所必需的主观条件，能力的高低会影响一个人的学习效率和工作效率。1905 年比奈和西蒙编制了比奈—西蒙智力量表，这是第一个科学意义上的心理测验，这个测验的目的是为了对智力落后的儿童进行鉴别。现今能力测验已经从测量单一的智力发展为对多种能力的测量。

5.3.1 能力测验的定义

能力是指人们顺利完成某种活动必须具备的个性心理特征。任何一种活动都要求参与者具备一定的能力，而且能力直接影响着完成某种活动的效率。根据能力影响范围的大小，可将能力分为一般能力与特殊能力。一般能力是指在基本活动中表现出来的能力，如观察能力、记忆能力、注意能力、想象能力等；特殊能力指完成某种专业活动所必须具备的能力，它只适用于某种狭窄的活动范围，如音乐绘画能力、计算能力、飞行能力等。

能力测验，又称认知测验，是指对个人或团体的某种能力做出的评价或预测。其中涉及的能力可以是现有的实际能力或将来的潜在能力，可以是一般能力，如观察力、学习力、记忆力等，也可以是某种特殊的能力，如体育、音乐、绘画等方面的特殊能力。常见的能力测验有智力测验、能力倾向测验、创造力测验、技能测验等。

5.3.2 智力测验

1917 年，美国 M.R.叶克斯、推孟等人最先把智力测验应用在军队挑选士兵上，目的是选拔智力优秀者进入技术性较高的军种，同时防止智商低的人进入军队。随着社会的发展，智力测验不断应用在企业中，用来挑选各种人才。

1．智力测验的概念

智力测验是指在一定条件下，使用标准化的测量工具对被测评者施加刺激，根据被测评者的反应结果测量其智力的高低。

2．智力的结构

（1）一般智力因素的理论。英国心理学家斯皮尔曼（Charle Spearman）首先提出了智力的"二因素说"。他运用因素分析方法来分析被测评者的各类测验分数时，发现了各类工作的质量均与同一个因素相关，即普通智力因素（G）；但有些人英语测验成绩较好，而数学测验成绩较差；另一些人则相反。斯皮尔曼认为这些差别在提示另一种因素即特殊智力因素（S）的存在。

其中 G 因素是所有智力操作的基础，是智力的主要构成部分；S 因素是人们完成特殊活动所必须具备的智力，它代表人们的某一种特殊能力，只有在某种特殊情况下才会表现出来。

（2）基本心理能力的 7 因素论。1938 年美国心理学家瑟斯顿（Louis Thurstone）通过对 218 名大学生进行测验，用因素分析法提出，智力是由一些彼此独立的基本心理能力组合而成的。瑟斯顿于 1941 年根据 7 种基本能力编制了基本心理能力测验（PMAT）。其中，他提出的 7 种基本心理能力包括词的理解力、语词运用能力、计算能力、空间知觉能力、记忆能力、知觉速度和推理能力。

（3）桑代克智力分类法。美国心理学家桑代克认为智力有 3 种类型，抽象智慧，即对文字的了解和应用的能力，对数学符号了解和应用的能力；具体智慧，即了解事物的能力、对技术或科学的应用能力；社会智慧，即了解他人和他人相处的能力。

3．智力测验量表

（1）比奈—西蒙量表。比奈—西蒙以测验年龄差异和一般心理能力为基础制定了比奈—西蒙量表。1905 年的比内—西蒙量表有 30 个由易到难排列的项目，其中既有对较低级的感知觉方面的测量，也有对较高级的判断、推理、理解等方面的测量。

1908 年，比奈发表修订后的比奈—西蒙量表，使总数达到 59 个，并把测验题目按年龄分组，从 3 岁到 15 岁，每个年龄的儿童中有一半能通过的题目即属于这个年龄组的题目。1911 年发布了修订版的量表。这次修订没有重大变化，只是改变了几种年龄水平分组，并扩展到成人组。

（2）韦克斯勒智力量表。到 20 世纪 30 年代晚期，心理测验中没有完善的标准化成人智力测验。直到 1939 年心理学家 D．韦克斯勒编制了《韦克斯勒—贝勒维智力量表》（W—B）以后，这种情况才有所改观。W—B 智力量表是由 10 个分测验组成，其中言语量表包括常识、理解、背数、算术、类同 5 个分测验；操作量表包括图片排列、图画、积木图案、物体拼配和数字符号 5 个分测验。另外，它还有一个词汇分测验来作为其他分测验的备用测验。

5.3.3　能力倾向测验

能力倾向是个体在不同能力因素上潜在的优势或劣势倾向，能力倾向测验是用于测量从事某项活动或某种职业的潜在能力的一种素质测评方法。它主要用于预测，它的测量结果是一组不同能力倾向的分数而不是总的智商（IQ）。

1．能力倾向测验的类型

能力倾向测验按照内容可以分为一般能力倾向测验、特殊职业能力测验、创造力测验和心理运动机能测验等。

（1）一般能力倾向测验主要是测量个体的思维能力、想象能力、记忆能力、推理能力、分析能力、空间关系力和语言能力等，如普通能力倾向成套测验（GATB）、区分性能力倾向测验（DAT）。

（2）特殊职业能力测验主要是对除一般智力测验外的较为特殊和专门的能力进行测验，如对音乐能力、艺术能力、绘画能力等的测验，如明尼苏达办事员能力测验、飞行能力测验。

（3）创造力测验主要测量个体的各种创新思维能力，如南加利福尼亚大学测验。

（4）心理运动能力测验主要测量个体支配心理运动的能力和身体运动的能力。它专门测量速度、协调性和运动反应等特性，如明尼苏达空间关系测验、明尼苏达秘书测验、奥卡挪手指灵活性测验等。

2．能力倾向测验包含的维度

（1）数学分析能力

数学分析能力主要是指测查管理者是否善于理解、把握事物间的量化关系和解决数量关系问题的技能技巧，其中所涉及的数学知识仅限于数据关系的简单分析、判断和基本运算等。

（2）言语理解能力

言语理解能力主要测查管理者是否善于运用语言文字进行交流和思考，能否迅速而又准确地理解文字材料内涵的能力。

（3）观察能力

观察能力考查管理者事物细微差别的敏感性、知觉速度与准确性。

（4）抽象推理能力

抽象推理能力主要测查管理者对事物变换所反映出的内在规律的敏捷性，对事物的抽象分析，概括能力。

（5）逻辑推理能力

逻辑推理能力主要测查管理者能否发现和理解各种事物之间的关系，能否利用有关信息对所面临的问题进行分析和判断。

5.3.4 创造力测验

现代企业的成功比以往任何时候都更加依赖于管理人员和员工的创造力，因此，企业界和理论界也越来越关注创造力测验。

1．创造力的定义

创造力作为心理学上的一个术语，与智力一样，是一个相当模糊的概念。

高尔顿第一个对创造力进行科学研究。之后，弗洛伊德指出在创造活动中，无意识的动机具有重要作用；格式塔学派的魏特墨认为创造性思维就是突破旧的框架，形成新的结构。然而由于时代背景和研究工具的局限性，这些研究存在缺陷，难以给予他人信服的解释。

20世纪50年代，吉尔福特将心理测验作为研究工具，经过因素分析，发现个体的思维可以分为两种：发散性思维和聚合性思维。他指出人的创造性是发散性思维的外在表现。他经过研究发现发散性思维有3个特点：

流畅性，即思维活动不会受到阻滞，可以在较短时间内表达出较多观点；

独特性，即在解决问题时提出的观点较为新颖；

变通性，即不容易受到已有框架的影响，融会贯通，提出新的观点。

在吉尔福特之后，大多采用心理测验对创造力进行研究，研究方法也更为科学。研究者基本形成一致意见，认为创造力包括敏锐洞察力、抽象概括能力、想象力、灵活思维能力等。

2．创造力测验的方法

（1）情境测验法。情境测验法是给被测评者设置特定的情境，并控制或改变一些条件，然后要求被测评者根据情境做出反应，最后依据被测评者的反应结果来测量其创造力的一种测评方法。

（2）评定法。评定法就是由测评人员按照一定的标准对被测评者的创造力做出评价的一种方法。根据评价的结果，来测量被测评者的创造能力。

（3）量表测验法。量表测验法就是通过纸笔测验的形式对被测评者的创造力进行测量的一种方法。这种方法一般是采用标准化的题目，按照规定的程序对被测评者进行测量，然后将测量结果与建立的常模进行比较，最后根据比较结果对被测评者的创造力水平做出评价。

3．著名的创造力测验

著名的创造力测验有南加利福尼亚大学创造力测验、托兰斯创造性思维测验、芝加哥大学创造力测验，具体内容如表5-3所示。

表5-3　著名的创造力测验

创造力测验	内容	测评分数	适用对象
南加利福尼亚大学创造力测验	1．该测验主要是根据吉尔福德（1959）的智力三维结构模型中的发散思维部分编制 2．测验由言语测验和图形测验两部分组成，共14个测验项目。言语部分有10个项目：语词流畅性、观念流畅性、联系流畅性、表达流畅性、非常用途、解释比喻、用途测验、故事命名、事件后果的估计、职业象征。图形部分包括4个项目：作图、略图、火柴问题、装饰	流畅性、变通性和独创性分数	适合于初中水平的学生使用

创造力测验	内容	测评分数	适用对象
托兰斯创造性思维测验	1. 该测验由美国明尼苏达大学心理学教授托兰斯（1966）编制 2. 测验由 12 个分测验构成 3 套创造力量表：语词创造力量表，由 7 个分测验组成，包括提问题、猜原因、猜后果、产品改造、不寻常用途、不寻常问题、假想；图形创造力量表，由 3 个分测验组成，包括图画构造、未完成图画、圆圈测验；语词声音创造力量表，由 2 个分测验组成，包括音响想象、象声词想象。每套量表都有两个复本	流畅性、变通性和独创性分数	适用于幼儿园儿童到研究生水平的学生，对于 4 年级以下的学生需进行个别施测
芝加哥大学创造力测验	1. 该测验由美国芝加哥大学的心理学家盖策尔斯和杰克逊（1962）编制 2. 测验共有 5 项题目，分别是语词联想、用途测验、隐蔽图形、完成寓言、组成问题	反应数量、新奇性和多样性	适用于小学高年级至高中阶段的学生

5.4 职业兴趣测评

兴趣是人们探索某种事物或事件的认知倾向。从兴趣的发展来看，它一般要经历有趣、乐趣、志趣 3 个阶段。兴趣是以一定的素质为前提，在实践中逐步发展起来的，它在人们的职业活动中具有重要的意义。

5.4.1 职业兴趣测评概念

职业兴趣是人们对某种工作或职业的积极态度，不同的人对同一职业可能会有积极的态度，可能会有消极的态度，也可能会有无所谓的态度。对于个人来讲，在择业时如果选择与兴趣相符的职业，可以充分调动自己的潜能，有利于提高工作主动性。

职业兴趣测试（Vocational Interest Tests）是对个人最感兴趣的、从中得到成就感和满足感的工作进行的测试，它是用于了解个人兴趣方向和兴趣序列的一项心理测试方法。

5.4.2 职业兴趣测评在管理中的作用

实际上，早在春秋战国时期，人们就已经将个人兴趣与个性用于个人的职业发展中了。随着职业兴趣理论的发展，测评结果越来越多的应用到个人的职业发展中，企业也越来越多地在人力资源管理实践活动中使用各种职业兴趣测评方法和技术测验，帮助企业选出更适合岗位、更适合组织的人员，并利用测评结果帮助员工在企业内实现各自的职业目标。

1．职业兴趣测评与人员招聘与选拔

众所周知，现代社会的职业划分越来越细，社会活动的要求和规范越来越复杂，各种职业间的差异也日益明显，各种职业对个体的吸引力和要求也迥然不同。

从职业兴趣的角度看，它作为一种特殊的心理特点，往往与个人的特性相关，也就是说，由于个体自身的生理、心理、教育、社会经济地位、环境背景等存在差异，个体所乐于选择的职业类型、所倾向于从事的活动类型和方式也就千差万别。

无论对企业还是对个人而言，在目前日益复杂的职业分工体系中，寻找到合适的人员及合适的岗位都显得特别困难。因此，我们需要借助相关的方法和技术，特别是职业兴趣测评方法和

技术，来全面地了解自己，对自己的职业兴趣有一个正确的认识。职业兴趣测评有助于我们选择到适合自己发展的职业，也有利于企业发现并找到适合本企业、胜任本岗位的人员。

我们都清楚地知道，在现代人力资源管理中有一条重要的原则，即将合适的人放在合适的岗位上，即人与岗匹配。而人与职位的匹配除了以往我们特别强调的员工知识、能力、技能与岗位要求的匹配以外，现在越来越多的企业意识到员工的性格、兴趣与岗位匹配的重要性。在胜任力模型中，后者的匹配更为重要，直接影响到企业的核心竞争力。

因此，企业在招聘新员工时，就很有必要对候选人员进行相关的职业兴趣测评，了解候选人的职业兴趣，以便分析其职业兴趣类型是否与企业所提供的职业环境相匹配。

企业在招聘人才的过程中，如果能够坚持以霍兰德的职业兴趣理论为指导，采用相应的职业兴趣测评方法和技术，不仅可以招聘到适合本企业的人员，而且还可以在招聘工作中减少盲目性。

毫无疑问，对企业而言，利用科学的职业兴趣测评方法和技术，可以帮助企业招聘到更适合其岗位要求的人员，有助于员工队伍的稳定及可持续发展。

2．职业兴趣测评与职业生涯管理

职业生涯管理在企业人力资源管理中是一个日益重要的组成部分，其意义和作用在技术和知识高速发展的今天日益凸显。

职业生涯管理可以说是一个战略过程，通过为组织内员工构建职业开发与职业发展的通道、帮助员工进行个人发展规划等一系列与职业生涯相关的活动，来最大限度地开发员工个人的潜能并充分发挥其潜能，使之与企业的职业需求相匹配、相协调、相融合，使企业与个人的需要达到最佳的结合，最后达到满足个人和组织的需要、获得双赢的结果。

职业生涯管理是一个系统的、动态的管理体系。在这个系统的管理体系中，职业兴趣测评是一个关键环节。通过职业兴趣测评方法和技术，一方面使员工对自己的兴趣、爱好、能力、特长、不足等有一个全面而准确的认识，以便选择适合自己的职业；另一方面，企业可以通过测评帮助员工明确其职业目标，并在企业总体战略的指导下为员工实现其职业目标制订具体的行动计划，以便员工在企业内部快速成长，为本企业的发展贡献力量。

但需要注意的是，企业在进行职业咨询和辅导过程中，职业兴趣测评是基本依据，但并不是唯一的依据，还需要结合企业发展目标、企业现有的绩效考核体系、其他测评技术和方法以及职业咨询师的丰富经验等。否则，职业兴趣测评只能起到给人贴"标签"的作用，而不能真正对企业内员工的职业发展起到实际的辅导作用。

另外，在进行职业倾向测评时，还应该注意，职业兴趣测评方法和技术只是众多方法的一种，并不是唯一的方法。而且在测评时，选择具有良好效度、信度、适合本企业要求的职业兴趣测试量表很重要，最好能在专业职业咨询人员的帮助下实施。

5.4.3　职业兴趣测评方法

了解职业兴趣测评的方法有很多，总体说来主要有以下 4 种。

1．兴趣表达法

兴趣表达法直接要求被测评者回答自己的职业兴趣是什么，但由于有些人的自我认知不清晰，有些人根本不清楚自己的兴趣是什么，所以这种直接表达兴趣的方法有时不是很准确。

2．行为观察法

行为观察法是通过观察被测评者参与活动的种类、数量、倾向和在各种情境中的行为来了解其职业兴趣。这种方法与事实记录法类似，一般情况下这种方法费时较长，不适宜用于大规模的人才测评。

3．能力测验

能力测验是通过测试被测评者掌握某种职业的词汇及相关知识的多少来推断其对某职业的兴趣高低，这种方法对职业词汇及相关知识的设计要求较高，可以有效地测试被测评者的兴趣倾向，此方法比较适用于选拔性测评。

4．兴趣问卷

兴趣问卷是通过纸笔测验的形式来测量被测评者的职业兴趣倾向，这种方法节约成本和时间，适用于对群体施测，且其信度和效度比较容易保证，在选拔性测评和配置性测评中运用广泛。其中比较著名的兴趣问卷有霍兰德职业兴趣测验量表，斯特朗—肯贝尔兴趣问卷，库德兴趣问卷等。

5.4.4　职业兴趣测验的内容

1．职业适应性测验

在职业适应性测验时对职业锚、个人需求及动机的了解是必不可少的。

（1）职业锚

职业锚的概念是由美国埃德加·H. 沙因教授提出的，他认为人们的职业规划是一个持续发展的探索过程。沙因根据自己多年的研究提出了 5 种职业锚，即技术/功能能力型、管理能力型、创业型、自主/独立型和安全/稳定型。

职业锚是指当个人不得不做选择的时候，他（她）无论如何都不会放弃自己职业中那种至关重要的东西或价值观，职业锚是个人内心深处对自己的看法，它是对自己的价值观、能力、动机等经过自省后形成的，它对个人的职业生涯有指导、约束和稳定的作用。

（2）需求测验

不同学者对需求理论有不同的研究，其中较著名的是马斯洛的需求层次理论。美国心理学家马斯洛认为人的需求像阶梯一样，从低到高，按层次逐级递升，分别为生理需求、安全需求、情感和归属的需求、尊重的需求、自我实现的需求。对个人的需求测验可以按照马斯洛的需求层次理论来进行。

（3）动机测验

动机测验是指运用具有针对性的测验方法来测验被测评者从事某职业或做某件事情时的动机及其动机的强弱程度。

其中麦克利兰认为个体在工作情境中主要有 3 种重要的动机或需要：成就需要，即争取成功并希望做到最好的需要；权力需要，即影响或控制他人并且不受他人控制的需要；亲和需要，即希望建立友好亲密的人际关系的需要。

（4）有代表性的职业适应性兴趣问卷

① 斯特朗—坎贝尔兴趣调查（SCLL）。SCLL 最新版本中的项目包括 325 个，有 264 个量表，其中包括 6 个一般职业主题量表，23 个基本职业兴趣量表，207 个具体职业兴趣量表，2 个特殊量表和 26 个管理指标量表。SCLL 适用于初高中以上的被测评者。

② 库德职业兴趣调查。库德职业兴趣测验是由一系列题目构成，每 3 个题目为一组，它要求被测评者根据自己的实际情况必须在每一组中选出一个自己最喜欢的和一个自己最不喜欢的，

它要求被测评者必须对每组测试都进行选择，该量表采用的是"强迫选择"技术量表。

③ 霍兰德职业兴趣测验。霍兰德的职业兴趣测验的假设是人可以分为 6 大类，即现实型、研究型、艺术型、社会型、企业型、常规型，同时职业环境也可分成相应的 6 大类，他认为人格与职业环境的匹配度是形成职业满意度、成就感的基础。

R——现实型，具有现实型人格特点的人偏好与物体打交道，喜欢摆弄和操作工具、机械、电子设备等具体有形的实物；不喜欢与人打交道的活动，厌恶从事教育性、服务性和劝诱说服性的职业。现实型的人往往表现出看重具体的事物或真实的个人特点的价值观。

I——研究型，研究型的人偏好对各种现象进行观察、分析和推理，并进行系统的创造性的探究，以求能理解和把握这些现象；他们不喜欢组织和领导方面的活动，厌恶要求劝说和机械重复的活动。研究型的人多体现出看重科学研究的价值观。

A——艺术型，具有艺术型特点的人偏好模糊、自由和非系统化的活动，并在这些活动中创造艺术作品，完成自我表现；他们厌恶明确、秩序和系统化的活动。艺术型的人想象丰富，看重美的品质。

S——社会型，社会型的人偏好对他人进行传授、培训、教导、治疗和咨询等方面的社会服务性的活动，不喜欢与材料、工具、机械等实物打交道。社会型的人表现出看重社会和伦理道德问题的价值观。

E——企业型，企业型的人对领导角色和冒险性的活动感兴趣，喜欢从事领导他人实现组织目标或获取经济收益的活动；厌恶研究性的活动。企业型的人看重政治和经济方面的成就。

C——常规型，常规型的人偏好对数据资料进行明确、有序和系统化的整理工作，如按既定的规程保管记录，填写和整理书面和数字的资料，使用文字和数据处理设备等协助实现组织目标或获取经济收益；厌恶模糊、不正规、非程序化或探究性的活动。这类型的人有责任心，有条理，但容易满足，缺乏创造性。

2．职业性格测验

职业性格测验是指运用有针对性的测评工具来了解被测评者的职业性格。每个人的性格特征是不相同的，由个人所属的性格特征外显出的个人行为、技巧和态度也是不同的。个人的个性特征与其生活方式、所选职业、工作岗位等都有紧密的联系，另外个性特征也会影响人们才能的发挥。

职业性格测验的结果可以为被测评者了解自己个性、选择职业等提供参考，也可以作为企业招聘和人员调动的依据。

3．职业价值观测验

价值观是支配个体行为的总指挥，是个人行为和态度的基础，在同等条件下，不同价值观的人会表现出不同的行为和态度。通过职业价值观测验，可以了解自己的职业价值观倾向，这对个人选择、个人能力提升等有重要的作用，可以使个人在处理问题上更加成熟、理智和客观。

4．职业能力倾向测验

职业能力是人们顺利完成某种职业活动所需要具备的能力。职业能力可以说明个人对其职业是否能够胜任，也能说明个人在该职业中取得成功的可能性。

职业能力倾向，是指个体身上潜在的、能够使其胜任某种职业的各种心理因素和生理因素的稳定组合。职业能力倾向可以预见个人在某种学业或某个职业领域中，是否能够顺利地掌握到所需要的知识与技能。一般能力倾向成套测验（GATB）是常见的职业能力倾向测验。

（1）职业能力倾向测验的作用

① 诊断作用，职业能力倾向测验可以判断个人具有什么样的能力。

② 预测作用，职业能力倾向测验可以测定个人在所从事的职业中，成功的可能性和适应的可能性。

③ 对于个人的作用，对于个人认知、职业选择、职业指导和个人的职业规划有重大的指导意义。

④ 对于组织的作用，对于组织中人员的录用、选拔、调配、职业开发和职务设计等有指导意义。

（2）一般职业能力倾向测验

很多组织在选拔、培训、晋升人员时，通常对被测评者进行文字运用、语言理解、推理能力、机械工作能力、环境适应性、判断力、想象力等方面的考察，借以确定被测评者的能力倾向。在测验职业能力倾向时，目前我国应用较广的是《BEC 职业能力测验》。

《BEC 职业能力测验》分为Ⅰ型（一般职业能力倾向测验）和Ⅱ型（特殊职业能力倾向测验），其中Ⅰ型是 1988 年由北京人才评价与考试中心（BEC）制定的，它是参照美国"教育与工业测验服务中心"编制的《职业能力安置量表（CAPS）》，并结合我国国情开发出的最早的成套职业能力倾向测验。

《BEC 职业能力测验（Ⅰ型）》包括 8 个分测验，机械推理、空间关系、言语推理、数学能力、言语运用、字词知识、知觉速度和准确性、手指速度和灵活性。其区分的职业类别有 14 个，包括科学理论研究与组织、科学实验研究、工程设计、熟练技术工作、服务行业、野外工作、企事业管理工作、商业性经营工作、文秘工作、新闻传播、艺术创造、工艺美术、行政管理、公益性事务。

（3）特殊职业能力倾向测验

《BEC 职业能力测验（Ⅱ型）》参照了美国的《特殊职业能力倾向测验（DAT）》版本，主要用于职业定向，结果分析如图 5-2 所示。

BEC 测验结果分析

1. 在某一特定的职业领域中，DAT 相关测验的成绩与工作成就之间明显相关。
2. 攻读学位的大学生平均 DAT 成绩好于未攻读学位的大学生，未攻读学位的大学生又好于未读大学而就业的人。
3. 在某些课程上表现突出的大学生，他们在相应测验上的 DAT 分数也较高。
4. 大学生的言语运用和词汇测验的平均 DAT 高于未读大学的人。

图 5-2　参照 DAT 基础上的 BEC 测验结果分析

《BEC 职业能力测验（Ⅱ型）》包括言语推理、运算能力、抽象推理、文书速度与准确性、机械推理、空间关系、词汇测验和言语运用 8 个分测验。

（4）专门职业能力倾向测验

专门职业能力倾向测验用来考察被测评者就某一具体职业的发展潜力，它常常用于选拔性测评。常用的专门职业能力测验有行政职业能力测验、飞行员素质测验、文书测验、保险人员测验等。下面以行政职业能力倾向测验为例进行介绍。

行政职业能力倾向测验（Administrative Aptitude Test，AAT）主要用于国家行政机关招考担任主任科员以下非领导职务的公务员。行政职业能力倾向测验在国家公务员录用考试中占有重要的地位。测验成绩的优劣，在很大程度上影响到应试者能否被录用为公务员。

行政职业能力测验的内容包括常识判断，言语理解与表达，数量关系，判断推理和资料分析5个部分，这5部分体现了对公务员的最低要求，AAT测验的试卷结构如表5-4所示。

表5-4　行政职业能力倾向测验内容结构

部分	内容	题量（道）	时限（分钟）	测试目标
1	常识判断	20	15	考查对基本常识的了解程度及运用基本知识判断的能力
2	言语理解与表达	40	35	考查对语言文字的分析能力、判断和推理能力
3	数量关系	15	15	考查对数量关系的理解能力和计算能力
4	判断推理	40	35	考查理解、比较、组合、演绎、综合判断等能力
5	资料分析	20	20	考查对资料的分析、加工及判断能力
	合计	135	120	

各题型所占的题量和时间，相应组织部门也会根据实际情况进行调整，但所考查内容和目的没有太大的变化。

（5）职业倾向测试评估

职业倾向测试评估的相关指标包括信度、效度、项目分析指标等。下面重点分析项目分析指标。项目分析指标包括难度、区分度和独立性，具体内容如下。

① 难度。难度是题目难易的指标，在认知测试中称为难度，但是在人格测试、兴趣测试和气质测试中的题目无对错之分。所以，非能力测试中项目的特征叫通俗度或流行性，它是刻画一组被测评者在特定题目上的反应态度的指标，反映了人的不同心理特点和类型，二者在本质上是有区别的，但计算方法相同。

② 区分度。区分度是指项目在测验所要测量的心理特性上，将高水平者和低水平者区分开来的能力。具有良好区分度的项目能将不同水平的被测评者区分开来。也就是说，在该项目上水平高的被测评者得分高，水平低的被测评者得分低。因此，题目的区分度实质上就是题目本身的效度。题目的区分度是评价题目质量好坏的重要指标，也是筛选题目的主要依据。

③ 独立性。所谓独立性，即非相关性或低相关性。项目的独立性分析一般是采取项目间分数的相关系数来揭示。当相关系数越大时，独立性越小。

【启发与思考】

【思考练习题】

1. 心理测验的定义是什么？
2. 心理测验的五要素是什么？
3. 按内容划分，心理测验有哪些种类？
4. 心理测验使用中应当注意哪些问题？
5. 人格测验的概念及特征是什么？
6. 人格测验的方法有哪些？
7. 人格测试的工具有哪些？
8. 能力测验的定义是什么？
9. 能力倾向测验的类型有哪些？
10. 创造力测验的测量方法有哪些？
11. 职业兴趣测评的方法有哪些？
12. 什么是职业锚，请您阐述一下自己的职业锚？
13. 职业能力倾向测验有哪些作用？

【模拟训练题一】

请做以下测试以了解你的自信程度。

请用"是"或"否"回答以下问题

1. 一旦下了决心，即使没有人赞同，你仍然会坚持做到底吗？
2. 你认为你是个绝佳的情人吗？
3. 如果店员的服务态度不好，你会告诉他们的经理吗？
4. 你对自己的外表满意吗？
5. 你认为自己的能力比别人差吗？
6. 你是个受欢迎的人吗？
7. 你认为自己很有魅力吗？
8. 你有幽默感吗？
9. 目前的工作是你的专长吗？
10. 你懂得如何搭配服饰吗？
11. 你与别人合作很默契吗？
12. 危急时，你很冷静吗？
13. 你经常欣赏自己的照片吗？
14. 别人批评你时，你会觉得难过吗？
15. 对别人的赞美，你会持怀疑的态度吗？
16. 你总觉得自己比别人差吗？
17. 你认为自己只是个寻常人吗？
18. 你经常羡慕别人的成就吗？
19. 你会为了不使他人难过而放弃自己喜欢做的事吗？
20. 你会为了讨好别人而打扮自己吗？

21. 你会勉强自己做许多不愿意做的事吗？
22. 你会任由他人来支配你的生活吗？
23. 你认为你的优点比缺点多吗？
24. 在聚会上，只有你一个人穿的不正式，你会感到不自在吗？
25. 你经常希望自己长得像某个人吗？

评分方法：1～13 题，答"是"得 1 分，答"否"得"0"分。14～25 题，答"否"得 1 分，答"是"得 0 分。

如果你的分数是 15～25 分，说明你对自己信心十足，明白自己的优点，同时也清楚自己的缺点。不过，需要注意的是，如果你的得分接近 25 分，别人可能会认为你很自大狂傲，你不妨在别人面前表现得谦虚一点，这样人缘会更好。

如果你的分数是 9～14 分，说明你对自己颇有自信，但是或多或少缺乏安全感，对自己产生怀疑。不妨提醒自己，你在某些方面并不比别人差，要展示自己的才能和成就。

如果你的分数在 8 分以下，说明你对自己不太有信心。你过于谦虚和自我压抑，因此经常受人支配。从现在起，尽量不要去想自己的弱点，多想优点；先学会看重自己，别人才会看重你。

【模拟训练题二】

请以你最近 6 个月的生活情形来回答以下问题，请回答"是"或"不是"。

1. 你最近感到有令你不舒服的紧张情绪吗？（   ）
2. 你常与周围的人争辩吗？（   ）
3. 你的睡眠有困难吗？（   ）
4. 你觉得生活无意义吗？（   ）
5. 有许多人干扰你或者是激怒你吗？（   ）
6. 你想吃糖或者是甜食吗？（   ）
7. 你抽香烟的花费增加了吗？（   ）
8. 你渐渐对一些重要的事情（如约会、缴税）也变得健忘？（   ）
9. 你发现要集中精力工作有困难吗？（   ）
10. 你会常常忘记一些小事（如寄信）吗？（   ）
11. 你渐渐对酒或咖啡上瘾了吗？（   ）
12. 你上洗手间的次数增多了吗？（   ）
13. 有人说你气色不太好吗？（   ）
14. 你常和其他人有言语上的冲突吗？（   ）
15. 你最近是否不止一次生病？（   ）
16. 你最近是否有因为紧张而头痛的现象？（   ）
17. 你最近是否有经常作呕的感觉？（   ）
18. 你最近是否几乎每天都觉得轻微的头痛和眩晕？（   ）
19. 你是否经常有胃部翻搅的感觉？（   ）
20. 你总是匆匆忙忙地赶时间？（   ）

0～5 个"是"：你的压力正常；

6～14 个"是"：你的压力有些高，请及时进行调节；

15～20 个"是"：高压危险!你的身心正在遭受严重伤害，必要的话应该寻求专业咨询机构的协助。

【情景仿真题】

假设你是公司的人力资源部门经理，准备在今年招聘应届毕业生，招聘的职位主要是管理人员和研发人员两类，通过岗位分析，已经具体确定了两大类职位所要求的能力、个性品质及职业适应性等要素。按照岗位的基本任职资格，对应聘者已经进行了简历的初步筛选，现在需要你利用心理测验工具对应试人员进行人格测试，再根据测试结果进行录用决策，你准备如何进行？

第 6 章　评价中心

学习目标

1. 了解评价中心的概念与特点。
2. 掌握评价中心的主要类型。
3. 理解并掌握评价中心的操作实施流程。
4. 理解并把握评价中心各个类型的设计方法与应用。

引导案例

A 公司中高层招聘测评

A 公司是该地高新区人事局直属事业单位，是集人才、劳动力于一体的现代化人力资源中介服务机构，不久该公司的总经理即将要调任，公司现在需要另招一名总经理及招商经理等中高层管理者。作为高新区内专业的人力资源服务机构，该公司非常重视优秀管理人才的引进，并期望以此来提升公司的经营业绩及管理水平。在此次招聘选拔中，公司与外部专业人才测评机构进行了合作，测评项目以评价中心技术为评估方法，运用半结构化面试、公文筐处理、职业经理人测验等多种评价工具从能力、个性及意愿三个层次考察应聘者，项目的整体规划如下所示。

1. 构建评价模型

项目组在高层深度访谈、岗位分析、企业战略分析基础上提取对中高层的考察模型，根据考察模型，开发职业经理人测验、结构化行为面试、公文筐测验题本及评分表。

2. 实施测评

首先开展职业经理人测评，运用已有的、成熟的职业经理人测验作为此次外部招聘的参考标准，测评后提供翔实的测验报告，为候选人评估提供参考依据。

其次进行结构化行为面试，采用行为面试技术了解其过去经历的行为事件、行为反应以及相应的行为结果，系统分析其相应的素质特征。结构化行为面试由两位专业顾问与该企业内部高管担任主评，测评时间为 1～1.5 小时。

最后进行公文筐测验，公文筐测验采用纸笔测验形式，通过创设各种与目标岗位工作环境相似的模拟工作情境，让候选人在模拟工作情境下按照要求完成各类任务，评委通过观察到的候选人的行为表现推断他们的各项能力特征。测评时间为 1.5～2 小时。

综合各类测评结果，撰写个性化测评结果报告。评估报告共包括三个部分，分别为候选人个性特点与风格描述、总体素质评估、任用建议及风险点。个性特点与风格描述板块借助心理测验及结构化面试技术，了解被候选人性格特点及个人管理风格。总体素质评估模块对照目标岗位的素质模型，通过结构化面试、公文筐测验及心理测验等测评结果得出候选人整体素质表现，进而判断其优势和不足。任用建议及风险点模块综合上述两方面结果，得出候选人的任用建议，并提示可能存在的任用风险，为该公司录用候选人提供客观、公正的参考依据。

（资料来源：案例改编自苏永华，《人才测评案例集》，第 2 版[M]. 北京：中国人民大学出版社，2016 年，第 28～30 页案例）

思考题

1. 案例中涉及的人才测评方法有哪些？
2. 你如何看待 A 公司的中高层招聘测评方案？

评价中心是现代人才测评的一种主要形式，也是人力资源管理活动中的一种重要形式。与其他测评方法一样，它有着自己的形式、特点和操作方式，是人力资源管理与开发中较为特别的一种测评方法。

6.1 评价中心概述

当前，在我国人才测评领域，也已使用评价中心来测评管理人才的管理素质，但仍处于方兴未艾的阶段。它正在以其"更全面、更有效、更客观"等特征而得到越来越多的学者和专业工作者的肯定和欢迎。

6.1.1 评价中心的概念与特点

评价中心最早产生于第一次世界大战时期的德国。德国心理学家首先利用行为观察的方法来选拔军官，并将此方法称为（Assessment Center），即评价中心，又译成评鉴中心。20 世纪 50 年代，美国电报电话公司（AT&T）的研究开创了工业组织使用评价中心技术的先河，并成为今天广泛应用的评价中心的基本模式。20 世纪 80 年代后期，评价中心技术通过跨国公司的管理实践、学术界的介绍和商业化的尝试等途径进入我国，近几年在我国许多政府部门和企事业单位人员选拔和评价中得到了广泛的应用，并收到了良好的效果。[①]

1．评价中心的概念

随着评价中心在实践中的不断发展，评价中心的方法不断完善，评价中心内涵也相应扩大。殷雷（2006）[②]提出评价中心方法的定义主要包括以下几种。

其一，方法说："评价中心是一种较好的适用于管理人员、尤其是高级管理人员选拔的测评方法。评价中心是通过多种情境模拟方法观察被测评者特定行为的方法。"

其二，活动说："评价中心是以测评被测评者管理素质为中心的标准化的一组评价活动。几乎所有的关于评价中心的研究文献都认为评价中心是一种活动。"

其三，过程说："评价中心是有机地利用多种测评技术定性、定量地判断测评对象特定资质的过程。"

其四，程序说："评价中心方法是人力资源管理者用来评估与组织效能相关的员工个人特性或能力的一系列程序。"

综上所述，评价中心的定义可以归结为，利用多种测评技术对被测评者的特定资质进行评价的一系列活动和方法。

---

① 孟卫东. 评价中心技术及其应用研究综述[J]. 燕山大学学报（哲学社会科学版），2011，12（4）：97-101.
② 殷雷. 关于评价中心若干问题的探讨[J]. 心理科学，2006，29（4）：1007-1009.

2．评价中心的特点

评价中心与传统测评方法不同，它不是一个单一的测评方法，而是一组测评方法的综合，它结合了各种测评方法的特点，具体有以下 6 个方面。

（1）综合性

评价中心是对行为观察和心理测验法等多种测评技术的综合运用，其中行为观察法主要包括无领导小组讨论、管理游戏、角色扮演、公文筐测试等，心理测验法通常采用智力测验、能力测验、人格测验、投射测验和职业兴趣测验等。表 6-1 显示了评价中心各种测评方法的使用的频率。

表 6-1　评价中心的各种测评方式的使用频率

复杂程度	评价中心形式名称	实际运用频率
依次递减	管理游戏	25%
	公文处理	81%
	角色扮演	没有调查
	有领导小组讨论	44%
	无领导小组讨论	59%
	演讲	46%
	案例分析	73%
	事实判断	38%
	模拟面谈	47%

由于评价中心综合使用多种测评技术，其能够多角度、多层次考察被测评者各方面的素质特征。另外评价中心不仅有助于挑选出具有发展潜力的管理人才，还能在测评的过程中训练被测评者的管理、思维分析、团队合作等能力，如以选拔为目的的评价中心，兼具选拔与培训的功能。

（2）灵活性

评价中心在测评中有针对性和选择性地灵活使用各种测评技术和测评内容。例如，在测评被测评者的能力发展时采用 360 度评估方法；测评被测评者的分析思维能力时，采用案例分析的方法；测评团队合作能力时采用管理游戏的方法。这样也增强了测评结果的公正性和客观性。

（3）标准化

评价中心中的测评技术多种多样、测评活动较多且形式多样，测评持续时间从几个小时到几周不等，但是每项测评活动都是按照测评需要进行设计的，都有统一的设计标准。

另外，在测评过程中，多个测评人员按严格的程序对被测评者进行集体评价，最后通过定量、定性的方法整合测评结果来达成一致意见。

（4）效度高

评价中心具有效度高的特点，其采用多种测评技术进行测评，使各测评结果得到相互补充和验证。测评中定性评价与定量评价相结合，减少了测评中的误差。评价中心采用情境模拟性测评，测评的内容与真实的工作情境十分相似，测评人员能够直接观察和测评被测评者解决问题的实际能力。评价中心效度高的特点，是为人们所公认的，即使是最严厉的批评者也不能否认这一事实。表 6-2 显示了多个学者对评价中心预测效度的研究结论。

表 6-2　测评结果（Overall Assessment Rating，OAR）预测效度的研究总结

研究者	时间	结论
Byharn	1970	OAR 能够找出那些步步高升的管理者。从测评结果来看，成功管理者的得分高于不成功的管理者。OAR 与业绩的相关系数范围为 0.27～0.64
Cohen 等	1974	OAR 与业绩的相关系数为 0.33，与潜能的相关系数为 0.63，与职业晋升的相关系数为 0.40
Thornton 和 Byharn	1982	OAR 能够预测职业晋升情况、业绩水平等
Hunter 和 Hunter	1984	统计分析的结果表明 OAR 与工作业绩的相关系数为 0.43
Schmitt 等	1984	统计分析的结果表明 OAR 与一系列才能指标的相关系数为 0.41
Gaugler 等	1987	统计分析的结果表明 OAR 与晋升、工作业绩评价等的相关系数为 0.37

资料来源：殷雷（2006）.

从表 6-2 中，我们可以看出评价中心测评总结果（OAR）的预测效度最低为 0.27，最高为 0.64，平均为 0.41。也有一些研究表明评价中心中的结构化行为访谈预测效度为 0.35～0.45，单个情境模拟为 0.4 左右[①]。虽然从绝对效度而言，0.41 并不算很高，但是相对于一般的心理测验、笔试等方法而言，其预测效度显然要高很多。

（5）针对性

评价中心的测评指标体系设计是从对岗位的工作分析中得出来的，根据不同层次类别人员的岗位要求和必备素质，设计有针对性的模拟情境，适应不同岗位的需要，在测评过程中尽可能真实地模拟特定的工作条件和工作环境，并在特定的工作环境和压力下进行测评。这样做的结果是尽最大可能保证选拔出来的人员在今后的工作中能够同他们在测验中的表现一致。

（6）成本高

评价中心是多种测试方法的集合，从时间角度计算，评价中心技术要比传统的测评技术或某一项测评技术测试的时间要长得多。不同目的的评价中心技术需要的时间不同，基于选拔的评价中心技术大概需要一天的时间，基于培训的评价中心技术需要一天半到两天的时间，基于技能开发为目的的评价中心技术需要一天半到两天的时间。同时，测试结束后，面试官需要花大量的时间进行定量与定性的综合评价。评价中心的题目也往往需要进行个性化开发，题目开发的工作量非常大，而题型的设计对评价中心的预测效度非常重要。因此，总体而言，评价中心所花费的时间成本和人工成本比较高。

6.1.2　评价中心操作流程

一般来说，评价中心操作流程主要包括 7 个步骤，企业可以根据实际情况加强或弱化其中的某些环节。

---

① 包晨星. 测评技术之最新进展：人才评估[M]. 上海：上海交通大学出版社，2004：25.

1．明确测评目的

开展任何类型的人才测评工作都要首先明确测评的目的，评价中心也是如此，也就是"要利用评价中心技术达到哪些目的？"。企业开展人才测评有 4 个基本目的：人才选拔、人才培训、绩效考核和能力诊断，测评就围绕这4个目的展开。

2．确定测评维度

接下来，我们需要根据测评目的，确定测评的维度，即回答"测什么"的问题。在确定测评维度的工作中，我们可以采取工作分析的方法。通过对岗位说明书的了解以及和任职者的上级及任职者本人访谈，了解该岗位的工作职责和任职规范。从工作分析的结果中可以明确测评的维度。在确定测评维度后要同时对每个维度进行定义，经常采用的定义方法有典型的行为定义与采用定义，部分指标也可以采用极端特征式的定义方式。然后为各个指标分配合理的权重，用于培训开发的评价中心可以采用维度分类的方法，将所有需要测评的维度划分为核心维度与次级维度。

3．选择测评方法并进行题目开发

评价中心本质上就是多种测评方法及工具的有机组合，它主要的设计问题就是选择可行的方法及工具，对需要测评的素质进行有效的评价。这里所说的"可行的方法及工具"具体体现在 3 个方面，一是这些方法及工具适合用来测评相关素质，一般而言，测评的题目需要根据所测岗位的特点进行个性化设计；二是这些方法及工具能够购买到或设计出来，因为测评题目的开发需要人才测评的专业人才，而目前我国这方面的人才非常缺乏；三是这些方法及工具能够被合理地使用。

4．培训并协调测评项目相关人员

（1）与所有参与人员进行沟通。评价中心的参与人员包括测评人员、被测评者及一些其他的参与人员。

对于被测评者，要事先向其提供一些关于评价中心技术的简介和测评指导语，包括有哪些类型的测评、所需要的时间、生活安排及对他们的纪律要求等内容。

对于参与人员，需要与其就评价中心的每一个细节进行深入交流，以便使其能够理解此次评价的目的、意义，从而很好地配合主要测评人员实施测评。

（2）培训测评人员。对测评人员培训的基本目的在于让测评人员掌握如何根据既定的标准和要求对被测评人员的表现做出客观的判断和评价，对测评人员培训的内容包括 4 个方面。

① 评价中心的各项政策和规定，包括被测评人员的详细资料和信息的使用限制。

② 测评方法和工具的使用。测评人员应熟练掌握在每项测评的过程中所要观察的维度和典型的行为表现。

③ 所要测评的要素及具体的维度，包括测评要素与行为表现之间的关系。

④ 测评及评分的具体过程，处理、整合数据资料的各种方法与技巧。

5．测评方案设计与实施

测评方案的实施过程实际上就是解决组织与分工问题，即"怎么测"。根据测评方法的特点以及实际情况来决定测验的顺序。设计测评方案要根据"成本最低、时间最短、用人最少"的原则，精确地计算测试成本、准确地规划测试时间、合理地安排测试场地、详细地安排人员分工。做好考官分组、人员分工、计算题目数量、计划测试时间等工作。表 6-3 所示为某企业的评价中心测试实施安排表。

表 6-3 评价中心测试实施安排表　　　　　　　　　　　　　　年 月

日期	测评项目	时间	测评对象	评委组成	地点
×月×日	无领导小组讨论	9:00～11:10	第1组受测者	A组评委：李××、张××、王××、刘××、程××	××会议室
			第2组受测者	B组评委：姜××、任××、周××、韩××、耿××	××会议室
		14:00～16:00	第3组、第4组受测者	第3组：A组评委 第4组：B组评委	
×月×日	动机与个性心理测验	9:00～11:00	全体受测者		××室
	公文筐测试	14:00～17:00	全体受测者		××室
×月×日	半结构化面谈	9:00～9:45	1号受测者	A组评委：李××、张××	××室
			2号受测者	B组评委：王××、刘××	××室
			3号受测者	C组评委：姜××、任××	××室
			4号受测者	D组评委：周××、韩××	××室
		10:00～10:45	5～8号受测者	依次为A、B、C、D组评委	
		11:00～11:45	9～12号受测者	依次为A、B、C、D组评委	
		14:00～14:45	13～16号受测者	依次为A、B、C、D组评委	
		15:00～15:45	17～20号受测者	依次为A、B、C、D组评委	
		16:00～16:45	21～24号受测者	依次为A、B、C、D组评委	

6．测评结果统计与撰写报告

评价中心技术的正常运行需要专人负责监督与评估，以便及时发现问题并及时调整。在监督的过程中，需要做详尽的记录。

7．测评结果反馈

测评结果的反馈是测评的最后阶段，但绝不是最不重要的阶段。往往以绩效考核和培训为目的的人才测评是为了找出自身欠缺的地方，帮助员工成长而不是为了评判一个人。测评者的角色不是法官和裁判，而是一个合作者，从被测评者的角度出发，帮助其进行职业生涯的选择以及成长。有些企业运用评价中心找到了有能力的人选，也诊断出相应的培训发展需求，但是，迟迟未能付诸行动，致使测评结果根本得不到任何利用。有些企业在利用评价中心的测评结果时，无视作为被测评者的员工对参加评价中心所产生的某种期望与感受，引起员工的不满。

6.2 无领导小组讨论

无领导小组讨论技术（Leaderless Group Discussion，LGD）最先用于二战期间德国选拔优秀军官。据统计，在世界 500 强企业中，有 80% 以上的企业在高级人才的招聘和职务晋升中使用这种方法。这种方法被称为是招聘和选拔高级管理人才的最佳方法，尤其适用于评价分析问题、解决问题以及决策等具体的领导素质测评。我国自 20 世纪 80 年代引进 LGD 技术以来，LGD 技术在人力资源评价实践中得到广泛应用。尤其是公开选拔领导干部以来，LGD 技术受到广泛关注，2003 年广东省公开选拔 100 名副县级领导干部就启用 LGD 评价程序，这是我国公开选拔领导干部实践中的创新尝试。目前，在许多大型国有企业的招聘面试及素质评价中也经常用到这个方法。

6.2.1 无领导小组讨论的概念与特点

1．无领导小组讨论的概念

无领导小组讨论是一种情境模拟的测评方法，即将一定数量的被测评者（5～7 人）集中起来，在不指定领导者、被测评者地位平等的情况下，让其就某一问题进行自由讨论，它是一种集体面试的方法，在这个过程中，测评人员不参与到讨论中。测评人员根据被测评者在讨论中扮演的角色、言语内容以及非言语行为等，对被测评者进行评价。

此方法主要用于测试被测评者的语言表达能力、沟通能力、分析能力、计划决策能力、说服能力、团队领导能力、协调组织能力等。

2．无领导小组讨论的特点

（1）无领导小组讨论的优点

无领导小组讨论是已经发展得比较成熟的测评方法，与其他测评方法相比，其具有以下的优势特点。

① 讨论过程中公平公正。无领导小组讨论不指定领导者，不指定发言顺序。地位上去中心化，讨论时被测评者可以不受约束，由于中国人的权威和权力观念比较重，所以没有中心人物可以在一定程度上使个体更好地发挥自己，被测评者可以在一个相互制约的平等的环境下展示自己各方面的才能，评价者可以在测试过程中对各位被测评者进行较为直观的横向对比，发现他们各自的特点。

② 讨论过程真实性强。被测评者针对一个实际问题展开讨论，每个成员都有表达自己观点的权利，并通过与其他成员沟通交流，最后形成统一的意见。在讨论过程中，随着讨论的进行，被测评者会逐渐进入到一种真正讨论的状态，能够诱发出被测评者真实的行为模式，被测评者表达观点的能力、说服其他成员的方法、获得他人支持的技巧、对待不同意见的反应、控制讨论进程的方式等细节都会在无意之中反映出其素质特征。这种讨论过程往往是应聘者在与他人互动的情境下的即时反应，因而难以掩饰和提前准备，更能真实地表现出自己各方面的优点和缺点。

③ 评价过程客观。无领导小组讨论中，测评人员在对被测评者评价时主要从可观察、可比较的行为表现中提取信息，并运用定量或定性的方法去评判，能有效克服传统测评中易犯的主观偏见，如晕轮效应、近因效应等，从而做出相对公平公正的判断，也解决了传统面试中存在的"说得好不一定做得好"的问题。

④ 测评效率较高。从时间成本的角度上来看，无领导小组讨论可在同一时间内对多个被测评者进行观察，比个别测试节省时间，有利于减少重复的工作量，从而提高了测评效率。

⑤ 人际互动的考察维度多。在无领导小组讨论中，最突出的特点，就是具有生动的人际互动。应聘者需要在与他人的沟通和互动中表现自己，该方法考察的维度也多与人际交往有关，如言语表达能力、人际影响力、解决团队冲突能力等。被测评者无论是发表自己的观点或者是对他人观点做出反应，都在一定程度上折射出了自己的素质和个性特点。这种方法适用于人际要求较高的岗位人员的选拔，比如中层管理者、人力资源部员工和销售人员等，而对于较少与人打交道的岗位，如财务人员和研发人员的选拔，无领导小组讨论并不十分合适。

（2）无领导小组讨论的缺点

① 测试题目的要求较高。无领导小组讨论的题目的优劣直接关系到了对被测评者评价的全面性、准确性和合理性。在基于工作分析及胜任力素质的题目编制上，需要投入大量的人力、物力和财力，而工作分析、胜任素质及评分标准的确定，都对题目的编制者和讨论的评价者的专业知识和经验提出了较高的要求。

② 对考官的要求较高。无领导小组讨论可以对同组的成员进行组内差异的评价，但是无法对不同小组的组间差异进行评价。评价者在评价中使用的是相对标准，而不是绝对标准，同一个讨论的题目，可能有的小组讨论的气氛很活跃，而有的小组则比较沉闷，没有办法展开充分的讨论。同时，在一个小组中，被测评者的表现会受到其他成员的影响，例如，一个说服能力很强的人，当他遇到一组能言善辩的成员时，就会显得表达能力一般，但是如果将其分在一个说服力相对较弱的小组中时，就会显得说服力很强。而评价者对被测评者的评价很容易就会受到小组整体表现的影响，会产生一定的误解和偏见，造成不同无领导小组讨论之间缺乏横向比较性。

③ 被测评者的经验和性格特点可能会对其表现产生一定的影响。在无领导小组讨论中，被测评者知道自己的表现会影响到评价者对自己的评价，因此，会存在做戏、伪装和表演的可能性。如果被测评者了解了此次无领导小组讨论的测评意图及测评的维度，并且被测评者具有一定的无领导小组讨论的经验，就会有针对性地表现出迎合考官的期望的行为。评价者在对被测评者进行评价时，在决策能力、影响力等素质方面，通常会根据发言次数而非发言质量做出评价，这对于外向型人格来说是有利的，但是在实际的管理工作中，内向型人格的人，在决策能力和影响力方面不逊于外向型人格的人。

④ 中西文化差异影响测评效果。评价中心技术是西方文化背景下的产物，西方人强调在竞争中主动展现自我，因此无领导小组讨论更多地反映了西方人的性格特点，为他们提供了展现自我的平台。而中国文化主张谦虚、内敛。夸夸其谈的人往往会被视为"金玉其外，败絮其中"；而沉默者往往深藏不露，"沉默是金"。因此，在短时间内从一组人中识别出胜任素质较高的人，存在一定的难度。所以，在中国使用无领导小组讨论，应该要与其他的测评技术结合起来[①]。

6.2.2 无领导小组讨论的分类和题目类型

1. 无领导小组讨论的分类

无领导小组根据不同的测评目的及标准可分为不同的类型。

---

① 凌文辁，柳士顺，谢衡晓，李锐. 人员测评：理论、技术与应用[M]. 北京：科学出版社，2010.

（1）根据有无假设情境分类，分为有情境的无领导小组讨论和无情境的无领导小组讨论。

有情境的无领导小组讨论，是指将被测评者置于某种假设的特定情境中，要求被测评者从该种情境中的角色角度去理解和思考某个问题，情境信息通常包括组织的简单介绍、目前面临的困难问题以及需要完成的任务。

无情境无领导小组讨论没有特定情境限制，通常是要求被测评者就一开放性问题或两难问题进行讨论，一般会选择近期社会的热点问题进行讨论，被测评者可以自由阐述自己的观点，并积极争取小组的其他成员接受自己的意见，利用自身的影响力说服不同意见者，或协调组中的不同意见者。无情境的无领导小组讨论，一般要求在规定时间内达成一致性结论。

（2）从是否给被测评者分配角色的角度来划分，分为有角色分配的无领导小组讨论和无角色分配的无领导小组讨论。

有角色分配的无领导小组讨论，是指在讨论过程中，给每个被测评者分配一个固定的角色，这个角色是与他在日常生活中的角色不同的，且各个角色的任务和目标存在差异。各位被测评者必须从所给定的角色的角度出发阐述或履行责任，完成该角色所规定的任务。

无角色分配的无领导小组讨论，是指在讨论过程中并没有给被测评者分配一个固定的角色，他仅仅是从自己的角度出发阐述观点，其角色与组内其他人没有任何差别。

（3）根据参与者之间在完成任务过程中的相互关系，分为竞争型、合作型和竞争合作型的无领导小组讨论。

在竞争型无领导小组讨论中，每位被测评者都是代表其本人利益或者其所属群体的利益。不同小组成员或不同所属群体间存在利益冲突或矛盾，被测评者往往需要就有限的资源或机会进行争夺。

在合作型无领导小组讨论中，所有的被测评者要求相互合作、相互配合完成某项任务，各位被测评者的成绩都与该项任务的完成情况相关，同时也取决于各位被测评者自己在完成该项任务中所做出的贡献。

在竞争合作型无领导小组讨论中，一般是将该队成员再分为几个小组，不同小组间存在竞争，而在小组内部则是合作型的，所有被测评者之间既存在共同目标及合作空间，又存在相互竞争。具体内容概括如表 6-4 所示。

表 6-4　无领导小组讨论类型

分类标准	类型	内容	示例
根据有无假设情境分类	有假设情境的无领导小组讨论	把被测评者在某一假设情境中进行讨论	公司进行校园招聘，人力资源部该如何贯彻执行
	无假设情境的无领导小组讨论	被测评者对某一个开放的问题进行讨论	一个优秀的领导者应该具备哪些素质
根据是否分配角色分类	有角色分配的无领导小组讨论	分别赋予被测评者个特定的角色后进行讨论	小组成员分别以人事经理、生产经理、营销经理、财务经理等身份参与讨论
	无角色分配的无领导小组讨论	被测评者在讨论中不扮演任何角色	小组成员不扮演任何角色，可以在讨论中做主观分析，也可以做客观评价

分类标准	类型	内容	示例
根据参与者完成任务过程中的相互关系分类	竞争型无领导小组讨论	被测评者需要就有限的资源或机会进行争夺	不同部门的经理为下属尽可能多地争取奖金数额
	合作型无领导小组讨论	相互配合完成某项任务	决策委员会委员与其他决策委员共同分析企业面临的问题，共同制订详细的行动计划，向董事会汇报
	竞争合作型无领导小组讨论	组内合作组间竞争	为了尽快在 1 个小岛上建立起基地，让 A 组成员自由组合成 3 个小组，3 个小组分别负责生活区、生产区、休闲区的规划，评价者将对整体规划与每个区的规划进行评估，得分最高的小组进入下面的测试，整体规划得分最高的团队每人获得 5 分

2．无领导小组讨论的题目类型

目前，比较流行的对 LGD 题目形式的分类是以下 5 种：开放式问题、两难问题、多项选择问题、操作性问题、资源争夺问题。

（1）开放式问题

所谓开放式问题，是其答案的范围可以很广、宽。主要考察应试者思考问题时是否全面，是否有针对性，思路是否清晰，是否有新的观点和见解，例如，您认为什么样的领导是好领导？关于此问题，应试者可以从很多方面如领导的人格魅力、领导的才能、领导的亲和力、领导的管理取向等方面来回答，可以列出很多的优良品质，开放式问题对于评价者来说，容易出题，但是不容易对应试者进行评价，因为此类问题不太容易引起应试者之间的争辩，所考察应试者的能力范围较为有限。

（2）两难问题

所谓两难问题，是让应试者在两种互有利弊的答案中选择其中的一种。主要考察应试者的分析能力、语言表达能力以及说服力等。例如，你认为以工作取向的领导是好领导呢，还是以人为取向的领导是好领导？一方面，此类问题对于应试者而言，不但通俗易懂，而且能够引起充分的辩论；另一方面，对于评价者而言，不但在编制题目方面比较方便，而且在评价应试者方面也比较有效。但是，此种类型的题目需要注意的是两种备选答案一定要有同等程度的利弊，不能是其中一个答案比另一个答案有很明显的选择性优势。

（3）多项选择问题

此类问题是让应试者在多种备选答案中选择其中有效的几种或对备选答案的重要性进行排序，主要考察应试者分析问题实质、抓住问题本质方面的能力。此类问题对于评价者来说，比较难于出题目，但对于评价应试者各个方面的能力和人格特点则比较有利。

（4）操作性问题

操作性问题，是给应试者一些材料，工具或者道具，让他们利用所给的这些材料，设计出一个或一些由考官指定的物体来，主要考察应试者的主动性，合作能力以及在一实际操作任务中所充当的角色。如给应试者一些材料，要求他们相互配合，构建一座铁塔或者一座楼房的模型。此类问题，在考察应试者的操作行为方面要比其他方面多一些，同时情境模拟的程度要大一些，但考察言语方面的能力则较少，同时考官必须很好地准备所能用到的一切材料，对考官的要求和题目的要求都比较高。

（5）资源争夺问题

此类问题适用于指定角色的无领导小组讨论，是让处于同等地位的应试者就有限的资源进行分配，从而考察应试者的语言表达能力、分析问题能力、概括或总结能力、发言的积极性和反应的灵敏性等。如让应试者担任各个分部门的经理，并就有限数量的资金进行分配，因为要想获得更多的资源，自己必须要有理有据，必须能说服他人，所以此类问题可以引起应试者的充分辩论，也有利于考官对应试者的评价，但是对讨论题的要求较高，即讨论题本身必须具有角色地位的平等性和准备材料的充分性。

这几种类型题目的定义、考察要点以及特点可以通过表 6-5 说明。

表 6-5　无领导小组问题类型

问题类型	定义	考察要点	举例	特点
开放式问题	答案的范围可以很广、很宽，没有固定答案	全面性、针对性、思路清晰、新见解	你认为什么样的领导是好领导	1. 容易出题 2. 不太容易引起应试者之间的争辩
两难问题	在两种有利弊的答案中选择其中的一种	分析能力、语言表达能力以及说服力	你认为以工作为取向的领导是好领导还是以人为取向的领导是好领导	1. 编制题目比较方便 2. 可以引起争辩 3. 两个答案保持均衡
多项选择	多种备选答案中选择其中有效的几种或对备选答案的重要性进行排序	分析问题实质、抓住问题本质方面的能力	某信息中心收集 20 条信息，只能上报 8 条，请讨论出结果	1. 难以出题目 2. 较容易形成争辩
资源争夺问题	适用于指定角色的无领导小组讨论，让处于同等地位的应试者就有限的资源进行分配。	语言表达能力、分析问题能力、概况总结能力、反应的灵敏性、组织协调能力等	如让应试者担任各个分部门的经理，并就有限数量的资金进行分配	1. 可以引起应试者的充分辩论 2. 对讨论题的要求较高 3. 要保证案例之间的均衡性
操作性问题	给应试者一些材料，工具或者道具，设计出一个或一些考官指定的物体	主动性、合作能力以及在实际操作任务中所充当的角色	给应试者一些材料，要求他们相互配合，构建一座铁塔或者一座楼房的模型	1. 主要考察操作能力 2. 不太容易引起争辩 3. 对考官要求和题目的要求比较高

通过表 6-5 不难看出，开放性问题和操作性问题不易引起被测评者之间的争辩，除了特殊情况，一般不予考虑使用。两难问题由于对出题的要求过高，且考察的要素相对简略，过程不容易控制，应尽量避免使用。所以，在一般的甄选过程中，特别是甄选组织的中高层管理人员时，更多地应该考虑使用多项选择问题和资源争夺问题。这两类问题在实践过程中有相通之处。一般来说，相同的材料可以变成这两种题型中的任何一种。当然，这两种题型对题目编制的要求比较高，这就使 LGD 题目设计研究更有意义。特别是资源争夺型问题，一定要保证案例或者角色之间的均衡性，这一点尤为重要。[①]

---

① 孙健敏，彭文彬. 无领导小组讨论的设计程序与原则[J]. 北京行政学院学报，2005，1：35-40.

6.2.3 无领导小组讨论的实施过程

无领导小组讨论的实际操作可分为准备、实施和评价 3 个阶段（见图 6-1）。

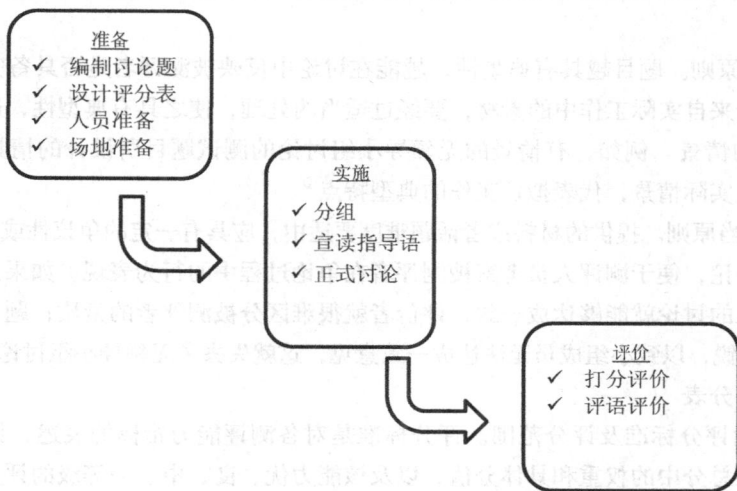

图 6-1 无领导小组讨论的操作流程

1. 准备阶段

无领导小组讨论的有效性主要取决于讨论题的编制和评分表的设计，此阶段是整个过程的主要环节。

（1）编制讨论题

① 编制步骤。

A. 进行工作分析。进行工作分析是为了了解拟任岗位所需人员应该具备的特点、技能，根据这些特点和技能来进行有关试题的收集和编制。

B. 收集案例。收集拟任岗位的相关案例应该能充分地反映拟任岗位的特点，并且被测评者在处理时会感到有一定的难度。

C. 案例筛选。对收集到的所有原始案例进行甄别、筛选，选出难度适中、内容合适、典型性和现实性均好的案例。

D. 编制讨论题。为符合无领导小组讨论的要求，对所筛选出的案例进行加工和整理，主要包括剔除那些不宜公开讨论的部分或者过于琐碎的细节，根据所要考察的目的，相应地补充所需的内容，尤其是要设定一些与岗位工作相关且符合特点的情况或者问题，使讨论题真正具备科学性、实用性、可评性、易评性等特点，既新颖、凝练又具有典型性。

E. 试测讨论题。讨论题编制完成后可以对相关的一组任职者（不是被测评者）进行试测，来检查该讨论题的优劣，以及能否达到预期的目的。

F. 修正讨论题。检验完成后，对于那些效果好的讨论题便可以直接使用，对于那些效果欠佳的讨论题则要进行修正，直至讨论题达到预期的效果。

② 编制原则。

A. 针对性原则。编制题目时，首先需要明确拟招聘岗位的任职资格条件，确定测评指标及其所占的比重，测试题目必须建立在测评项目的目的的基础上，针对测评要素进行编制。测试题目内容能够反映拟测要素的内涵，在讨论中能反映被测评者的能力、品质等。

B. 熟悉性原则。测试题目应该是被测评者熟悉的题材，并且题目的内容不会诱发被测评者的防御心理，以保证被测评者能够就此话题有感而发，充分表达自己的观点，展现各方面的素质。如果被测评者对测试题目比较陌生，就会限制其在讨论中的发挥，导致其能力、品质无法展现。

C. 典型性原则。题目越具有典型性，越能在讨论中反映被测评者是否具备完成实际工作的各项素质。对于来自实际工作中的素材，要经过适当的处理，使之具有典型性，避免完全真实或者是完全杜撰的情景。例如，有情景的无领导小组讨论的测试题目所设计的情景应该具有典型性，能高度模拟实际情景，代表拟任工作的典型特点[①]。

D. 难度适当原则。提供的材料或者话题难度要适中，应具有一定的争议性或冲突性，在讨论时要能够引起争论，便于测评人员考察被测评者在争论过程中的行为表现。如果试题过于简单，可能不需要深入的讨论就能够达成一致，评价者就很难区分被测评者的素质；题目的设计也不能太难或者特别尖锐，以致小组成员无法达成一致意见，这就失去了无领导小组讨论的意义了[②]。

（2）设计评分表

评分表包括评分标准及评分范围。评分标准是对各测评能力指标的表述，评分范围给出各测评能力指标在总分中的权重和具体分值，以及该能力优、良、中、差等级的评分区间。

A. 应从岗位分析中提取特定的评价指标。不同的岗位对员工的要求是不同的，例如，对基层岗位的员工主要考查其业务技能，而不是人际技能和领导技能；对营销岗位或高层管理岗位的员工主要考查其人际技能、团队意识、洞察力。即使是同一层级的岗位，不同的部门对岗位的要求也是不同的，因此，对测评的管理能力指标不能强求一致。针对不同部门的不同岗位要分别设计其特定的评价指标。

通过无领导小组讨论可以了解被测评者 3 个方面的能力：一是被测评者在团队工作中与他人发生关系时所表现出来的能力，主要包括有语言和非语言的沟通能力、说服能力、组织协调能力、合作能力、影响力、人际交往的意识与技巧、团队精神等；二是被测评者在处理一个实际问题时的分析思维能力，主要包括理解能力、分析能力、综合能力、推理能力、想象能力、创新能力、对信息的探索和利用能力；三是被测评者的个性特征和行为风格，主要包括动机特征、自信心、独立性、灵活性、决断性、创新性、情绪的稳定性等特点。根据招聘岗位对各能力要求的不同，确定各能力指标在整个能力指标中的权重及其所占分数，然后根据优、良、中、差等级分配分值（示例见表 6-6）。

表 6-6　无领导小组讨论的评价要素表示例

评价要素	行为观察要点	权重系数	评价分数（满分为 10 分）			
			优 9~10	良 7~8	中 5~6	差 0~4
沟通能力	语言表达清晰、流畅 善于运用语音、语调、目光和手势增强表达的效果 态度诚恳，目光温和，有亲和力 语言生动简练，有深度 善于倾听意见，倾听意见时耐心、目光专注、神情专一、态度谦和	15%				

① 凌文辁，柳士顺，谢衡晓，李锐. 人员测评：理论、技术与应用[M]. 北京：科学出版社，2010.
② 高日光，郭英. 人员测评理论与技术[M]. 上海：复旦大学出版社，2014.11.

评价要素	行为观察要点	权重系数	评价分数（满分为 10 分）			
			优 9～10	良 7～8	中 5～6	差 0～4
分析能力	能综合信息，透过现象抓住本质 解决问题的思路比较清晰，角度新颖 能够分辨出每个人发言中反映问题的轻重缓急，准确掌握关键所在 对小组成员提出的不同方案有着清晰的判断	20%				
应变能力	遇到压力和矛盾时积极寻求解决办法 在遇到挫折时仍然能积极客观地面对 在难题面前能够多角度地思考问题 在小组出现争吵局面时，能稳定成员的情绪	15%				
团队合作精神	能迅速融入小组讨论之中 能从小组利益出发思考和行动 有独立的观点，但必要时善于妥协，善于换位思考，能从他人的立场、背景思考和分析问题 愿意并能适时、准确地为他人提供帮助 尊重他人，善于倾听他人意见	20%				
情绪稳定性	在处理争执时有良好的自制力，不意气用事 在讨论过程中表现出一贯的语言风格	10%				
倾听能力	能快速抓住他人说话的要点 积极关注讨论中每个人的发言 能够赞同他人的合理建议	10%				
人际影响力	观点得到小组成员的认同 小组成员愿意按照其建议行动 善于把他人的意见引向一致 积极发言，敢于发表不同意见 强调自己的观点时思维缜密、具有说服力	10%				

B．应确立统一的评分标准。评分标准应该具体到要素的行为水平，不能太抽象，以免考官不得要领，或产生不同的理解，仅凭印象给分（示例见表 6-7）。

表 6-7　无领导小组讨论的评分标准示例

无领导小组讨论行为标尺——团队合作精神	
被测评者编号/姓名：	日期：
考官：	时间：
团队合作行为表现	
差等表现	低分

无领导小组讨论行为标尺——团队合作精神	
（　）将表现自己而不是达成团队目标放在首位。	
（　）听取他人发言时显得不耐烦、不专注。	
（　）未听完他人的意见就表示反对。	
（　）态度生硬地指责别人。	
（　）不愿意接受他人善意的批评。	
（　）在讨论中不主动、不投入。	
（　）思考问题和发表意见时脱离会议进程。	
（　）固执地坚持自己观点。	
中等表现	中等
（　）发现别人发言的错误时主动更正。	
（　）不管讨论本部门还是其他部门的问题，都显得投入。	
（　）在讨论本部门问题时起主导作用。	
（　）更重视团队的利益而不是自己的表现。	
（　）认真听取他人的观点。	
（　）吸取他人观点中的有益部分。	
（　）以探讨问题的态度去理解他人的观点。	
（　）充分信任他人，不轻易怀疑他人观点。	
（　）捍卫本部门利益。	
优等表现	高分
（　）综合不同发言的观点，形成自己的观点。	
（　）欢迎他人质疑自己的观点，愿意被说服。	
（　）对于他人意见中正确的部分给予肯定和接受。	
（　）根据自己能力的特点，主动要求承担适合自己的任务。	
（　）将团队利益置于局部利益之上。	
（　）把握不同的成员特点，选择相应的交流方式。	

总体评价：

0	1	2	3	4	5
未显露	欠缺	偏弱	尚可	较好	出众

（3）人员准备

A．选择和培训考官。考官是决定被测评者能否顺利进入下一轮的重要因素，因而有必要对他们进行培训，以提高他们对评分表中各项指标的判断力。培训内容主要包括：准确理解测评指标的含义，包括各指标的考量重点及对实际工作的意义；学会观察并准确记录被测评者的行为，考官要记录被测评者的表达或行为特点，而不是对这些观点或行为加以主观判断。

B．培训工作人员。除了培训考官之外，还应对参与无领导小组讨论的工作人员进行培训。培训的内容包括：无领导小组讨论的工作规程；工作人员的职责；熟悉被测评者的情况。

（4）场地准备

无领导小组讨论的测试环境要安静、宽敞、明亮等。如果有条件，要对无领导小组讨论的整个过程进行监测、录像，以便在考官发生争议时回顾讨论实况；如果没有条件录像，考官必须坐在小组讨论场地的旁边，其方位必须能观察到各讨论者的表情，并能清晰地听到他们的谈话。讨论中需要用计时器来掌握被测评者的发言时间，作为评分的依据，并控制讨论进程。图 6-2 所示为讨论场景的一个简单示意图。

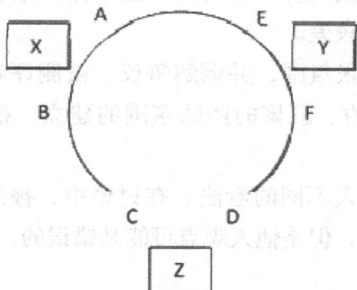

图 6-2　无领导小组讨论参与人员空间位置示意图

说明：图中，考官 X 观察 A 和 B；考官 Z 观察 C 和 D；考官 Y 观察 E 和 F。

2．实施阶段

（1）将被测评者分组

适当控制小组的人数，以 5～7 人为宜，在性别、年龄方面相对均衡，不能表现出显著的差异。适当的比例搭配有助于营造讨论的气氛，使考官更容易做出全面的评价。

（2）宣读指导语

指导语是在测评过程中说明测评方式以及如何回答问题的指导性文字。主考官向被测评者宣读无领导小组讨论测试的指导语，介绍讨论题的背景材料、讨论步骤和讨论要求。指导语应力求清晰、简明，使被测评者能很快明白应该做什么。指导语宣读完毕后，考官必须要提醒被测评者是否还有不清楚的问题，确保被测评者对问题都明白无误后，才能宣布讨论正式开始。时间一般为 3～5 分钟。

（3）正式讨论

被测评者明白讨论规程后，进入正式讨论阶段。测试时间根据需要而定，与招聘的级别、层次、专业等因素有关，也与小组的人数有关，时间通常在 60～120 分钟。在正式讨论阶段，一般分为个人发言及集体讨论。在个人发言阶段，被测评者首先根据自己对试题的理解轮流阐述自己的观点，个人发表意见的时间是有限制的，一般为 3～5 分钟，当发言超时时，考官要进行适当的提醒。个人发言结束后，进入集体讨论环节，这是无领导小组讨论的关键阶段。因为在个人发言阶段，每位被测评者都已经了解并熟悉了他人的观点意见，在这个阶段中，被测评者不应该继续阐述自己的观点，而应该对他人的观点做出反应，深化讨论，最终形成统一的意见。时间一般为 30～40 分钟，在集体自由讨论过程中，考官不做任何干预[①]。

3．评价阶段

（1）评估要素

无领导小组讨论中对各测评人员的表现进行评估时，可从以下方面进行考评。

---

① 高日光，郭英．人员测评理论与技术[M]．上海：复旦大学出版社，2014，11．

① 被测评者参与有效发言的次数。在讨论中，被测评者应当主动发言，阐述自己的观点。但是，并不是所有发言都被视为有价值的，只有符合特定的标准或者被其他小组成员所接纳的才能作为有效发言。最终，测评者也是以被测评者的有效发言的次数为考评依据。

② 被测评者是否善于提出新的观点或方案。被测评者虽然能够积极主动表达自己的想法或者建议，但是所提出的建议是被众人所知或是对小组其他成员所提出的方法的扩展或补充，表明被测评者的思维能力或创新能力较差。

③ 是否能够缓解讨论的紧张氛围，并调解争议。被测评者能否找到有效途径来平息小组的纷争，促进开放的、支持性的、凝聚的团队氛围的建立，推动小组为实现小组目标形成统一意见。

④ 是否能够大胆提出与别人不同的看法。在讨论中，被测评者为取得小组其他成员的认同，通常会主动迎合他人的观点，但是他人观点可能是错误的。这就可以考查被测评者能否提出新颖、独到的观点或见解。

⑤ 是否能够尊重他人并有效说服别人。被测评者能否主动倾听他人的见解，在别人发表意见时认真聆听，不随便打断，并及时给予回复，如点头、微笑等。被测评者语言表达自信、有力；能够通过语言或行为引导他人认同自己的观点或者想法。

（2）评价方式

评价包括两个方面的内容：打分评价和评语评价。

① 打分评价。就是考官严格按照无领导小组讨论评分表里的测评维度的操作定义及评分标准对每位被测评者打分，打分的方式主要有 3 种[1]。

A. 每位考官对每一位被测评者的每一项测评维度进行打分，这种方式的优点是便于评价分数的汇总和比较，但考官的工作量较大，同时准确地观察记录所有被测者比较困难。

B. 考官之间进行分工，每一位考官只对分配给他的被测评者的每一项测评维度打分，这种方式的优点是，考官可以集中精力评价少数几位被测评者，注意力较集中，评价较准确；缺点是不同考官的评价对象不同，评价结果无法比较。

C. 每位考官只对每一位被测评者的某几个特定测评维度打分，这种方式的优点是，考官可以集中精力，重点观察几个特定测评维度，对测评维度的把握较准确；缺点是考官不能全面评价被测评者，不便于考官从不同测评要素之间存在的紧密联系的角度去全面评价被测评者。

② 评语评价。评语评价是对打分评价的补充，是为了解决打分评价不能具体形象地说明被测评者的素质特点的问题，评语评价一般包括两方面的内容，一是对被测评者的重点行为进行描述，主要是陈述事实，二是考官的评价，主要是反映考官基于被测评者的行为表现对其做出的判断。

最终对被测评者的综合评价进行排序。在做出最终录用决策时，评价者应该再召开一个评分讨论会，在讨论会上，所有考官应结合被测评者在活动过程中的表现进行沟通，沟通内容包括被测评者的态度、各种能力、优缺点以及性格特征是否适合岗位的需要。通过评分讨论会，评分者能够对每个参与者形成一个更加清晰完整的评价，当评价者们都认为他们已经获得了足够信息，他们就可以进行最终的决策。

无领导小组讨论的实施程序如图 6-3 所示。

① 凌文辁，柳士顺，谢衡晓，李锐．人员测评：理论、技术与应用[M]．北京：科学出版社，2010.

起始阶段	轮流发言阶段	交叉讨论阶段	结束
被评价者 熟悉规则 准备发言提纲 **评价者** 熟悉评价规则 统一评分标准	**被评价者** 每人发言一次 阐述自己观点 **评价者** 观察记录评价 者的观点以及 临场的各种 表现	**被评价者** 交叉辩论 **评价者** 观察记录评价 者的言行、重 点是一些有特 征的表现	**被评价者** 讨论心得、 体会、收获 **评价者** 测评打分 撰写评语

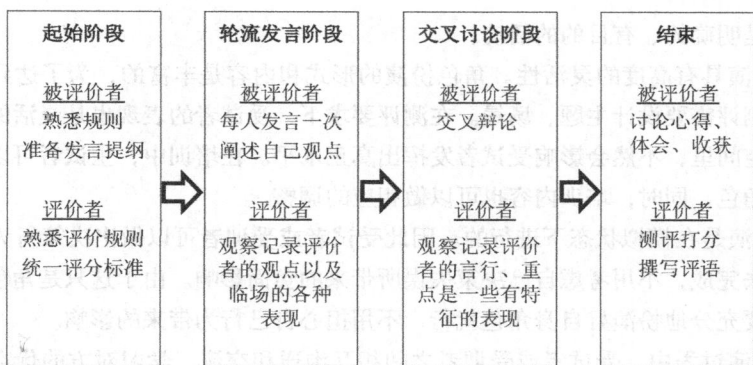

图 6-3　无领导小组讨论的实施程序

6.3　角色扮演

角色扮演是评价中心常用的测评技术之一，正确地运用角色扮演可以帮助组织合理地选拔、培训人才，有利于人力资源管理工作的顺利开展。

6.3.1　角色扮演的概念与特点

1．角色扮演的概念

角色扮演（Role Playing）是一种比较复杂的测评方法，它要求被测评者通过扮演一定的角色来模拟完成工作情境中的一些活动和过程。在这种活动中，测试者设定了一系列的矛盾和冲突，要求被测评者扮演某一角色并进入角色情境，去处理各种问题和矛盾，以此考查被测评者的说服能力、表达能力、处理冲突的能力及其思维的灵活性和敏捷性。

角色扮演源自心理剧（Psychodrama），最初用于心理咨询和心理治疗，1920 年左右，由 J. D. Moreno 在维也纳创立。由于角色扮演在社会技能、行为评估方面的实践运用有相当的成效，所以经过后来学者们的不断修正和完善，尤其在评价中心技术蓬勃发展后，又成为一种具有较高信度、效度的测评技术，应用于人员选拔、人才培训等领域。[①]在培训情景下，给予受训者角色实践的机会，使受训者在真实的模拟情景中，体验某种行为的具体实践，帮助他们了解自己，改进并提高。此外，角色扮演还可以应用于培训某些可操作的能力素质，如推销员的业务培训等。

2．角色扮演的特点

通过角色扮演可以对被测评者的行为特征进行评价，以测评其各方面的素质特征及各种潜在能力，所以说角色扮演具有测评功能；通过角色扮演可以发现被测评者行为上存在的问题，有助于被测评者了解自己，对存在的缺点及时做出有效修正，所以说角色扮演具有培训的功能。角色扮演作为评价中心的重要技术之一，也有其优缺点，具体内容如下。

（1）优点

① 角色扮演是一项参与性的活动。作为受试者，可以充分调动起其参与的积极性。为了能得到较高的评价，受试者肯定会努力表现自我，展现自己的才华。作为受试者都知道怎么扮演指

---

① 冯江平，张世娟. 角色扮演测评技术用于管理人员选拔的模拟研[J]. 心理学探析，2011，31（4）：348-353.

定的角色，这是明确的、有目的的活动。

② 角色扮演具有高度的灵活性。角色扮演的形式和内容是丰富的，为了达到测评目的，主试者可以根据测评需要设计主题、场景。在测评要求下，受试者的表现也是灵活的，他们不会被限制在有限的空间里，不然会影响受试者发挥出真正水平。在培训中，主试者可以根据培训需要改变受训者的角色，同时，培训内容也可以做相应的调整。

③ 角色扮演是在模拟状态下进行的。因此受试者或受训者可以做出决策行为时，可以尽量按照自己意愿去完成，不用考虑自己决策失误所带来的负面影响。由于这只是角色扮演，受试者或受训者只需要充分地扮演好自身角色就行，不用担心自己行为带来的影响。

④ 角色扮演过程中，受试者或受训者之间相互沟通和交流，学习对方的优点，明白自身能力的不足，同时可以增强角色之间情感的维系，培养他们自我表达等能力。若是与同事一起参加角色扮演，还可以培养员工的集体荣誉等。

（2）缺点

但角色扮演在应用中也存在着一些缺点或不足，主要表现在以下几个方面。

① 题目设计要求高，情景设计可能与所测能力不符。角色扮演的题目设计要求真实还原目标岗位的工作情景，同时要求所设计的题目任务能使应聘者表现出面试官需要测评的能力素质维度。

② 对面试官要求较高。角色扮演在实施过程中，可能会出现一些意料之外、面试官事前没有预测到的突发状况，如应聘者现场情绪失控等，这就对面试官提出了很高的要求，在实施过程中除了要观察和记录应聘者的行为表现之外，还要能够迅速应对和解决现场突发的意外情况，若解决不当，可能会使测评过程停止。

③ 标准化程度不够。角色扮演通过还原目标岗位的真实工作情景来考察应聘者，有较强的灵活性，现场临时因素对其影响较大，因此对于角色扮演的设计开发及实施过程均难以形成较为规范的标准化模式。

④ 应聘者难以进入角色，或出现刻板的模仿行为，而非其自身的特征。角色扮演实施过程中，对应聘者而言题目难易程度决定其现场表现，而面对某些角色要求应聘者难以达到时，其就会出现无法进入角色的状况；或者应聘者自身缺乏对角色的理解和认识，只能联想以往看到的他人行为并刻意地加以模仿，而无法表现出自身真正的能力水平。

为了弥补角色扮演法的不足，必须向应聘者提出一些具体的角色扮演要求，主要包括：

A. 接受角色扮演中提供的一切事实；

B. 使自己处于一种积极参与的情绪状态；

C. 在角色扮演过程中，注意态度的适宜性改变；

D. 在角色扮演中，不要向其他人进行角色咨询；

E. 如果需要，注意收集角色扮演中的原始资料，但不要偏离案例的主题；

F. 不要有过度的表现行为，那样可能会偏离扮演的角色。

6.3.2　角色扮演的类别

按照被测人数的不同，角色扮演可以分为单人测评或多人同时测评，单人测评是指为个人提供一个角色，让其根据角色特点来分析、解决问题，如作为一名招聘专员，遇到集体辞职的现象时您将采取什么措施？多人同时测评是指由多个人共同参与测评，根据指定的情境和角色来分析、解决问题。

根据角色间不同的身份关系，角色扮演可以分为合作型角色扮演和对立型角色扮演。如被测小组中的成员根据角色分配共同完成某一任务就属于合作型角色扮演，被测小组中的成员如果分别去争取同一个标案就是对立型角色扮演。

按照任务的不同，角色扮演可以分为问题解决型、技能考察型和案例分析型，如"你怎么解决工人罢工事件""请根据提供的材料，阐述某产品的营销方案""针对这个案例，您的观点是什么"。

6.3.3 角色扮演的操作步骤

下面所介绍的操作步骤不是针对整个角色扮演的设计、组织与实施的程序，而是针对测评人员与被测评者来说的，下面所讲的是一种具体的操作程序。

1. 预备阶段

测评人员和被测评者进入现场后，先进行自我介绍，然后由测评人员阅读角色扮演的指导语、分配角色、分配任务、说明角色扮演中的注意事项等。

2. 角色扮演阶段

（1）被测评者。被测评者根据角色扮演的要求，通过语言、非语言的形式完成分配的任务。

（2）测评人员。每位测评人员对被测评者行为表现进行观察，并对观察到的行为进行记录，然后把每一行为特征归类到相应的素质测评项目中。素质测评项目及内容在进行角色扮演的设计时应做统一的规定。

3. 评分阶段

测评人员对所有观察到的行为进行记录后，要针对评价标准，根据被测评者的每个素质测评项目进行研究，根据其素质特征、行为表现及评分标准对被测评者进行评分。

每个测评人员公布对每个被测评者的评分结果，各个测评人员针对被测评者在角色扮演中的表现和每个人的评分结果进行讨论，以达成对测评总分的一致意见，提高测评的准确性。

4. 点评阶段

在这一阶段，测评人员有针对性地对被测评者的行为表现进行点评，点评不单单限制在规定的测评项目上，还可以就被测评者在角色扮演中的素质特征进行点评。一般在培训性的角色扮演中会有点评阶段，在招聘性的角色扮演中此阶段一般被省略。

5. 撰写评估报告

针对被测评者的表现撰写报告，报告的内容包括测评时间、地点、内容、被测评者、被测评者的行为表现以及其对角色的把握程度等，这对于选拔人才、培训开发和人事调整等有指导意义。

6.3.4 角色扮演的结果评定

测评人员对于角色扮演中各被测评者进行评价前，应事先设计好表格。角色扮演中的一般评价内容可以分为 4 个部分。

（1）对角色的把握程度，被测评者是否能够迅速准确地对形势进行判断，能否尽快进入角色，根据指定的角色和背景能否按照要求采取相应的对策。

（2）角色的行为表现，主要包括被测评者在角色扮演中的行为风格、沟通能力、口头表达能力、说服能力、思维敏捷能力、应变能力、价值观等。

（3）角色扮演时的仪容仪表仪态是否符合角色要求，是否与当时的情境相匹配。

（4）其他内容，包括情绪控制能力、人际关系技能、缓和气氛的能力、行为优化的能力、行为决策的正确性等。

6.4 公文筐测试

公文筐测试是评价中心中运用频率最高的一种测评形式，从表 6-1 中也可以看出公文筐测试的使用频率达到了 81%，它被认为是有效的测评方法之一。公文筐是对实际工作中的管理人员掌握和分析资料、处理各种信息以及做出决策的工作活动能力的综合测评。它兼备了情景模拟技术和传统纸笔测试的优点，被越来越广泛地应用于领导干部和管理人员的招聘选拔中。

6.4.1 公文筐测试的定义与特点

1．公文筐测试的定义

公文筐测试是一种情境模拟测试法，又称为公文处理测试，是一种情境模拟测验，是对实际工作中管理人员掌握和分析资料、处理各种信息，以及做出决策活动的一种抽象和集中。公文筐测试作为一种正式的情景模拟人才测评方法，最早起源于美国，迄今为止已经有 60 多年的应用历史。福特汽车、通用电气等诸多全球 500 强企业均将公文筐测试作为企业管理人员选拔的重要方法。该测试工具一般在假定情景下实施，要求被测评者以目标岗位管理者的身份，在规定条件下（通常是比较紧迫困难的条件，比如时间和信息有限、孤立无援等）处理一系列目标管理岗位在实际工作中将会遇到的典型、棘手问题。[1]公文筐文件的类型一般包括信函或文稿，包括通知、报告、电话记录、办公室的备忘录等。被测评者在处理这些文件时，也应向测评人员说明处理的原则和理由，测评人员根据被测评者的处理方式及处理结果，按照一定的评价标准，对被测评者进行评价。

由于公文筐测试的效度和信度非常高且实施方便，因而其为各国企业的人才招聘选拔、考核等起了举足轻重的作用。近十几年来，在国内，公文筐测试被越来越广泛地应用于领导干部和管理人员的招聘选拔中，它在组织管理中的价值和作用也逐步受到理论界及企业人士的重视。

2．公文筐测试的特点

公文筐测试是测评管理人才的重要工具，为中、高层人员的选拔、考核和培训提供了具有较高信度和效度的测评手段。与其他测评方法相比，公文筐测试具有以下 5 个特点。

（1）表面效度高

公文筐所采用的文件都是取材于实际的管理活动，几乎都类似于被测评者所拟任职位上日常需要处理的文件，有时候直接选取真实文件。同时，处理公文这样一项管理活动也是任何一个管理者在日常生活中经常遇到的事情。这样，被测评者很熟悉公文筐测试的目的所在，非常容易接受此种表面效度高的测评方式。

（2）考察范围广泛

公文筐的测试材料涉及日常管理、人事，财务、市场、公共关系、政策法规等企事业单

---

① 刘小平，邓靖松. 现代人力资源测评理论与方法[M]. 广州：中山大学出版社，2006.

位的各项工作，可以对被测评者进行全面的评价。虽然公文筐在测验过程中采用的是静态的考察方式，但是其材料包罗万象，范围广泛，任何静态的测评要素，如背景知识、专业知识、操作经验以及能力倾向等都可以隐含于文件之中，可以对被测评者的潜在能力和综合素质进行考察。

（3）高度预测性

西方有研究者观察了 51 人的工作实际绩效后发现，工作绩效与公文筐测试之间的相关度高达 0.42；还有人发现公文筐测试的绩效与日后 3 年内的晋升之间的相关度为 0.32。公文筐测试的结果与培训成功间的相关度达到 0.18～0.36。这说明公文筐测试方法具有良好的预测效度。因此，只要被测评者能够妥善处理公文筐中的各类文件，评价者就可以有理由认为被测评者在一定程度上具备了胜任新职位所需要的素质。

但是公文筐测试的方式也有一些不足。如评价者与应试者之间通常没有互动交流，编一套好题比较难，评分比较难等。

（4）测试公平性较高

公文筐测试作为一种情境测验，它把被测评者置于模拟的工作情境中去完成任务，可以对每个参加测验的个体的行为做直接的观察。与无领导小组讨论、结构化面试等其他测评技术相比，公文筐测试向被测评者提供的背景信息和测验材料以及被测评者的作答都是以书面形式完成的，一方面考虑到被测评者在日常工作中接触和处理大量文件的实际需要，另一方面也是为了统一操作和控制，给每个被测评者提供相等的条件和机会，比较公平，不会因为情境的不同或者小组成员的差异等因素而影响测评结果。

（5）测试成本高

公文筐测试的题目设计、实施、评分都需要较长时间的研究与筛选，为了保证较高的预测效度，必须投入大量的人力、物力和财力，因此所花的精力和费用都比较高。

6.4.2 公文筐测试的考察内容

对于公文筐测试的考察内容，国内的学者也有不同的观点。目前较多使用王垒提出的 5 个维度，即工作条理性、统筹能力、预测能力、决策能力和书面表达能力。吴志明等则将沟通能力、灵活性、领导能力、决策能力、组织协调能力及敏感性 6 个维度作为公文筐测试维度。徐晓锋等使用问题分析、计划性、人际沟通、授权和决策能力 5 个维度作为其测评指标[①]。陈民科通过对文件处理所需要的能力进行调查并在回顾相关研究文献的基础上，提出适合公文筐测试的 4 个维度，即思维胜任素质、职能胜任素质、人际胜任素质及结果驱动。[②]黄勋敬、赵曙明提出采用公文筐测试对商业银行的高级人力资源经理的统筹能力、书面表达能力、协调能力、计划能力、授权能力和工作条理性进行测度。[③]由此可见，公文筐测试能够体现管理人员的计划、组织、预测、决策和沟通 5 大能力。

1．计划能力

计划能力是指被测评者分析每一既得信息所反映的问题、问题产生的根源以及各问题间的相互关系并据此确定工作目标、工作任务、工作方法和工作实施步骤的能力。

① 徐晓锋，车宏生. 对公文筐（I-B）在选拔高层经理人员中的实证研究[J]. 心理科学，2004，27（5）：1230-1232.
② 陈民科. 人力资源公文筐测验与效度验证：基于内隐评价策略的思路[J]. 杭州：浙江大学管理学院博士学位论文，2003.
③ 黄勋敬，赵曙明. 基于公文筐测验的商业银行高层管理人员选拔研究[J]，管理学报，2011，8（6）：852-856.

评价计划能力时，在一定程度上要关注被测评者对其行为未来后果的考虑。例如，考察他们解决问题时是否考虑时间、成本、顾客关系或资源等。计划也包括为避免预期的问题所采用的步骤，以及出现这些问题时，他们对问题的操作步骤与方法。计划的可行性、实施所需要的时间、成本以及风险程度是评价管理者计划能力的关键测评指标。

2．组织能力

组织能力是指被测评者按照各项既定工作任务的重要和紧急程度安排工作次序，调配人力、物力、财力资源，合理分工与授权，进行相应组织机构或人事调整的能力。

工作次序的安排、资源配置、工作分工、授权情况以及组织措施的成本和风险度是评价管理者组织能力的关键测评指标。

3．预测能力

预测能力是指被测评者模拟工作环境中相互关联的各类因素及总体形势未来发展趋势，进行准确判断并预先采取相应措施的能力。

预测的质量、预测所依据的因素、可行性分析能够考察被测评者在多大程度上用到了所提供的材料，即是否综合运用了各种因素之后才做出预测分析。对工作环境中各类相关因素及总体形势未来发展的多种可能性的预测及其发生概率的分析论证、各种防范、应对措施的合理性是评价管理者预测能力的关键测评指标。

4．决策能力

决策能力是指被测评者在解决实际工作问题，特别是重要且紧急的问题时，策划并选择高质量方案的能力。

决策目标的清晰程度、决策的质量、备选方案的可行性、各方案的评价比较、影响的因素和最终确定的方式是评价管理者决策能力的关键指标。评价决策时，要仔细考虑决策背后的合理性成分，考察被测评者有没有考虑到短期和长期的后果，是否考虑到不同的备选方案的优点，如果采取某种行动方案，要能给出理由。

5．沟通能力

书面沟通能力是指被测评者通过书面形式，如电子邮件、传真、公文等形式，表达个人思想和意见的能力。

根据评估内容，考察被测评者的思路是否清晰，意见是否连贯，措辞是否恰当及文体是否合适。沟通方式的选择、信息的准确性、思维的逻辑性、结构的层次性、文字的流畅性是评价被测评者书面沟通能力的关键测评指标。

6.4.3　公文筐测试操作流程

公文筐测试的操作流程包括公文筐测试准备阶段、开始阶段、正式测试阶段和评价阶段。

1．测试准备阶段

测试准备阶段应当要有清楚、详细的指导语，且文字应通俗易懂，以保证每个测评者都可以准确地理解测试要求。

（1）准备相关材料

需要准备以下背景材料，包括应试者的特定身份、工作职能和组织机构等，背景材料的多少可以根据测试材料而定，其主要目的就是为测评者处理问题时提供一个背景情况。测试材料包括信函、报告、请示、备忘录等，这些文件可以用多种方法来呈现，如不同的文件用不同规格和大小的纸张来呈现等。准备答题纸，内容由 3 部分组成（见表 6-8）。

表 6-8　公文筐测试答题纸

公文筐测试答题纸
应试者编号： 姓　　名： 竞聘职位： 文件序号：
处理意见： 　签名： 　年　月　日
处理理由：

（2）公文筐测试的编制

公文筐测试是一种较为复杂的测评方法，测试效果会受到多方面的影响，而公文筐测试的编制流程是其中一个重要因素。

① 公文筐测试编制的步骤。文件筐测试的编制需要经过建立指标体系、收集素材、确定测评要素、编制文件、确定评价标准 5 个步骤。

A. 建立指标体系。通过因素分析、文献检索等方法来分析拟招聘岗位所需要的所有素质，对牵涉到的每一项素质进行详细的描述，然后编制岗位胜任力任职调查问卷，要求被调查者对每一项的重要性进行打分，最后通过数据分析锁定该岗位所需要的胜任力素质。

明确测评指标后，要针对不同指标的重要程度确定其权重，最后要运用胜任力模型对指标权重进行检验。

B. 收集素材。公文筐测试具有情景模拟的特性，因此除通过历史文献检索法收集公文外，还应进入各工作岗位收集其日常工作中所遇到的典型公文、典型事件，明确公文、事件的结构和形式。收集到的公文应该注重其内容和形式上的全面性。

C. 确定测评要素。在确定测评要素时要根据企业所在的行业特征、内外环境、企业文化、测评目的、岗位胜任力要求等，尽可能地把测评到的要素全部列入其中，一般来说，公文筐能够测评到的素质特征有规划能力、组织能力、决策能力、表达能力、应变能力、协调能力、控制能力、反馈能力、处理实际问题的能力及应付压力的能力。

D. 编制文件。利用双向细目表或多向细目表勾画出公文筐测试的整体编制思路，编制过程中要考虑公文涉及的维度，考虑其重要性和紧迫性的程度，考虑公文的形式和内容的比例，还要设计好测验指导语、测验复本等。

E. 确定评价标准。事先编制好评分标准，必要时可给出好、中、差 3 种情况的特征描述。由于公文筐测试没有完全客观化的答案，测评的最终分数会受到评价者主观因素的影响，因此可以制定以行为锚定为基础的等级评定量表，以使评价标准客观、详细。

② 公文筐测试编制的原则。公文筐测试在编制时一定要坚持系统性原则、全面性原则、重要性原则及标准化原则。

A. 系统性原则，公文筐测试中所包含的所有文件不是孤立存在的，而是一个系统，彼此相互联系。公文筐测试可以考查的能力一般包括逻辑分析能力、统筹能力、组织能力、决策能力、协调能力等。在测验过程中有些能力需要根据被测评者对所有公文的处理来进行评价。如在评价统筹能力时，我们需要考察被测评者是否能够根据公文的轻重缓急有所区别地处理公文。而有些能力则根据几个公文的处理来进行判断，如综合分析能力。再者如决策能力，只需要一个公文就可以测量。可见，一种能力可能涉及多个公文，一个公文也有可能对应着多个能力，各种公文在公文筐测试中扮演着不同的角色、发挥各自的功能，互相牵制从而构成了一个有机的系统。

B. 全面性原则，公文筐测试中的文件要确保在内容和形式上完整。内容上的全面性是指工作中所涉及的文件都应当有所涉及。形式上的全面性是指报告、指示、函件、制度等都要占到一定比例。以上两者中，内容上的全面性显得较为重要，这是因为不同内容的公文会有针对性地考查被测评者的一种或几种关键能力。例如，受文，一般无须决策，仅需组织执行，主要考查组织、内部协调能力，再像发文，则主要是考查决策能力。

C. 重要性原则，讲求全面性的同时不能忽视了重要性原则，不能仅仅为将所有工作中的文件都纳入到公文筐中，而忽略了工作重点。公文筐应以工作中的关键事件来构架公文筐测试的重要部分。毕竟，作为一位合格的管理者，如果能在岗位必须处理的关键事件上表现出良好的素质，那么才能预测其在接任管理职位之后能够有较好的工作业绩。如果仅从一些非关键事件上来推论被测评者的能力，那么这些可能会与实际情境中表现的能力有所偏差，从而削弱了公文筐测试情景模拟的优势。因此，在设计公文筐测试之前必须做好关键事件访谈这一重要工作。

D. 标准化原则，指公文筐测试的编制要有一个标准化的程序。由于公文筐测试有别于传统的能力测试，并没有完全客观化的答案，评分会受到考评者主观判断的影响，为了减少主观因素的影响，就必须在设计时尽力做到标准化，并对考评者进行培训。

因此，为了贯彻标准化原则，首先，必须做到编制程序的规范，编制方法的科学，这是公文筐测试有效性最为基本的前提保证。其次，评分点要尽可能地做到详细，这样就可以在某种程度上避免因为主观评定标准的差异所带来的误差。最后，必须对考评者进行科学的培训，以提高考评者观察时的准确性。国外有学者在对考评者实施培训与评分准确性的相关性研究中发现，接受了培训的考评者在区分有效行为和无效行为时更加准确。

③ 公文筐测试编制时的注意事项。

A. 测试材料难度的把握。测试材料的难度要适中，如果把握不准，材料过难，固然可以选拔到很好的人才，但也有可能是大材小用，很难设想这人会安心本分工作，而且还会导致人力资源的浪费；材料过于容易，测试会出现"天花板效应"，大家都得高分，就不能对被测评者能力大小进行区分。

B. 测试材料真实性程度的把握，完全杜撰的材料，被测评者可以根据一般知识进行推理，处理的结果没有针对性，看不出被测评者的水平差异，被测评者被录取后需要经过较长时间的培训和适应才能胜任工作。完全真实的材料，过于偏重经验的考查，忽视潜能的考查，最后选拔到的人无疑是完全与招聘单位文化气氛相同的人，违背了引入外来人才，给单位输入新鲜血液的本来目的，同时完全真实的材料，使招聘测试本身就造成对单位内部人员和单位外部人员的不公平，同样的能力水平内部人员被录取的可能性大，结果给人留下"一切都是内定，测试不过是走过场"的印象。

C. 对考官的要求。考官不仅要具备管理学和心理学的基础知识，了解公文筐测试的理论和实际依据，还要对被测评者所任职务的职责权限和任职资格，如工作经验、学历、能力、潜能和心理特征等，进行系统的研究。此外，考官要能够独立或与他人合作设计测试题目，并了解题目之间的内在联系，能够恰如其分地展开问询，能够对被测评者做出全面、公正、客观的评价。

D. 测试地点的要求。测试地点安排在一个尽可能与真实情境相似的环境中，且至少保证每个被测评者有一张桌子和必要的办公用具，除此之外，被测评者之间的距离应当远些，避免相互影响。

2．测试开始阶段

在公文筐测试正式开始前，测评人员要把测试指导语读一遍，并对测试要求和注意事项进行介绍。当被测评者对测试指导语理解后，每位被测评者可以开始阅读有关的背景材料，背景材料具体包括被测评者的角色、组织机构表、工作描述、工作任务等，在这一阶段被测评者针对不清楚的问题向测评人员进行提问，这有利于让被测评者明确自己的角色，尽快进入情境以便正式开始测试。

3．正式测试阶段

通常需要 2 小时。应试者一般需要独立工作，没有机会与外界进行任何方式的交流。应试者有任何问题都不得提问。应试者处理文件时，主试者应注意对其进行观察，了解他们是如何工作的；对这些公文的处理是否互有联系；是授权别人干工作，还是自己干所有的工作；紧张程度如何，等等；主试者可以在客观地观察过程中做适当的记录，为后面的评价提供信息。

4．评价阶段

在这一阶段测评人员要对被测评者的作答进行评价。有时候，虽然两位被测评者处理文件的办法相同，但不同的处理理由往往会反映出其不同的能力特征。所以测评人员在评价被测评者时，不仅要注重被测评者的文件处理方式和方法，还要结合被测评者采用何种方法的理由进行评价。

公文筐测试有许多评分方法，它们在评分程序的客观程度与最终结论的复杂程度上存在一定的差异，所以每种评分方法的信度、效度和测评结果等在一定程度上也会有差异。常用的测评方法有行为元素评估方法、主观和总体评估方法、维度评定评分方法。

（1）行为元素评估方法

行为元素评估方法是对被测评者对每一个文件的回答质量做出评定，然后对各个行为元素进行评价，它能够客观地描述行为元素，信度较高，但效度容易受到质疑。

（2）主观和总体评分方法

主观和总体评分方法是针对被测评者处理文件的方式，做出全面、主观的评定，它比行为元素评估方法有更高的效度，但该方法评价的主观性强。

（3）维度评定评分方法

维度评定评分是针对被测评者在每一个评价维度上的回答进行评分，该种评分方法的应用频率较高，比行为元素评分法有更高的效度。维度评定评分表按照对评价维度总体还是个别评分来分有不同的格式，如表 6-9 和表 6-10 所示。

表 6-9　公文筐测试维度评分表 1（部分表示例）

编号：　　　　　测评人员：

文件	评价维度	总分	评语	得分
1	决策能力	10		
	授权能力	10		
	控制能力	10		
2	书面表达能力	10		
	组织协调能力	10		
	说服能力	10		
……				

表 6-10　公文筐测试维度评分表 2

编号：_____　　测评人员：_____

评价维度		评价要点	文件	评分等级	得分
组织协调能力	分工合理任务定位准确	理解相关部门及岗位的职责及定位	3		
		理解自己的角色及职责			
		根据要求对任务合理分配的能力			
	协调能力	有效的沟通说服能力	5		
		处理矛盾的能力			
	能力得分				
人力资源管理知识	基础知识	知识掌握的深度和广度	4		
		知识掌握的准确性			
	知识应用	事实与理论的结合程度	1		
		运用的灵活程度、有效程度			
	能力得分				
……					
评分等级	A 优秀：[4.5～5]　　B 良好[4～4.5)　　C 一般[3～4)　　D 及格[2.5～3)　　E 差[0～2.5)				

【启发与思考】

【思考练习题】

1. 评价中心的概念是什么？
2. 评价中心的特点有哪些？
3. 简述评价中心的操作流程。
4. 无领导小组的概念是什么？
5. 无领导小组讨论的特点是什么？
6. 无领导小组讨论的题目类型有哪些？
7. 角色扮演的优缺点是什么？
8. 角色扮演的操作步骤是什么？
9. 公文筐测试的编制程序是什么？
10. 公文筐测试的操作流程是什么？

【模拟训练题一】

无领导小组讨论

1. 情景

你们正乘一艘科学考察船航行在大西洋的某个海域，考察船突然触礁并迅速下沉，队长下令全队立即上橡胶救生筏。据估计，离你们出事最近的陆地在正东南方向 100 海里处。救生筏上备有 15 件物品，除了这些物品之外，有些成员身上还有一些香烟、火柴和气体打火机。

2. 问题

现在队长要求你们每个人将救生筏上备用的 15 件物品按其在求生过程中的重要性进行排列，把最重要的物品放在第一位，次重要的放在第二位，直至第 15 件物品。团队成员要一起讨论，在 30 分钟内定出一个统一的方案。

3. 排序用的物品

指南针、小收音机（1 台）、剃须镜、航海图（1 套）、饮用水、巧克力（2 公斤）、蚊帐、二锅头酒（1 箱）、机油、钓鱼工具（1 套）、救生圈、驱鲨剂（1 箱）、压缩饼干（1 箱）、15 米细缆绳、30 平方尺雨布（1 块）。

【模拟训练题二】

角色扮演

你在组织中获得了一个提升机会。你已被提名这一职位，但是还有一些其他的候选人。一份备忘录放在你的桌上，来自于人事经理。

鉴于已有多名候选人的情况，我们决定通过采取一种竞争方式来产生一名最好的候选人，评选小组由 3～4 名高层管理人员组成，要求每一个候选人发表一次讲演以支持自己的资格。每个人只有 10 分钟的发言机会，时间定在明日。

你发现备忘录的日期是昨天，正巧电话铃也响起来了，是人事经理打来的。他通知你，评审将于 15 分钟后开始。

你现在只有 15 分钟来准备你的讲话提纲。

记住，你要问自己 4 个问题。

1. 你为什么要讲？
2. 你讲给谁听？
3. 你准备讲些什么？
4. 你准备如何讲？

【情景仿真题】

A 公司是一家大型民营上市公司，业务领域涉及水利工程、环保科技和电力自动化等多个领域，其人力资源部下设 5 个主管岗位，分别是招聘主管、薪酬主管、绩效主管、培训主管和劳动关系与安全主管，每个主管有 1～2 位下属。

您（李月梅）是该公司的人力资源总监，现在已经是上午 8 点，您已经提前来到办公室，需要处理完累积下来的邮件和电话录音等信息文件，并针对这些文件做出解决方案。在您处理文件的过程中，您可以以电话、文件、备忘录、便条、批示等形式将所有文件的处理意见、方法等，做出书面表述。

好，您现在可以开始工作了，祝您一切顺利！

公文 1

类别：电话录音

来电人：刘增　国际事业部总监

接收人：李月梅　人力资源部总监

日期：7 月 8 日

李总：您好！

我是国际事业部的刘增，2016 年 10 月中旬，人力资源部曾要求各部门上报 2017 年的大学生招聘计划。由于我部业务的特殊性，不仅要求应聘者有较高的英语水平，而且要懂得一定的专业知识，这类人员在校内招聘的难度很大。此外，由于我们公司薪酬水平较低，即使人员招聘来也很容易流失，过去几年的流失率高达 74%。为此我们国际事业部多次召开会议，并初步达成共识：公司需要制定中长期的人才规划以吸引并留住优秀人才。

但是，到底该如何操作，尚无具体方案。我刚和总裁通过电话，他建议我直接与您沟通，不知您有何意见想法，请尽快告知。

公文 2

类别：电话录音

来件人：王睿　劳动关系与安全主管

收件人：李月梅　人力资源部总监

日期：7 月 9 日

李总：您好！

我是王睿，有件事情非常紧急，今早 7 点，我接到郑州交通管理局的电话，6 点 10 分在郑州 203 国道上发生重大交通事故，我公司销售部的刘向东驾车与 1 辆大货车相撞，刘向东当场死亡，对方司机重伤，目前正在医院抢救，与刘向东同车的还有公司的销售员人员蔡庆华、隋东和王小亮，3 人都不同程度受伤，但无生命危险。目前事故责任还不能确定，我准备立刻前往郑州处理相关事务，希望您能尽快和我联系，商量一下应对措施。

公文 3

类别：电子邮件

来件人：张玲　绩效主管

收件人：李月梅　人力资源部总监

日期：7 月 7 日

李总：您好！

公司今年结束年中的绩效考核后，准备实施基于目标考核的新的绩效考核系统，从上周起要求各部门经理和员工一起制订员工下半年的工作目标，按原定计划，该项工作应在下周三前完成，绩效监督小组对工作进程进行了检查，发现全公司 32 名部门经理仅有 4 个完成了工作，大部分经理尚未开始进行目标设定，当我们希望他们加快进度时，很多部门经理抱怨根本没有时间，觉得和员工共同制订工作目标是表面文章；还有部分部门经理认为这是部门内部的事，监督小组是在干涉他们的工作。目前工作进展很不顺利，请您给我们一些支持。

公文 4

类别：电子邮件

来件人：陈欣　培训专员

收件人：李月梅　人力资源部总监

日期：7 月 8 日

李总：您好！

公司 4 月在南非首次承接的 420 工程现已开工，工程部准备委派 6 名高级技术人员到南非提供技术服务。可是，这 6 名技术人员英语水平较差，虽经过为期半年的在岗英语培训，但效果不尽如人意。因此，工程部计划临时安排他们去英语学校参加封闭式培训，培训时间为 2 个月，费用为每人 10 000 元。该计划已经上报人力资源部。可是，昨天工程部来电称，财务部不同意支付培训费用，理由是该培训事先没有计划和预算，资金周转不过来，这几名员工原计划 10 月赴南非，工程部担心如果不能按期派人提供技术支持，可能会影响合同的执行和公司的声誉。目前，工程部非常焦急，请求您出面协调，敬请尽快回复。

第7章 管理能力测评

学习目标

1. 了解管理能力的定义及作用。
2. 了解管理能力的相关理论渊源及管理能力的分类。
3. 了解领导风格相关理论并掌握领导能力测评要素。
4. 把握管理能力测试题的种类。

引导案例

某企业一线管理人员领导力发展测评

S 公司是总部位于深圳市的一家股份制企业，销售服务网络遍布全国 200 多个重点城市和地区，并拥有数十项专利，成为该行业的领先品牌。企业的人力资源总部十分重视一线管理人员队伍，以确保公司能够在市场中"攻城略地、快速扩张"。但 S 公司规范了薪酬体系与激励制度后，又有一系列的新问题摆在人力资源总部面前：首先，只有现有一线管理人员队伍的业绩状况，却不清楚他们在公司所要求的能力素质方面的现状；其次，由于不清楚能力素质状况，因而无法从这方面去分析业绩好坏的原因；最后，如果业绩好坏与能力素质密切相关，那不清楚能力素质状况的话，针对性的培养提升也无从谈起。

S 公司与专业的人力资源咨询公司诺姆四达顾问团队进行合作，成立了项目组，希望通过该咨询公司专业的测评平台帮助公司解决所面临的问题。诺姆四达公司利用其权威的素质测评服务系统，提供了如下的解决方案。

（1）确定素质测评标准。诺姆四达公司专业顾问提供了针对 S 公司所在行业及人员层级特点的素质要求和评价标准，并与 S 公司共同探讨，确定了 S 公司一线管理人员素质测评标准。

（2）设计培训式测评活动。诺姆四达公司根据 S 公司一线管理人员的素质测评标准配备若干项测评方法；同时，确定培训主题，并结合培训主题与测评方法设计 1～2 天的现场实施活动。

（3）诺姆四达公司派出兼备测评及培训资历的顾问团队组织并实施培训式测评活动。顾问团队同时负责向 S 公司提交个人及团队素质测评报告。

通过此次测评，诺姆四达公司为 S 公司高层提供了一份涵盖所有一线管理人员的素质全景图，便于公司圈定中高层管理人才后备库，也能对一线管理人员整体短板一览无余，从而可以集中资源、有针对性地培养发展。

（资料来源：根据诺姆四达网人才数据提供的素材整理改编）

思考题

1. 你认为一个企业的管理者需要具备哪些素质？
2. 结合此案例，你认为进行管理者领导力测评时，可以使用哪些测评方法？

随着改革开放的深入和我国加入 WTO，企业面临着越来越大的竞争，这对企业的管理人员提出了越来越高的要求。许多企业在实践中认识到了管理能力对于一个管理者的重要性，因此管理能力测评成了企业人才测评的重要内容。管理能力测评主要是测试被测评者（管理人员）的管理理念是否与企业经营发展的需求相一致，解决管理问题时采取策略的合理性，在企业经营中的正确决策能力等。管理能力测评经常用于企业管理人员的选拔、晋升和绩效考核等领域。

7.1 管理能力概述

7.1.1 管理能力定义及作用

1. 管理能力的定义

管理能力是一系统组织管理技能、领导能力等的总称，从根本上说就是提高组织效率的能力。管理能力具有以下几个特征。

第一，管理能力是反映行为的。它们不是人格特质或风格倾向。

第二，管理能力是可发展的。个体可以通过自我学习和组织的培训等方式提高管理能力。

第三，管理能力是可测量的。管理能力存在高低强弱之分，可以通过一段时间的工作观察，根据一个人的工作表现和业绩，采用科学的人才测评方法，测出这个人的能力。

2. 管理能力的作用

良好的管理能力对于企业持续发展具有重要作用。追求效率是企业的内在要求，拥有良好管理能力的管理者可以为企业制定科学的能够体现效率原则的标准，这个标准可以包括组织的许多特征，如人均产值、产品平均成本等。具备良好管理能力的管理者可以敏锐观察到企业内实际工作水平与标准的差距，这样可以在它恶化成危机之前得到改进。除此之外，具备良好管理能力的管理者能够积极地寻找之前差距存在的根源，积极地采取相应的措施，保证企业健康发展。

7.1.2 管理能力维度的理论渊源

1. 泰勒的科学管理

科学管理理论是由美国的泰勒（Frederick W. Taylor）首次提出的，其内容概括起来主要有5条：工作定额原理、能力与工作相适应原理、标准化原理、差别计件付酬制、计划和执行相分离原理，内容如表 7-1 所示。

表 7-1 泰勒科学管理的内容

原理	内容
工作定额原理	该原理认为工人的工作定额可以通过调查研究的方法，科学地加以确定
能力与工作相适应原理	主张改变工人挑选工作的传统，坚持以工作挑选工人，每个岗位都挑选第一流的工人，以确保较高的工作效率
标准化原理	指工人在工作时采用标准的操作方法，且工人所使用的工具、机器、材料和所在工作现场环境等都应该标准化，以利于提高劳动生产率
差别计件付酬制	在科学地制定劳动定额的前提下，采用差别计件工资制来鼓励工人完成或超额完成定额。这会大大提高工人们的劳动积极性，雇主的支出虽然有所增加，但由于利润提高的幅度大于工资提高的幅度，所以对雇主也是有利的
计划和执行相分离原理	工作中的计划由管理当局负责，执行由工长和工人负责，这样有助于采用科学的工作方法

根据泰勒的科学管理理论，我们可以将管理能力维度划分为工作分配的能力维度、人才配置的能力维度、计划管理的能力维度及执行的能力维度。

2．法约尔的一般管理

亨利·法约尔（HenriFayol）于 1916 年出版了《工业管理和一般管理》一书，该书为阐述其基本思想的代表著作。

法约尔认为企业有 6 大职能活动：技术活动、营业活动、财务活动、安全活动、会计活动和管理活动。而与管理活动相对应的管理 5 大职能是：计划职能、组织职能、控制职能、指挥职能和协调职能。

根据法约尔对管理职能的分类和分析，我们可以将管理能力的维度划分为计划能力维度、组织能力维度、控制管理能力维度、指挥能力维度及协调能力维度。

3．行为科学学派

行为科学学派的观点是在人群关系理论的基础上发展起来的，其认为组织中的管理是经由他人达到组织目标的，而管理中最重要的因素是对人的管理，所以应该研究人、尊重人、关心人，满足人的需要来调动人员的积极性，创造能使下级充分发挥力量的工作环境，并积极地指导下属的工作。

根据行为科学学派对管理的理解，我们可以将管理能力的维度划分为对下属的生活和工作的关心维度、对下属的职业晋升前景的重视维度等。

4．决策理论学派

决策理论学派认为管理的关键在于决策，管理必须采用一套制定决策的科学方法，要研究科学的决策方法和合理的决策程序。

根据决策理论学派的观点，我们认为可以将管理能力的维度划分为决策能力维度、判断能力维度及突发事件处理能力的维度。

7.1.3　管理能力的分类

根据各种管理能力解决的问题和涉及的人数多少，管理能力可以分为个人技能、人际关系技能和团队技能这 3 类。

个人技能主要是不涉及他人，只与自我管理有关的问题。这些技能都是有所重叠的，管理者只有掌握好各个技能后，才能有效地处理好相关的问题。这一类技能主要包括自我意识、自我激励、自我定位、压力管理、时间管理和创造性思维等。

人际关系技能主要包括有效地沟通、影响他人、激励他人和冲突管理等。这些管理技能主要体现在与他人交往方面，并且这些技能也是有所重叠的。每个技能的发挥都或多或少依赖于其他技能的掌握和使用。

团队技能关注的是管理者以领导者或团队成员的身份在团队中起到的关键作用，主要包括授权、委派、建设团队和团队合作等。这些技能不仅彼此有着联系，与其他大类的管理技能也有着一定的重叠。

7.1.4　管理能力的测评

1．管理职责角度

管理者在管理活动中主要的职责：日常沟通，包括交流日常信息和处理案头文件；传统管理，包括计划、决策和监控；人力资源管理，包括人力资源的规划、配置、培训与开发、绩效管理、人际关系管理等；社交活动，包括社会政治活动及组织的内外部活动。管理职责可以归入表7-2所示的12个维度。

表 7-2　管理能力测评维度

维度	行为描述
计划与协调	设定目标；明确目标任务；分配任务并提供工作工具；协调团队成员的活动，保持工作稳步进行；组织团队工作
员工配置	职位描述；审核应聘人员；面试应聘人员；雇佣；为空缺岗位配置人员
培训与开发	确定培训对象；制订培训计划；监督培训实施；帮助团队成员制订发展计划；培训、指导团队人员工作
决策与问题的解决	明确问题所在；在多个方案/策略中进行决策；处理日常工作中出现的危机；成本效益分析；流程开发
处理文件的能力	处理信件；阅读报告（文件、常规财务报表和记账）；处理一般案头工作
常规信息的交流能力	回答常规问题；接收和分派常规信息；传达会议结果/文件精神；接收和发出常规信息；交流信息的活动
监控与控制绩效的能力	考察、巡视、检查工作；对绩效数据进行监控；预防性维护；绩效反馈
激励与强化的能力	奖金安排；要求员工参与和贡献；传达欣赏、赞赏之意；给予员工相应的荣誉；倾听建议；提升工作挑战；维护团队；支持员工工作
纪律与惩罚	强调政策和纪律；降级、解雇、停职；斥责、批评员工；给予负激励
与外界接触的能力	处理公共关系；维护客户；处理与供应商和顾客的关系；组织、参与外部活动/会议；组织、参与社区服务活动
冲突管理的能力	管理团队内外的人际冲突；使冲突双方达成一致意见等
基本素质	身体素质；专业素质/技能

2．胜任力角度

从胜任力的角度来说，管理人员素质测评的测评要素包括组织管理能力、人际沟通能力和个人内在能力3个维度，其中组织管理能力是其最重要的能力要素。

组织管理能力维度包括战略组织能力、目标管理能力、团队建设能力、果断决策能力、危机应变及处理能力；沟通能力包括语言表达能力、人际关系协调能力；个人内在能力包括生理素质、人格、价值观和动机、专业知识。

7.2　领导能力概述

领导者有效的行动和表现有利于组织的发展。领导者不同的领导方式、领导风格和领导行为对员工的影响也不同，领导者应采用有效的领导技术和方法来领导、指导和督促员工。

7.2.1　领导能力概念

领导能力是领导者在组织愿景的指导下，为实现组织预定的绩效目标，凭借在组织中的权力、权威和影响力所做出的一系列行为的决策过程，从而指导、激励下属完成绩效目标的能力。领导能力可以使组织的愿景提升到一个更高的境界；也可以将组织的绩效提高到一个更高的水平；可以使员工的能力得到更好的发挥。

上述概念指出了3个要点：首先，它认为领导能力是在一定的情境中和目的下发生的；其次，它认为领导能力是通过一定的工具实现的，即领导者在组织中的地位和影响力；最后，它认为领导能力是一个决策的过程和指导下属的过程。

7.2.2 领导特质测评

1．领导特质的概念

"特质"涉及：人格气质、需求动机以及价值观等方面属性。

人格气质——以特殊方式表现出相对稳定的行为倾向，如自信、外向、情感成熟和精力水平。

需求动机——获得某种特殊激励或经验的强烈欲望，如生理需求（饥饿、饥渴）与社会动机（成就、尊重、归属、权力、独立）。

价值观——价值观是关于对与错、道德与非道德、正义与邪恶的内在主观态度，一般包括公平、公正、诚实、自由、平等、人道、忠诚、爱国、进步、自我实现、卓越、现实主义、谦逊、有礼以及合作。

2．领导特质理论

领导特质理论（Traits Theories of Leadship）是领导理论发展的第一个阶段，也是有关领导的最古老、最普遍的理论。它产生于 20 世纪 30 年代，是根据观察到的许多领导者的特质——成功的或不成功的——来预测领导的效率，结果得出领导特质的清单，这样就可以用来与那些将走上领导岗位的人进行对照以预测他们成功或失败的可能性。传统特质理论认为领导者生而具有领导特质，天生没有这种特质的人不能成为领导。现代特质理论认为领导者的特质是在实践中形成的，可以通过训练和培养加以造就。

美国心理学家斯托格第尔（R. M. Stogdill）于 1948 年在其所写论文《与领导者有关的个人因素：文献调查》中全面总结了这方面的文献之后，将同领导有关的特质因素归纳为以下几个方面：（1）智力；（2）在学术和体育运动上取得过成就；（3）通过可靠性、持久性反映出来的感情的成熟性与稳定性，以及争取不断成功的干劲；（4）参与社会的能力和适应各种群体的能力；（5）对于个人身份和社会经济地位的欲望。1974 年，斯托格第尔在他的《领导手册》一书中进一步提出领导者特质包括以下 10 个方面：才智；强烈的责任心和完成任务的内驱力；坚持追求目标的性格；大胆主动的独创精神；自信心；合作性；乐意承担决策和行动的后果；能忍受挫折；社交能力和影响别人行为的能力；处理事务的能力。

美国心理学家吉伯（C. A. Gibb）在 1969 年的研究报告中指出，天才的领导者应具备以下 7 项天生的特质，分别是：（1）善辞令；（2）外表英俊潇洒；（3）智力过人；（4）具有自信心；（5）心理健康；（6）有支配他人的倾向；（7）外向而敏感。

3．领导个性特质的测评

对于领导个性的心理测验，可以采用加利福尼亚心理测验（CPI）。至 1956 年正式出版时，该测验含有 480 个项目，18 个分量表，具体内容如表 7-3 所示。

表 7-3 CPI 量表

分组	分量表
测量自我确认和人际适应性	支配性（Dominance）、进取能力（Capacity for Status）、社交性（Sociability）、社交风度（Social Presence）、自我接受（Self-acceptance）
社会价值内化程度	责任心（Responsibility）、社会化（Socialization）、自我控制（Self-control）、好印象（Good Impression）、同众性（Communality）、宽容性（Tolerance）、适意感（Sense of Wellbeing）

分组	分量表
测量成就潜能	顺从成就（Achievement via Conformance）、独立成就（Achievement via Independence）、智力效率（lntellectual Efficiency）
其他	心理感受性（Psychological Mindedness）、灵活性（Flexibility）、女性气质（Feminity）

（1）支配性，旨在评估领导能力及社会主动性等因素。高分表示自信、有毅力、专断、有支配力、办事有计划、任务取向、有领导潜能；低分表示拘谨、较少激情、沉默寡言、思维及行动迟缓、回避紧张的场合、对自己信心不足。

（2）进取能力，作为人们达到某种地位能力的一种指标。高分表示具有雄心，力求进取和成功，精力旺盛，洞察力强，足智多谋，能够进行有效沟通，有独立见解和广泛的兴趣，多才多艺；低分表示没有太高追求，眼界和兴趣狭窄，性情温和，迟缓，单纯质朴，不喜欢参与竞争。

（3）社交能力，用于评估个人的社交能力。高分表示爱交际，聪明，喜欢人多的场合，开朗，坦率，合群，思维新颖；低分表示容易害羞，态度超然，传统，在新的社交场合中表现为不安。

（4）社交风度，评估个人是否镇定、自若，及其在社会交往方面的自信心和风度。高分表示思维聪敏活跃，言行热情奔放，精力充沛，在各种社交场合无拘无束，想象力丰富，善于表达和沟通；低分表示谨慎，独创性不强，缺乏想象力，迟疑不决，自我克制。

（5）自我接受，评估个人的自我价值感以及自我确定感等因素。高分表示自我评价较高，相信自己的才能和魅力，并对他人有吸引力，能言善辩；低分表示自我怀疑，容易自责和内疚，行为被动，自我否定。

（6）责任心，评估个人认真负责和可靠性等品质。高分表示有纪律性，办事严谨，认真，一丝不苟，有理智；低分表示不够关心职责和义务，马虎，懒散。

（7）社会化，表明个人的社会成熟水平和自我整合程度。高分表示自觉接受并遵从规章制度、常规和准则等，谦虚诚挚，能自我克制，顺从社会准则；低分表示抵制常规和准则，不守惯例，任性，强求，易生怨恨。

（8）自我控制，评估个人的自我控制、自我调节、摆脱冲动性的能力，并评估自我中心的程度。高分表示善于进行自我克制，能够控制自己的情绪，审慎，有耐心，好思考；低分表示容易冲动，感情和情绪强烈且难以掩饰，易被激惹，直言不讳，以自我为中心，过分追求个人快乐。

（9）好印象，评估个人创造良好印象的能力，关注别人对他的看法和反应的程度。高分表示试图做一些取悦别人的事以给别人好的印象，注重别人对自己的看法和反应；低分表示行为自发，喜欢维持自己的本来面目。

（10）同众性，评估个人反应与问卷中所设立的共同模式相一致的程度。高分表示通情达理，随遇而安，容易合作相处，把自己视为普通人中的一员；低分表示把自己看成独特的个体，与大家共同的观点与爱好不一致。

（11）适意感，评估个人身心健康，不受自我怀疑和不受幻想破灭情绪干扰的程度。高分表示对个人身体和情绪有良好的感受，能尽力工作，对未来持有乐观态度；低分表示过分关注健康问题，有太多顾虑，对前途感到担忧，做事瞻前顾后，思想和行动受限。

（12）宽容性，评估个人容纳和接受他人（信念和价值等）的程度。高分表示能够容纳他人的信念和价值观念，有和而不同的理念；低分表示多疑，对人和事等持明显的审视和怀疑态度，敏感，对他人有着不信任。

（13）顺从成就，确定促成顺从成就的兴趣和动机因素。高分表示喜爱智力活动和知识成就，有强烈的成就动机，喜欢在对任务和要求有明确规定的场所工作，易于合作；低分表示在有严格的规则和要求的场所难以做好工作。

（14）独立成就，确定促成独立成就的兴趣和动机因素。高分表示个人有很强的成就动机，喜欢并会选择在能够激励自由和个人首创精神的场所工作；低分表示成就动机不强烈，在缺乏明确规定、明确方法和明确场所时难以做好工作。

（15）智力效率，确定个人智能能够得到有效发挥的程度。高分表示学习能力强，追求知识，见识广博，有社交能力，效率高，能够发挥智能，专心；低分表示保守，刻板，主动性差。

（16）心理感受性，评估个体对内部需求、动机等因素，评估对别人内心体验的兴趣和反应。高分表示感受性强，对动机的兴趣强，对人们的感受和对事物的看法能够得到准确的评估；低分表示严肃，审慎，对实际和具体事物更感兴趣。

（17）灵活性，评估个人思想和社会行为的灵活性、适应性。高分表示灵活，不拘社会习俗，喜欢纷繁多变的事物，不喜欢重复性，敢于冒险；低分表示缺乏变通性，古板，喜欢平静安稳和有规律的生活，可能有些固执，迂腐甚至僵化。

（18）女性气质，测量个人兴趣的男性化和女性化程度。高分表示欣赏他人，有耐心，乐于助人，有鉴赏能力和忍耐性，尊重他人，诚实，谦逊，被人接纳，受人尊重；低分表示有雄心，男子汉气概，果断，有实干精神和首创性，不易屈服，冷静。

7.2.3　领导风格测评

领导风格是领导者在长期的个人经历、领导实践和领导情境中形成的，在跨时间和跨情境的情况下有相对稳定的特点。每位领导者都有与工作情境、实践经历和个性相联系的属于自己的领导风格。

1．领导风格概述

领导风格一般是指领导方式所表现出的种种特点，如领导方式中表现出的团队导向、参与性、人本取向、自我保护倾向等特点。领导风格的理论价值和实践意义是，它能够反映现实的领导行为和活动，能够解释领导的有效性。

2．领导风格的相关理论

（1）李克特的领导风格。1947 年，李克特等人发现了两种不同的领导风格：任务（生产）导向型的领导行为和员工导向型领导行为。任务导向型的领导风格关心工作的过程和结果，领导者通过管理和施加压力来争取获得良好的绩效，这时下属是实现绩效的工具；员工导向型的领导风格，表现为关心员工，重视人际关系，领导者关心员工的需求、晋升、职业发展等。

（2）丹尼尔·戈尔曼的领导风格论。在《Primal Leadership》一书中，哈佛大学心理学博士丹尼尔·戈尔曼描述了 6 种不同的领导风格，每一种领导风格都源于情商的不同组成部分。具体内容如表 7-4 所示。

表 7-4　丹尼尔·戈尔曼的领导风格论

领导风格	内容
权威型	权威型领导动员员工为了一个共同的想法而努力，并且对每个个体采用什么手段来实现该目标往往会留出充分的余地，它适用于几乎所有的商业情形，该风格中领导者的情商基础是自信、移情能力、改变激励的方式
合作型	这种领导风格是以人为中心，合作型的领导人努力在员工之间营造一种和谐、合作的氛围。这种风格适用于增加团队和谐、加强沟通、提升士气。但该方法不能单独使用，否则容易使员工认为平庸是可以容忍的。该风格中领导者的情商基础是移情能力、建立人际关系、沟通
民主型	该领导风格通过团队人员的参与而达成一致意见，当组织发展方向不明确，或需要新的思想时可以使用该种方法。但是由于众人思想达成一致意见需要耗时耗力，所以这种方法应该在危急时刻使用。该风格中领导者的情商基础是协调合作、团队领导、沟通
教练型	这种风格的重点在于培养人才，教潜在人才如何改进自身表现，并帮助其将其个人目标与团队目标联系起来。这种风格对表现主动积极、想获得更多职业发展的员工更为有效。但运用该风格时管理应适度，否则会适得其反。该风格中领导者的情商基础是发展别人、移情能力、自我意识
示范型	示范型领导人会树立很高的绩效标准，并且自己会带头去实现这些标准，这种领导者很想更快更好地完成任务。该风格可能会打击士气，让员工觉得自己很失败，应当谨慎运用。该风格中领导者的情商基础是责任心、成就动机、开创精神
强制型	强制型的领导需要别人的立即服从。只有在绝对需要的情况下才可以使用这种风格，如组织转型时期；如果长期使用这种领导风格，会导致对员工士气以及员工感受的漠视，为公司的发展带来长期毁灭性的影响。该风格中领导者的情商基础是成就动机、开创精神、自我控制

（3）勒温的领导风格理论。美国依阿华大学的研究者、著名心理学家勒温和他的同事们自 20 世纪 30 年代起就进行关于团体气氛和领导风格的研究。勒温等人发现，团体的任务领导并不是以同样的方式表现他们的领导角色，领导者们通常使用不同的领导风格，这些不同的领导风格对团体成员的工作绩效和工作满意度有着不同的影响。勒温等研究者力图科学地识别出最有效的领导行为，他们着眼于 3 种领导风格，即专制型、民主型和放任型的领导风格，如表 7-5 所示。

表 7-5　三种领导风格的特征

	专制型	民主型	放任型
对待下属的方式	领导者介入具体的工作任务，对员工在工作中的组合加以干预，不让下属知道工作的全过程和最终目标	员工可以自由选择与谁共同工作，任务的分工也由员工的团队来决定，让下属员工了解整体的目标	为员工提供必要的信息和材料，回答员工提出的问题
影响力	领导者以权力、地位等因素强制性地影响被领导者	领导者以自己的能力、个性等心理品质影响被领导者，被领导者愿意听从领导者的指挥和领导	领导者对被领导者缺乏影响力
对员工评价和反馈的方式	采取"个人化"的方式，根据个人的情感对员工的工作进行评价；采用惩罚性的反馈方式	根据客观事实对员工进行评价；将反馈作为对员工训练的机会	不对员工的工作进行评价和反馈

专制型领导是由领导规定团体目标、制定并分配工作任务，靠权力和强制命令进行领导；下属必须奉命行事；该方式靠行政命令指示下属工作，靠惩罚维持权威，靠纪律约束下属行为。

民主型领导是领导者与团体成员共同对将要采取的行动、步骤和决策等进行商议，充分发挥了团体成员的工作积极性和参与意识。

放任型领导是指领导负责布置任务，极少运用其权力对下属的行为进行干预，团队成员具有完全的决策自由和独立性。

根据试验的结果，勒温认为放任型领导的工作效率最低，能够达到社交目标而不能完成工作目标；专制型的领导通过严格的管理后能够达到工作目标，但团队成员的责任感不强，情绪消极，士气低落；民主型的领导工作效率最高，能够完成工作目标，而且团队成员之间关系融洽，工作的积极主动性强。

在实践中，很多领导的领导方式是介于专制型、民主型和放任型之间的，很少有极端型的领导方式。

（4）保罗·赫赛和肯尼思·布兰查德的情境领导模型[1]。保罗赫塞和肯尼迪·布兰查德提出的情境领导模型认为领导者应该根据具体情境运用相应的领导方式。这里的"领导"被定义为影响个人或团体行为而做出的任何努力。情境领导要求领导者对所处情境进行准确分析，根据下属在工作中表现出来的能力和信心采取因人而异的领导方式，即便对待同一名员工，不同时期、不同场合下的领导方法也要有所不同。

情境领导模型通过组合工作行为和关系行为（又称为指导行为和支持行为）将领导风格分为以下4种，如图7-1所示。

支持型 （S3）	教练型 （S2）
授权型 （S4）	指导型 （S1）

图7-1　4种领导风格

① S1 指导型：高工作、低关系。领导者为下属制定角色安排任务并给予具体指示和严格监督。所有决定由领导者做出，沟通是单向的。

举例：消防队长负责扑灭一场大火，为了及时灭火，挽救人们的生命，队长对队员的领导是命令性的，没做任何解释，同时密切关注他的队员是否严格按照指示来完成工作。

② S2 教练型：高工作、高关系。仍然由领导者为下属制定角色、安排任务，但允许讨论，并听取下属的意见和建议，最终决策仍由领导做出，但增加了双向沟通。

举例：一位员工刚刚晋升到一个新的工作岗位上，虽然他不确定该从何处着手，但急于开展工作。经理仔细地向他解释该做些什么以及为什么每个步骤都非常重要，而且在会谈结束之前，这位员工有机会提出问题，并得到经理的回答。

③ S3 支持型：低工作、高关系。领导者将例行的决策权力如工作安排、流程部署交予下属。领导者协调促进下属展开决策讨论，并协助其自行做出决策。

举例：有位新的销售人员将首次单独去拜访客户，但他对此没有信心，经理对他很有信心，认为他能做得很好，因此鼓励他并给予大量的支持。拜访结束之后他还与经理进行了讨论。

④ S4 授权型：低工作、低关系。领导者仍然参与下属的讨论，但控制权由下属掌握。由下属决定在何时、何种情况下领导者需要参与决策讨论。

举例：你的老板知道你明白该如何准备每月的报告，也知道以前你都能准时完成这项工

① 杜林致，张阔，赵红梅. 人力资源测评理论与实务[M]. 广州：暨南大学出版社，2008：160-163.

作，因此他让你自己去做这项工作，而没有插手或命令你去做什么。

3．领导风格的测评

影响领导者成功的重要因素之一是领导者的基本领导风格，为测评领导风格，费德勒设计了 LPC 问卷（见表 7-6）。该问卷由 16 组对应形容词构成，在做测试前先让被测评者回想一下与自己共过事的所有同事，并找出一个被测评者最不喜欢的同事，然后在 16 组形容词中，针对每个词汇都要按从 1（最消极）到 8（最积极）进行排列，对被测评者最不喜欢的同事进行评估，然后针对测评结果判断被测评者最基本的领导风格。

表 7-6　LPC 问卷中的量表

项目	评分								项目
愉快的	8	7	6	5	4	3	2	1	不愉快的
友好的	8	7	6	5	4	3	2	1	不友好的
拒绝的	1	2	3	4	5	6	7	8	接受的
助人的	8	7	6	5	4	3	2	1	敌意的
不热情的	1	2	3	4	5	6	7	8	热情的
紧张的	1	2	3	4	5	6	7	8	轻松的
疏远的	1	2	3	4	5	6	7	8	亲近的
冷淡的	1	2	3	4	5	6	7	8	热心的
合作的	8	7	6	5	4	3	2	1	不合作的
支持的	8	7	6	5	4	3	2	1	敌对的
烦人的	1	2	3	4	5	6	7	8	有趣的
好争的	1	2	3	4	5	6	7	8	和睦的
自信的	8	7	6	5	4	3	2	1	犹豫的
高效的	8	7	6	5	4	3	2	1	拖拉的
忧郁的	1	2	3	4	5	6	7	8	快活的
开放的	8	7	6	5	4	3	2	1	保守的

将以上 16 项的得分相加，若 LPC 大于或等于 64 分则为人际关系型的领导者，LPC 较低（58 分以下）为工作型的领导者，LPC（58～63 分）处于较为理想的位置，但也必须根据具体情境来分析。使用 LPC 问卷只能对个人的基础领导风格进行评估。

菲德勒把影响领导有效性的环境因素归于 3 个方面：（1）职位权力，领导者所处职位具有的权力的大小；（2）任务结构，指任务的明确程度和部下对这些任务的负责程度；（3）上下级关系，即领导者得到被领导者的拥护和支持的程度。

7.2.4　领导行为测评

根据领导者从事的日常工作及领导行为本身，对领导行为进行不同的分类，对领导行为的测评也主要是从这些类别中进行。

1．领导行为的类别

（1）领导者所从事的日常工作有制订公司目标和工作计划，分配工作任务，监督、指导员工工作，与员工沟通，阅读文件，写公文等。分析领导者的日常行为，可以将领导行为分为两种：指挥性的行为和支持性的行为。

其中指挥性的行为是一种单项的沟通，领导是决策者，并明确向下属告知工作过程和步骤，对下属的工作进行严格的监督；支持性的行为是指领导对下属的工作表示支持和指导，鼓励下属主动完成目标，不断强化员工的信心，鼓励员工开拓思维、努力创新、积极进取等。

（2）领导行为的核心包括两个方面：工作行为和关系行为。其中工作行为就是领导者进行组织设计、明确员工职责关系，确立组织、团队和个人的工作目标，强调企业的生产与技术管理，关注员工的工作效率和工作目标的完成情况；关系行为侧重于加强与员工的沟通，关系职工的需求，强调形成融洽的工作氛围和建立互相信任的气氛。

2．领导行为相关理论

（1）领导行为"四分图"理论

1945 年起美国俄亥俄州立大学的学者们通过对不同的团体调查后，得出了两个基本的领导行为维度：体贴（Consideration）和主动结构（Initiative Structure），并提出了"领导行为四分图"理论。该理论把领导的行为模式分为 4 类：低关心人，低关心组织；低关心人，高关心组织；高关心人，低关心组织；高关心人，高关心组织。

（2）领导行为的连续统一体理论

1958 年，美国学者坦宁鲍姆（R. Tannebaum）和施米特（W. H. Schmidt）提出了领导方式的连续统一体理论。他们指出民主型和专制型的领导方式仅是两个极端的情况，在专制型和民主型两种领导方式中间，还存在着一系列中间型的领导方式。这些领导方式构成了一个连续的统一体，它们有对下属相应的授权程度和管理方式，如图 7-2 所示。

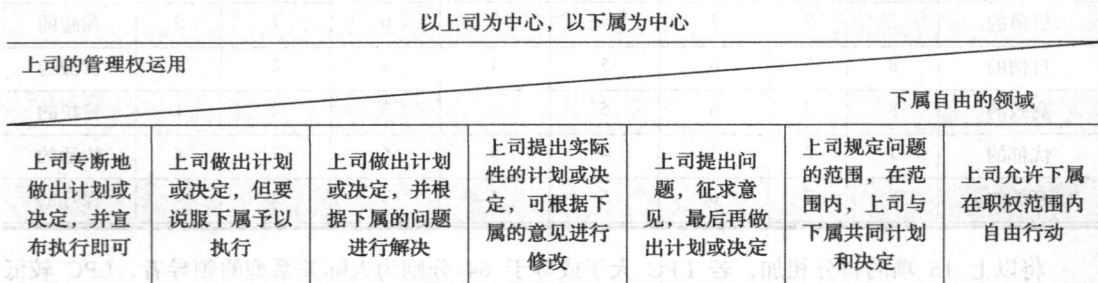

以上司为中心，以下属为中心

上司的管理权运用						下属自由的领域
上司专断地做出计划或决定，并宣布执行即可	上司做出计划或决定，但要说服下属予以执行	上司做出计划或决定，并根据下属的问题进行解决	上司提出实际性的计划或决定，可根据下属的意见进行修改	上司提出问题，征求意见，最后再做出计划或决定	上司规定问题的范围，在范围内，上司与下属共同计划和决定	上司允许下属在职权范围内自由行动

图 7-2　领导行为连续统一体模型

3．领导行为的测评

总结上述关于领导行为模式的实证研究，可以得出结论：领导者的行为模式可以通过多种维度来划分，但一般可以分为两种维度，即人际导向和工作导向。那么，领导行为中关心人和抓工作孰好孰坏并无定论，但可以根据测评结果结合岗位的主要职责发挥行为优势。

日本大阪大学心理学家三隅二不二在 20 世纪 60 年代初期，提出了领导行为 PM 理论。PM理论中的 P 和 M 概念，是三隅二不二引用了卡特莱特和詹德编著的《团体力学》一书而得到的。任何一个团体都具有两种机能：一种是团体的目标达成机能；另一种是维持强化团体或组织体的机能。前一种机能简称为 P（Pe Formance），指工作绩效；后一种机能简称 M（Maintenanee），指团体维系。在积累了大量现场调查的基础上，到 1978 年，三隅二不二通过项目分析和因素分析的方法获得了 60 个题目，构成了 PM 问卷，三隅二不二等人已用 PM 量表测定了 10 多种职业的员工 15 万人次。PM 量表分为两大方面、10 类因素、61 个问题，其中两大方面即领导行为评价和工作情境评价。

（1）领导行为评价

此种评价由各级领导的直接下属完成。在领导行为评价中共包括两类因素。

① 领导的工作绩效（P 因素）。含 10 个问题，目的在于测量领导为完成生产任务而执行的领导职能。主要考查领导的专业知识水平、工作的计划性、依据工作计划和规章制度对下级实施领导的效能。

② 领导的团体维系职能（M 因素）。含 10 个问题，主要测量领导为完成工作任务而表现出来的对于集体的关心和维护。考查领导的工作方法，与下级的工作关系，促进工作团体团结的能力，领导对下属关心的能力，领导的组织、协调效能。

（2）工作情境评价

此种评价由参加调查的被调查者共同完成。在工作情境评价中，共包括 8 个因素，每个因素由 5 道题组成，总计 40 道题。

① 工作激励。考查被调查者对本职工作的兴趣和责任感等，即由工作本身所获得的激励程度。

② 对待遇的满意程度。考查被调查者对诸如工资、奖金等物质待遇及发放办法的满意程度。

③ 企业保健。考查职工本人及家属对本企业工作条件及环境等的满意程度。

④ 心理保健。考查被调查者在工作环境中的人际关系、职责范围以及由此而引起的紧张或不安程度。

⑤ 集体工作精神。考查工作集体的集体意识的强弱程度。

⑥ 会议成效。考查被调查者对以会议形式解决生产难题的效果及其意义的重视程度。

⑦ 信息沟通。了解组织内部上下级之间、同级之间信息交流和意见沟通等情况。

⑧ 绩效规范。了解工作集体设立工作目标和完成任务的集体规范。

除上述 10 个因素、60 道题外，PM 量表还专门设置了第 61 题，用以征询参加调查的人员对这种调查方法的态度。

上述 8 个情境因素中的前 4 个因素，即工作激励、对待遇的满意程度、企业保健、心理保健，是反映个体水平的满意程度的尺度，因而又可称为激励—保健因素；后 4 个因素，即集体工作精神、会议成效、信息沟通和绩效规范，则是反映单位内管理情境状况的指标，所以又可称为组织过程因素。

【启发与思考】

【思考练习题】

1. 泰勒科学管理的内容是什么？
2. 领导能力的概念是什么？
3. 戈尔曼将领导风格划分为哪几种？
4. 温勒的领导风格理论是什么？
5. 结合管理能力相关理论，请阐述领导者需具备哪些素质。
6. 结合个人实际情况，请思考如何提高自身的沟通能力。
7. 作为团队成员，应如何提高团队绩效？

【模拟训练题】

假设你是一个党政机关的工作人员，为了使领导测评定量化、科学化，真实反映领导的全貌，机关制定了这份《领导干部测评指标调查表》，想就管理类领导的指标征求您的意见，以作为制定干部定期测评表的依据。

请你务必把下表通读一遍，表中有 40 项测评指标，从中选择出 10 项对于管理者必须测评的指标，在表中"标记栏"里用"0"表示。然后再选择出 15 项对于管理者应该测评的指标，在表中所对应栏里以"✓"符合表示。

党政领导人才测评指标调查表

结构	序号	测评指标	指标内容	标记栏
	1	政治水平	掌握，贯彻党和政府的方针、政策的深度和广度	
	2	事业心	具有远大理想和明确的奋斗方向	
	3	责任心	对工作认真负责，勇于承担责任	
	4	进取精神	工作中具有上进心，不甘落后	
	5	原则性	坚持原则，敢于同各种不良行为做斗争	
	6	积极性	对工作主动认真，热情高	
	7	纪律性	遵纪守法	
	8	协作精神	与他人在工作中密切配合，不计得失	
政治素质结构	9	团结精神	和睦相处，关系融治	
	10	服务精神	为组织服务主动、热情、周到，文明待人	
	11	集体荣誉感	热爱本企业，维护企业荣誉，保守企业秘密	
	12	正直性	办事公道，为人耿直，坚持正义	
	13	民主性	倾听各种不同意见，有事同他人商量	
	14	求实精神	追求真理，讲求实际	
	15	坚韧性	意志坚强，不畏困难	
	16	以身作则	工作中严以律己，为人表率	

结构	序号	测评指标	指标内容	标记栏
知识结构	17	政治理论	基本政治理论思想	
	18	管理知识	现代管理的基本知识	
	19	技术知识	生产技术上的基础知识和操作方面的基本技巧	
	20	本职专业	具有专家级水平的专业知识	
	21	外语水平	掌握外语的熟练程度和种类	
	22	知识广度	专业以外知识的广博程度	
能力结构	23	口头表达	清晰、准确、流畅地表达自己的观念和情感	
	24	书面表达	简练、有效、工整地表达思想和撰写文章	
	25	说服能力	运用一定的谈话技巧，善于赢得他人的支持	
	26	交往能力	善于同各类人员建立广泛沟通和联系的能力	
	27	自学能力	自己独立学习新知识的能力	
	28	应变能力	较快地适应环境变化，冷静地处理突发事件	
	29	创新能力	对事物有独特见解，可以突破传统而勇于创新	
	30	综合分析	系统、准确、全面地归纳和分析判断问题的能力	
	31	动手能力	实际操作中可以运用已有知识独立解决问题	
	32	决断能力	有预见性，总能果断而有魅力地做出恰当的决定	
	33	协调能力	合理调配人、才、物，协调上下各级之间的关系	
	34	指挥能力	知人善任，统观全局，能下放一定权力，发挥他人的作用	
绩效结构	35	工作数量	完成工作任务的多少	
	36	工作质量	完成工作任务的好坏和效益	
	37	工作效率	完成工作任务的速度快慢	
	38	群众威信	在员工中的威望和信誉的高低	
	39	人才培养	辨别他人能力的特点，并能促进他人适当的发展	
	40	身体状况	胜任本职工作的体力和精力状况	

【情景仿真题】

每 6 位同学 1 组，你们是 B 公司人力资源部的成员，现在公司需要招聘市场经理和项目经理，需要对他们的管理能力进行测试，你们需要编制 1 套包含创新能力、团队能力、沟通能力、绩效能力、激励能力、目标能力的测试题，你们有两周的时间完成任务。

管理能力测试试题

考生姓名：专业：应聘日期：成绩：

一、创新能力测试题（　　　）

……

二、团队能力测试题（　　　）

……

三、沟通能力测试题（　　　）

……

四、绩效能力测试题（　　　）

……

五、激励能力测试题（　　　）

……

六、目标能力测试题（　　　）

……

第 3 部分

人才测评的实务与应用

第8章 人才测评指标标准的建立

学习目标

1. 了解人才测评指标标准的定义及作用。
2. 理解并掌握人才测评指标的构成要素。
3. 掌握人才测评指标体系建立的流程。

引导案例

R公司品牌推广人员测评指标设计

R 公司是一家集日常生活用品研发、生产、营销于一体的大型企业，经过近几年的快速发展，开发了一系列产品，并在市场上塑造了自己特有的品牌形象。为了发现和用好品牌推广方面的人才，并为公司的可持续发展提供一个可持续发展的环境，R 公司决定针对品牌推广人员设计一套规范合理的绩效考评体系。通过测评，R 公司要达到以下目的：一是对每个品牌推广人员进行全面公正的评价，以便更好地配置人力资源；二是挖掘出一些具有发展潜力的人才，并重点培养；三是让员工能更好了解自己，以提升他们的绩效水平。

人力资源部张经理在两位测评专家的帮助下，从公司内部另挑选了五位人员组成品牌推广人员绩效考评体系的设计小组。设计人员首先进行了工作分析、查阅了品牌推广人员的职位说明书，然后和总经理、营销副总、市场部经理等相关的管理人员进行沟通，了解了该职位员工的实际工作状态。

设计人员分析整理品牌推广人员的工作职责、任职资格和访谈结果后，最终形成了品牌推广人员的测评指标体系，如下表所示。

测评要素		得分	权重	测评要素		得分	权重
测评维度	测评内容			测评维度	测评内容		
知识素质	1. 知识素质水平		10%	职业素养	6. 诚信倾向		10%
能力倾向	2. 判断推理水平		10%		7. 工作态度		10%
	3. 语言表达能力		10%		8. 成本意识		10%
人格	4. 职业兴趣倾向		10%	专业能力	9. 应变能力		10%
	5. 个性特征		10%		10. 人际交往能力		10%

（资料来源：王文成：人员素质与能力测评[M]. 北京：中国电力出版社，2014：41）

思考题

1. 在设计测评指标时，设计者运用了什么方法？
2. 上述测评指标体系有哪些可取之处和应改动的地方？
3. 一个完整的人才测评指标体系方案的设计应该包括哪些流程和步骤？

前面几章主要介绍了人才测评的基本理论知识和人才测评的主要方法，本章主要介绍人才测评指标标准的建立，即把抽象与广泛的测评内容转化为具体可操作的标准体系。

8.1　人才测评指标体系概述

人才测评是一项系统、复杂的工作，测评内容广泛，测评因素众多。测评主体的价值观、专业、经验及测评角度的差异，会导致不同的测评主体对同一测评对象的评定结果有所区别。建立人才测评指标体系，可以统一测评主体的评价标准，提高人才测评的准确性和客观性。

8.1.1　测评指标的定义与作用

1．测评指标的定义

测评指标是人才测评目标操作化的表现形式，是指能够反映测评对象特定属性的一系列考察要素或维度，它是表征测评对象特征状态的一种形式。例如，你购买一台笔记本电脑，你需要对这台笔记本电脑进行测评（验货），那么你要测评这台笔记本电脑的哪些内容呢？众所周知，电脑的指标主要有外观、分辨率、处理器、重量、尺寸等，通过对这些主要指标的测评，你就能对这台笔记本电脑的性能有整体了解。人才测评同样需要指标。

人才测评指标是通过测评要素、测评标志与测评标度的形式，把测评对象物化为指标内容或细化为条目的形式，把测评标准物化为测评标志与标度，使测评对象与测评标准联结起来，它是衡量和评价与工作有关的个人素质的维度。

在企业人才测评的应用中，基于不同的测评目的，其测评的主要指标会存在差异。对于测评指标的数量并无固定的标准，但是一般而言测评指标数量不能过多。评价中心专家乔治·C.桑顿三世在针对各类评价中心进行分类研究时指出，"晋升选拔类和技能发展类评价中心的指标数量较少，为5～7个；基于培训需求诊断的评价中心指标数量较多，为8～10个。"

2．测评指标的作用

（1）物化联结作用：物理测量以物量物，具体可行，素质测评的客体是人员和工作岗位，是客观的。但素质测评的对象是素质、绩效及工作因素等，这些是抽象的。但是，测评主体依据的参考价值标准却是主观的，这就使得素质测评是以主观度无形，以观念评抽象，不易操作。建立测评的标准体系把对象物化为测评内容、目标和指标，再把测评指标具体化为标准、标度与标记，这就使对象和测评标准体系联结起来，便于比较和评定。

（2）导向统一作用：测评指标是一个标志，引导大家行动。测评人员要在短时间内评价一个人是否能够胜任某一岗位，必须有的放矢。即有个统一的指标，按照职位所要求的各项能力指标，建立统一的选拔标准，以防止不公正的现象发生。

（3）防止主观片面与深化认识作用：按标志分要素与标度测评，克服了主观随意性；同时在制定指标过程中又加深了对测评对象的认识。在测评的过程中可能会发生一些主观认知偏差，如晕轮效应、首因效应、刻板效应等问题，为了一定程度上减少这些主观片面导致的负向影响，在测评前应当建立各项测评指标和权重。

测评指标体系应当包括测评指标和测评权重。测评指标包括测评要素和测评指标标准。测评指标要素又包括测评维度与测评内容。测评指标标准包括测评指标标志和测评指标标度（见图8-1）。下面我们将逐一讨论。

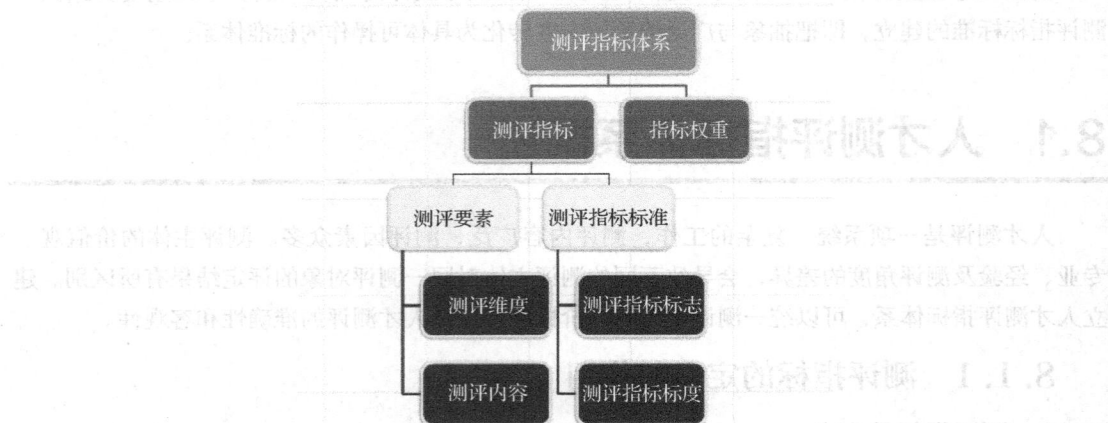

图 8-1　测评指标体系结构

8.1.2　测评指标的要素

1．测评指标的维度

测评指标的维度是人才测评工作的核心，人才测评是按照特定目标对人才素质进行评价。离开了测评维度，人才测评工作就会失去目标。

一般来说，常用的测评维度包括意愿素质、智能素质、人格素质、知识素质 4 个方面的内容。其中意愿素质包括动机、态度、责任心、诚信、兴趣等；智能素质包括管理能力、领导能力、组织能力、创新能力、计划能力、控制能力、语言表达能力、文案写作能力、应变能力等；人格素质包括性格、气质、情绪稳定性等；知识素质包括专业知识和社会知识等，旨在测评被测评者知识的广度和深度。

测评指标的维度具有严密性、简明性和准确性的特点。

严密性，是指测评维度的设计必须经过科学论证，坚持理论和实践相结合的原则来设计。

简明性，就是测评维度的名称应简洁明了，言简意赅，便于直观理解，便于人才测评。

准确性，就是测评维度的设计要符合测评目的的需要，要能准确地把测评目的所要求的最关键、最必需的素质项目包括进去。

2．测评指标的内容

测评内容是测评维度的细化条目，即确定测评维度到底有哪些方面。例如，对领导者测评的一项重要维度就是管理能力，而管理能力又可以细分为领导能力、组织能力、协调能力、决策能力及判断能力等内容。测评要素的范例具体如表 8-1 所示。

表 8-1　测评要素范例

测评维度	测评内容	
管理能力	领导能力	……
	组织能力	……
	协调能力	……
	决策能力	……
	判断能力	……

8.1.3 测评标准

1．测评指标的标志

测评标志是测评要素确立的关键性界定特征或描述特征，需具有易操作、可分辨性。一个测评要素可以通过多个测评标志来说明，且其表现形式多种多样，具体内容如表 8-2 所示。

分类方法	类别	内容	举例
按照对测评指标的提问方式划分	评语短句式	对所要测评的要素做出判断与评论的句子	对于学习态度的测评，可以用以下评语断句来表述：学习积极主动，经常提出一些问题或建议；学习较主动，偶尔能提出一些问题或建议
	设问提示式	以问题的形式提示测评主体把握考评要素的特征	对协调性的测评，可以用以下设问提示来表述：合作意识怎么样？见解、思想固执吗？自我本位感强吗
	方向标志式	规定从哪些方面来测评，并没有具体规定测评的标志与标度	对求职者工作经验的测评，可以用以下方向标志式的形式来表述：主要从求职者所从事工作的年限、对工作的熟悉程度、工作成果的大小等方面进行考评
按照测评指标的操作方式划分	评定式	指无法用仪器、仪表等工具测量或计算出有关标志的精确数据时，需要根据现场观察、对相关资料的分析等，由测试者根据有关标准评定出结果的标志	人才测评中的品德素质指标就属于评定式标志
	测定式	利用各种测量仪器或测评工具等直接测出或计量，并根据有限标准直接确定测评标度	绩效测评中的产品数量、产值大小等属于测定式标志

2．测评指标的标度

测评标度是对测评标准外在形式的划分，常常表现为对素质行为特征或表现的范围、强度和频率的规定。测评指标的标度大致可以分为量词式、等级式、数量式、定义式、综合式等。

（1）量词式标度，是用带有程度差异的形容词、副词、名词等修饰的词组刻画与揭示有关测评标志状态、水平变化与分布的情形，如"多、较多、一般、较少、少"。

（2）等级式标度，是用一些等级顺序明确的字词、字母或数字揭示测评标志状态、水平变化的刻度形式，其中等级与等级之间的级差应该具有顺序关系，最好还要有等距关系。例如，"优、良、中、差"；"甲、乙、丙、丁"；"A、B、C、D"；"1、2、3、4"等。

（3）数量式标度，是以分数来揭示测评标志水平变化的一种刻度。它有连续区间标度与离散点标度两种，如表 8-3 和表 8-4 所示。

表 8-3　连续区间标度示例

测评内容	测评标志	测评标度
合作性	亲密合作	5～4
	积极合作	4～3
	愿意合作	3～2
	尚能合作	2～1
	不合作	1～0

表 8-4　离散点标度示例

测评内容	测评标志	测评标度
理解分析能力	能抓住实质，分析透彻	5分
	接触到实质，分析较为透彻	3分
	抓不住实质，分析不透彻	0分

（4）定义式标度，是用许多字词规定各个标度的范围与级别差异，如表 8-5 所示。

表 8-5　定义式标度示例

测评要素	定义式标度		
要素描述	A	B	C
迟到情况	基本无	很少有	经常
业绩如何	超出目标	基本达标	与目标有很大差距

（5）综合式标度，一般是综合上述两种或更多的标度形式来揭示测评标志不同状态与水平变化的情况。

8.1.4　测评指标的权重

权重是一个相对的概念，即测评指标在测评体系中的相对重要性或测评指标在总分中应占的比重，其数值表示即为权重。测评指标权重是根据测评指标来确立的，首先必须有测评指标，然后才有相应的权重。指标权重的选择，实际也是对人才测评指标进行排序的过程。

测评指标权重的确定与测评对象和测项目的相关。不同对象的同一测评指标，其具体解释和分数是不一样的，如"语言表达能力"这一测评指标，在招聘销售专员、行政专员和研发人员时的要求是不一样的。考虑到不同测评方法对同一测评指标的要求不同，其评价标准（分数）也是不一样的。如同一指标同时在笔试、面试、情景模拟和小组讨论中被检测时，其权重就不一样。

所以对不同的组织性质、组织文化、部门、人员和测评方法来说，各个指标的权重应不一样，测评实践中应综合运用各种方法科学设置指标权重，并根据需要适时进行调整。

1．测评指标权重的设置方法

通常来说，设计者可以通过以下 5 种方法来设置权重，具体内容如下。

（1）主观经验法。设计者凭自己以往的经验直接给测评指标设定权重，一般适用于设计者对测评客体非常熟悉和了解的情况。

（2）主次指标排队分类法。也称 A、B、C 分类法，具体操作分为排队和设置权重两步。其中，排队是将测评指标体系中所有指标按照一定标准，如按照其重要性程度进行排列；设置权重是在排队的基础上，按照 A、B、C 3 类指标设置权重。

（3）专家调查法。聘请有关专家，对测评指标体系进行深入研究，由每位专家先独立地对测评指标设置权重，然后对每个测评指标的权重取平均值，作为最终权重。

（4）比较加权法。以同级测评指标中重要程度最小的那个为标准，其他各指标均与之比较，做出是它多少倍的重要性的判断。

（5）层次分析加权法。层次分析法（Analytic Hierarchy Process，AHP）是美国运筹学家 T. L. Saaty 于 20 世纪 70 年代提出的一种系统分析方法，其基本原理是把复杂问题分解若干层次和若干因素，在各层次之间进行简单的比较和计算，得出不同因素的权重，并在此基础上进行定性和定量分析的决策。层次分析法在人才测评的权重确定中也应用较为广泛，很多企业在应用此种方法。

2. 测评指标加权的形式

测评指标的权重如有变动，绝对指标值和平均数也变动，所以权重是影响测评指标数值变动的一个重要因素。给测评指标加权一般以赋分的形式和权重系数的形式来表现。

（1）赋分的形式，是把一定数量的总分按照特定的比例分派到不同层次的测评指标上的过程，通常以绝对数（频数）表示。

（2）权重系数，是依据测评指标体系中各部分指标相对总体的不同"价值"赋予其不同的百分数，以区分测评指标在总体中的重要性，通常以相对数（频率）表示，相对数是用绝对数计算出来的百分数（%）表示的，又称比重。

以手机销售人员的测评指标体系为例，表 8-6 所示为一个简化的测评指标的加权形式。

表 8-6　相对权重形式示例

测评内容	赋分的形式	权重系数
品行素质	30 分	30%
知识素质	20 分	20%
技能素质	16 分	16%
能力素质	28 分	28%
身体素质	6 分	6%
合计	100 分	100%

3. 测评指标权重的确定原则

（1）系统优化原则。每个指标对人才测评指标体系都有相应的作用和贡献，所以，在确定测评指标的权重时，不能只从单个指标出发，而是要遵循系统优化原则，处理好各测评指标之间的关系，把整体最优化作为出发点和追求的目标，合理分配权重。

在系统化原则的指导下，对测评指标体系中各项测评指标进行分析对比，权衡每个指标对整体的作用和效果，然后对指标的相对重要性做出判断。确定测评指标的权重，既不能平均分配权重，又不能片面强调某个或单个指标的最优化，而忽略其他指标的功用。在实际测评工作中，应该使每个测评指标发挥其应有的作用。

（2）设计者的主观意图与客观情况相结合的原则。测评指标的权重反映了设计者和组织对人员工作的引导意图和价值观念。当他们觉得某项指标很重要，需要突出它的作用时，就必然赋予该指标较大的权重。但客观情况往往与人们的主观意愿不完全一致，所以确定权重时要考虑历史指标和现实指标、社会公认要素和组织的特殊性、同行业和同工种间的平衡 3 个问题。在设计测评指标时要考量以上 3 个问题，实现测评中引导意图与现实情况的结合。

（3）民主与集中相结合的原则。权重是对测评指标重要性的认识，是定性判断的量化，它往往受个人主观因素的影响。不同的人由于个人能力、价值观和态度的不同，对同一指标有各自的看法，在确定测评指标权重时就需要实行民主与集中相结合的原则，集中相关人员的意见形成统一的方案。这个过程有以下 3 个方面的优点。

① 考虑问题比较全面，使权重得到分配合理，防止个人认识和处理问题的片面性。

② 客观地协调了相关人员的意见，经过讨论、协商、考察各种具体情况后而确定的方案，具有很强的说服力，预先消除了许多不必要的纠纷。

③ 这是一种参与管理的方式，在方案形成过程中，由各方提出意见，对测评目的和测评体系进一步了解，在日常工作中可以更好地按原定的目标进行工作。

8.1.5 测评指标的分级

测评指标的分级是指对测评指标广度和深度的精细化划分。这有利于精确的测评到被测评者在该测评指标上的素质水平。

按照测评指标广度划分，从横向来看指标体系具有一定的层次结构，第一层称为一级指标，第二层称为二级指标，第三层称为三级指标；从纵向来看，测评指标由各个不同的维度组成，各测评维度按照其深度划分，按照由浅入深的顺序又分为不同的等级，如表 8-7 所示。

表 8-7　测评指标的分级示例

测评指标	等级	内容
人际理解能力	1 级：理解情感或内容	对现有情感或明显内容有所理解，但却不是两者都能理解
	2 级：理解情感及内容	对目前情感和明显内容都理解
	3 级：理解意义	对当前的、未表达出或表达得很拙劣的意义都能明白
	4 级：理解深层意义	对他人潜在问题有所理解，理解某人持续的或长期的感觉、行为或者关切之原因
献身组织精神	1 级：有努力适应的行为	该行为包括穿着得体，尊重公司的做法和事情，做到公司所期望的
	2 级：表现出忠诚的榜样	尊重并接受上级认为重要的事情，希望帮助他人把他们的工作做好，可能表示对公司有感情，或表示出对公司形象的关切
	3 级：支持公司	表现出支持公司的使命和目标，为了达到公司的要求，适应公司的使命，能与他人合作达到公司目标，表现出以公司使命为重的行为
	4 级：为公司牺牲自己个人的利益	把公司的利益置于个人利益之上，包括牺牲自己的专业形象、嗜好和家庭生活，或为了整个公司的利益，做出顾全大局的决定

8.2　人才测评指标体系建立

人才测评指标体系是由一群特定组合、相互关联的测评指标组成的，该体系体现了各个指标之间的内在联系和各指标在整个评价体系中的重要性。设计测评指标体系有利于统一评价标准，有利于对被测评者进行比较分析，人才测评指标体系的建立是人才测评工作的基础。

8.2.1　人才测评指标体系建立的依据

建立人才测评指标体系需要解决两个方面的问题，一是对被测评者的素质进行分解，这是人才测评指标体系的横向结构，它注重测评要素的明确性、完整性和独立性等；二是将每一个要素用规范化的行为或表征进行规定或描述，这是人才测评指标体系的纵向结构，它侧重于测评要素的针对性、可操作性、合理性等。

1．人才测评指标体系的纵向结构

在人才测评指标体系中，一般在人才测评目的下规定测评内容，在测评内容下设置测评目标，在测评目标下设置测评项目，在测评项目下设置测评指标。

（1）测评目的。确定测评目的是设计人才测评指标体系的前提和基础。一般看来企事业单位组织人才测评有以下3个方面的目的。一是选拔性人才测评，将人才测评作为人力资源获取的依据；二是开发性人才测评，将人才测评作为找到人才能力短缺和发展潜力的依据；三是考核性人才测评，为绩效考核提供依据。

（2）测评内容。测评内容是指测评所指向的具体内容和相应的范围，如科技工作者测评中的"思维能力"和"创造力"，研究生考试中的"数学""英语""专业课考试"等。

测评内容的正确选择与规定应根据测评目的而定，应尽最大的努力使测评内容具体化，切忌抽象和空洞。在确定测评内容时，应先分析被测评者的特点，找出其值得测评的因素，针对测评目的和职位要求进行筛选。

（3）测评目标。测评目标是对测评内容的抽象性概括，是对测评内容筛选、综合后的产物，它具有实在独立的意义。测评内容与测评目标具有相对性和转化性，如"管理能力"作为测评内容，而它相对于"才能"来说可能是一个测评目标；"品德"作为测评内容，而它表现出的"诚实""正直""谦虚"则是测评目标。

（4）测评项目与测评指标。测评项目是对人才测评目标的具体规定，如测试英语能力（测评目标）时注重听说读写（测评项目）4个方面，而测评指标是对测评项目的具体分解，如测试英语听力时分为听短语、听句子、听情景对话等。

人才测评指标体系对人才测评对象的数量和质量起着"标尺"的作用，人员素质的特征只有通过测评体系才能表现出它的相对水平与内在价值。

2．人才测评指标体系中的横向结构

人才测评指标体系中的横向结构可以分为3个要素，结构性要素、行为环境要素、工作绩效要素。

（1）结构性要素。结构性要素主要关注人员身体素质和心理素质，这从静态的角度反映了人员素质及其功能行为的构成。身体素质包括生理方面的健康状况和体力状况两方面；心理素质主要包括品德素质、文化素质和心智素质等，这3个方面共同成为个人内在的精神动力，调节和控制着人员能力的发挥。

（2）行为环境因素。行为环境因素主要考察人员的实际工作表现及其所处的环境条件，它是从动态的角度反映人员素质及其功能行为特性。在进行人才测评指标体系设计时，可以通过建立行为环境指标体系来全面反映人员的素质及功能特性。其中行为环境要素中的内外部环境如表8-8所示。

表8-8　内外部环境的表现形式

内部环境	外部环境
内部环境指个人自身所具备的素质，它直接影响个人能力的发挥，如文化水平、技能水平等	外部环境指外界客观存在的，间接影响个人行为表现的环境条件，包括工作性质和组织背景两方面 1．工作性质指工作难度、责任、范围、权限和工作条件等 2．组织背景包括领导因素、团队素质、组织文化、组织沟通等

（3）工作绩效要素。工作绩效要素的理论基础在于个性与环境的相互作用结果形成了一定的工作绩效。工作绩效是个人素质与能力水平的综合体现，如团队工作绩效即团队素质与能力的综合体现。工作绩效要素主要包括工作数量、工作成果、工作质量、工作效率、人才培养与成长等指标。

3．人才测评指标体系的基本模型

根据上述人才测评指标体系的纵向结构和横向结构，其基本模型如图8-2所示。

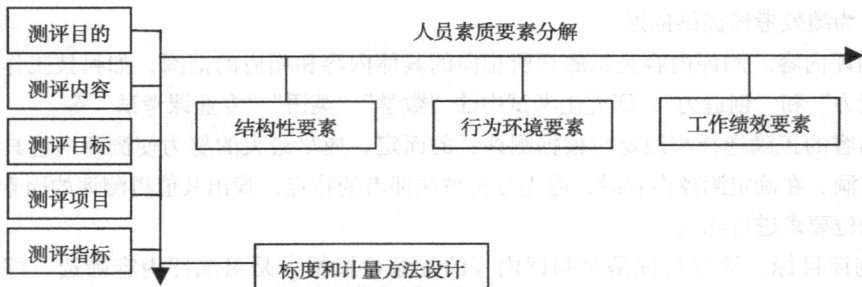

图8-2　人才测评指标体系的基本模型

8.2.2　人才测评指标体系建立的流程

建立人才测评指标体系一般需要下述7个步骤。

1．明确人才测评的客体与目的

人才测评指标体系的建立，必须要以一定的测评客体为对象。人才测评客体的特点不同，测评指标体系就不同，即使是同一个测评客体，若测评的目的不同，所制定的测评指标体系也不会相同。

人才测评客体的特点一般由行业性质和职业特点决定，企事业单位中员工的测评指标体系明显不同于农民的测评指标体系，组织内技术研发人员和销售人员的测评指标体系显然完全不同。测评目的为开发性的人才测评指标体系显然也有别于配置性的人才测评指标体系。

2．编制人才测评量表

（1）设计测评内容

设计测评内容主要表现在确定测评要素、设计测评项目与测评指标。

测评要素表示测评对象的总体特征，人才测评指标体系需要有明确的测评要素，如智商、情商、心理素质等，在编制人才测评量表时首先要根据测评需要明确具体的测评要素。测评项目主要反映测评要素的具体特征，测评指标主要是说明测评项目的具体内容。

要从概念和理论上对测评要素、测评项目和测评指标进行探讨，弄清其实质内涵和外延，以确保其内容效度，使测定的问题或条目准确地反映要测定的内容，如表8-9所示。

表8-9　指标体系的层次结构

一级指标（测评要素）	二级指标（测评项目）	三级指标（测评指标）
文化素质	知识素质	……
	专业知识	……
	技能素质	……

（2）测评内容设计的基本原则

① 同质原则，测评指标的内容和标志特征要与测评的对象的特征相一致。

② 针对性原则，针对某一具体岗位、职业类别或行为特质设计合理的测评要素体系。

③ 完备性与精练性相结合原则，指处于同一测评体系中的各种指标内容相互配合，使整个测评对象包含在评价标准体系内容之中；同时测评指标的设计应尽量简单，应把不必要的指标删去，在获得所需要的功能信息基础上，提高测评的有效性。

④ 可操作性原则，测评内容应能够使用工具进行客观的测量和评价，在进行测评内容设计时，措辞应当通俗易懂，避免意义含糊不清。

⑤ 独立性原则，即同一层级上的任何两个指标不能存在重叠和因果关系。

⑥ 结构性原则，指考评指标体系在总体上要有条件、过程与结果 3 个方面的指标，从多方面多角度进行测评，以确保测评的有效性。

⑦ 不平等原则，进入测评体系的各种测评内容对测评结果的贡献是不一样的，其贡献率可用权重来表示。

3．筛选并表述人才测评指标

对每个人才测评指标都必须进行认真的分析，遵守内涵明确原则和不重复原则，使测评者、被测评者及第三人都能明确测评指标的含义。另外，测评指标应避免涉及隐私、社会敏感性的问题，应把内容上有重复的指标筛掉。同时针对可操作性原则，用比较简单可测的指标去替代可测性较差的指标。

4．制定测评标准

测评标准由测评标志和测评标度两个部分组成。清楚、准确地表述和制定测评标准是使测评指标体系具有可操作性的关键步骤。

5．确定人才测评指标权重

在人才测评指标体系中，各个指标所处的地位和作用不同，所以每个测评指标所使用的权重也必然不同。要根据实际需求，科学合理地设置人才测评指标的权重。

6．规定人才测评指标的计量方法

在完成人才测评后，需要对各指标的测评标度进行综合分析来得到相应的测评结果，所以在设计人才测评体系时需对各测评指标的计量问题进行规定。

人才测评指标是由多方面的属性和因素构成的集合体，一些测评指标的内涵是模糊的，其外延也无法界定。因此，如果没有对每一个指标的计量方法进行科学统一的规定，仅仅靠权重的话，测评结果会产生很大误差。

测评指标的计量由两个因素决定，具体包括计量等级及其对应的分数和计量的规则或标准。

（1）为了使测评结果规范化和统一化，实现记分的简单化，对于人才测评指标体系中的每一个指标，可采取统一的分等记分法，即每个测评指标均分为 1～5 等。一等代表最好的水平，记作 5 分；二等代表较好的水平，记作 4 分；三等代表一般水平，记作 3 分；四等代表较差的水平，记作 2 分；五等代表最差水平，记作 1 分。这种分等记分法简单规范，便于最后统一运算。

由于不同的两个测评指标在总体中的权重是不同的，因而即使在分等记分法中，虽然某些测评指标的测评值相等，但它们最终的实际得分并不相同。如指标 A 的权重为 20%，所得测评值为 5 分，则最后得分为 1 分；指标 B 的权重为 40%，所得测评值为 5 分，则最后得分为 2 分。

（2）计量的规则或标准，一般依据具体情况而定，有以下两种常见的情况。

① 客观性测评指标。有些测评指标具有客观性的数据与结果，如打字速度、出勤率、销售业绩等均可采取客观性的计量方法来计量。客观性的计量可以采用"参考标准"法和排序法。

"参考标准"法。即列出与测评指标有关的"参考标准"，"参考标准"可以采用公司内、行业内有关政策的规定，也可采用国内外提供的经验数据，在计量中以"参考标准"为"效标"，根据测评的对象偏离"效标"的实际程度来确定相应的等级。

排序法。即把测评对象在某一测评指标上实际达到的水平按照从高到低的顺序排队，以获最高分者得 5 分为标准，除此之外的按比例量表折算，确定等级得分。

假如被测评的总体是 5 个工人，测评指标是产品质量，在某月底抽检到他们的优质产品分别为 15 件、13 件、10 件、8 件和 6 件。这里件数最多的是 15 件，因此规定件数最多（15 件）的这个工人在产品质量上的得分就为 5，其余的依次为 4.3 分、3.33 分、2.67 分、2.0 分。

② 主观性的测评指标。在人才测评指标体系中，有些测评指标没有客观性的数据与结果，也没有可参考的量化标准。这就要求测评者在调查研究的基础上，结合当前实际情况对指标进行定性分析，然后根据以往的经验和实际需求来确定测评对象在该指标上的等级水平并给予相应的分数。

为保证测评的结果相对客观与准确，测评者不能是一个人而必须是一个群体。具体的计量方法是，首先要求每个测评者对同一测评指标按统一的等级量表进行测评，然后统计出各个评判等级上的总人数，并据此算出分数。如有 20 个面试官测评同一个应聘人员的"语言表达能力"的测评结果，4 个面试官对其评价为一等 5 分，6 个面试官的评价为二等 4 分，5 个面试官的评价为三等 3 分，5 个面试官的评价为四等 2 分，没有面试官将其评为五等 1 分，则这个应聘者在"语言表达能力"这一测评指标下的得分为

$$5 \times (4/20) + 4 \times (6/20) + 3 \times (5/20) + 2 \times (5/20) = 3.45$$

主观性测评指标除上面介绍的方法外，还有下列 4 种方法计量，如表 8-10 所示。

表 8-10　主观性测评指标的测量方法

计量方法	内容
分点赋分法	先将测评指标划分为若干等级，然后根据指标等级的重要程度来指派该测评指标的分数（权重），保证每个分数值与相应的等级对应
分段赋分法	先将测评指标划分为若干等级，然后根据等级的重要性及个数划分为相互连接的数段，来指派各测评指标的分数（权重）
连续赋分法	先把测评指标水平等级看成一个连续的系统，用 0~1 的任何数值来表示被测评者在相应指标上的水平，然后再把这个小数值与该指标被赋予的权重分数相乘即得到测评分数
积分赋分法	用文字描述测评指标的不同等级或不同的要素（指标），把测评指标权重分数分派到各个要素上去，各判定要素分数相加即为该测评指标的测评分数
	积分赋分法具体又分为分等积分法和累计积分法两种。其中分等积分即测评指标各要素上分派的分数均相等；累计积分就是测评指标各要素上分派的分数不相等

7．试测、修改并完善测评指标体系

在试测时要注意主体和客体的选择、情景的控制，并对突发情况进行记录。人才测评指标的设计者需选择自己熟悉的测评客体来做检验，这有利于将实测结果与实际情况进行对比；要尽量选择各种层次中有代表性的客体进行试测，试测场景要与将来测试时的正式场景无实质性的差别；试测中如发生误解误用、操作时间不平衡等情况时需要进行详细记录。

针对试测的结果，对测评指标体系进行不断完善，使其达到客观、准确、可行，以保证正式测评时的可靠性和有效性。

8.2.3　行业人才测评指标体系的建立

随着社会分工越来越精细，行业也越来越多。虽然所有的行业都具有共性，如对利润的追求，规模的不断扩大，人员素质要求上要积极主动、敢于承担责任、对企业文化认同等，但各个行业对外却主要表现为自己的特殊性，特别是在人员选拔上，每个行业都有所侧重，如服务业，要求人员具有较高的服务意识；高科技行业，要求人员要具备较高的创新能力和学习能力。

根据每个行业对人员要求的特殊性以及行业发展成熟度的不同，在行业人才测评指标体系建立时，要有各自不同的侧重点。

表 8-11 所示为对几个较为典型行业的分析，根据各行业测评重点，提供了不同的测评指标。

表 8-11　人才素质的构成体系

行业	需求分析	测评指标
生产制造业	全面严格的质量控制力 安全生产	废品下降率、产品质量合格率、生产伤害频率、有无人员伤亡等
服务行业	人际交往技能 客户服务意识	客户投诉率、客户满意度、应急事件处理能力等
高科技行业	创新能力 科技敏感度 高科技信息把握能力	新产品开发计划达成率、提出新创意次数、技术改进方案可行性、高科技信息与现有工作结合能力等
文化产业	思维创新性 策划能力	项目计划完成率、提出新创意次数、客户接受程度等

8.2.4　岗位人才测评指标体系的建立

公司岗位的设置是与公司所处的内外环境相关的，不同的岗位具有不同的胜任素质要求，因此，岗位人才测评指标体系的建立主要有 3 个来源。

一是组织的特性。组织的特性是岗位人才测评指标体系建立的最原始资源，所有指标都应当仅仅围绕组织的特性。

二是部门目标。部门会根据部门内部的目标事先对各岗位进行职责设置，包括各岗位的能力、个性及知识技能等。

三是岗位职责。岗位职责是人才测评指标体系设立的重要参考。

表 8-12 所示为某公司基层管理岗位素质测评指标体系的示例。

表 8-12　某公司基层管理岗位素质测评指标体系示例

测评要素	内容	权重	测评标志	测评标度
个人内在能力（A%）	专业知识水平	A1%	仅一般了解本专业知识，对于相关的学科知识知之甚少	1～3分
			掌握本专业知识，仅一般了解与本专业相关的学科知识	3～6分
			熟悉本专业工作、掌握与本专业有关的多学科知识	7～10分
	专业技能	A2%	对本岗位工作有初步经验，基本符合岗位要求	1～3分
			有一定的岗位工作经验，能带领他人工作	3～6分
			有丰富的工作经验，能指导他人工作	7～10分
	开拓进取意识	A3%	对开拓性任务有极大的热情，但是需要导师指导	1～3分
			对开拓性任务能够胜任，且能够提出改进意见	3～6分
			有很强的开拓意识，主动承担挑战性任务，提出好建议	7～10分
人际沟通能力（B%）	人际关系营造能力	B1%	在工作场所，基本能够维持正式的人际工作关系	1～3分
			在工作之外的俱乐部、餐厅等地与同事、顾客进行接触，或能够相互家庭拜访	3～6分
			与同事、顾客成为亲密的朋友，并善于对人际资源归类，合理利用人脉	7～10分
	信息沟通能力	B2%	书面和口头表达能力一般，需要上级指导工作	1～3分
			书面和口头表达能力较强，表达清晰，能独立撰写方案	3～6分
			书面和口头表达能力很强，能准确表达意见并切中要害，能独立、快速完成重大方案的撰写	7～10分
组织管理能力（C%）	统筹计划能力	C1%	基本上按工作计划进度的要求工作，通常不能承担较多工作，时间利用率一般	1～3分
			计划性较强，能统筹安排自己的工作，时间利用率较高	3～6分
			计划性强，能合理安排多项工作，时间利用率高	7～10分
	预测判断能力	C2%	判断力、预测力一般，反应能力较慢	1～3分
			具有较好的判断力，能够根据现状准确预见，并做出反应	3～6分
			具有准确的判断力，能根据现状准确预见并及时做出反应	7～10分
	执行能力	C3%	执行能力尚可，但完成任务的质量一般	1～3分
			执行能力较强，能够创造条件，完成多项任务	3～6分
			执行能力很强，能够创造性地执行各项任务	7～10分
	指导能力	C4%	下属 1～6 人，能进行一般的监督指导；或下属 1～3 人，能够严格监督指导	1～3分
			下属 7 人，一般监督指导；或下属 4～6 人，能够较严监督指导	3～6分
			下属 7 人，较严监督指导；下属 4～6 人，能够严格监督指导	7～10分

【启发与思考】

【思考练习题】

1. 测评指标的要素有哪些，请对其进行简单说明？
2. 测评指标权重的设置方法是什么？
3. 测评指标权重确定的原则是什么？
4. 人才测评指标体系建立的依据是什么？
5. 人才测评指标体系建立的流程是什么？
6. 简要说明人才素质的构成体系？

【模拟训练题】

A 公司是一家房地产企业，由于公司业务拓展，为了发展的需要决定招聘两名房地产开发项目经理，通过专家调查与分析，得到房地产开发项目经理的 9 项胜任能力得分，分别为语言表达能力 10 分，领导能力 10 分，组织能力 10 分，判断与决策能力 10 分，人际能力 10 分，沟通协调能力 10 分，计划与执行能力 15 分，影响力 10 分，成就动机 10 分。请完成表格中房地产开发项目经理 9 项胜任素质权重的计算。如果你是公司人力资源部的工作人员，请设计一个结构化面试项目。

胜任能力要素	调查得分	权重
语言表达能力		
领导能力		
组织能力		
判断与决策能力		
人际能力		
沟通协调能力		
计划与执行能力		
影响力		
成就动机		
总分		

【情景仿真题】

你是一家贸易进出口公司的招聘专员，随着业务扩展，公司贸易发展部门需要招聘一名精通西班牙语的外贸业务员，来帮助部门经理拓展海外市场。为了招聘到合适的人员，你向贸易发展部征求了意见，了解到该业务人员的岗位职责，确定了招聘要求如下。

（1）西班牙语专业，英语专业的第二外语。

（2）有两年以上外贸业务经验。

（3）具备良好的沟通表达能力、谈判能力。

（4）有良好的团队合作能力。

（5）工作富有激情，具有较强的执行能力。

（6）诚信正直，具有较强的进取心。

（7）认可本公司，对公司的产品有兴趣。

了解到这些信息后，请你确定一下本次招聘的测评指标、权重、测评标准，并试着制定一份人才测评指标体系。

第9章 人才测评的设计与实施

学习目标

1. 理解并把握不同形式的人才测评设计。
2. 掌握人才测评的实施流程。
3. 理解并把握人才测评信度与效度的内容。

引导案例

万科职业经理素质测评

万科股份有限公司（简称万科）成立于 1984 年 5 月，是目前中国最大的专业住宅开发企业。万科经过业务架构的调整理顺，明确以中高档的城市居民住宅开发为主业，从事专业化经营，力求对社会的回报，以稳健的速度持续增长。在此宗旨下，1998 年万科提出"职业经理年"的管理主题和"专业追求永无止境"的口号，推动公司业务经营、管理（包括投资规划、信息、培训、客户服务、员工保障等层面）的专业化进程。培训与高级研修是万科培养和开发职业经理的管理手段之一，以实现职业经理在万科的可持续应用和发展。

1998 年，人力资源开发的重点在于通过系统科学的专门培训和在职培训，加强专业技能，将万科的理念和操作经验与成熟企业的专业技巧、专业模式相结合，在发挥万科比较优势的同时，加强决策、经营、管理、应变等专业能力，提高竞争力。万科职业经理核心素质如下。

（1）在工作观念方面，要求职业经理做到 10 点：①勇于承担工作责任，有进取意识；②集团利益至上，具有全局观念；③以积极的态度和角度对待困难和遗留问题；④接纳差异，用人所长的领导心胸；⑤善待客户，一切从市场出发；⑥尊重规范，不断改进；⑦具有开放心态，善用、整合资源、善于创新，有能力找到解决问题的方法；⑧不回避矛盾，大胆管理；⑨思维严谨，工作计划性强；⑩客观敏感把握，控制到位。

（2）在管理技能方面，要求职业经理做到 8 点：①善于激励，有号召力；②能营造有效沟通的氛围，让沟通成为习惯；③有效授权，控制得当；④培养指导下属，鼓励别人学习；⑤科学决策；⑥压力管理；⑦组织管理；⑧时间和会议管理。

（3）在专业技能方面，要求职业经理做到 4 点：①精通本行业的实践专业技能；②知道如何应用；③有系统的理解能力；④专业创造力。

（资料来源：蔡圣刚，潘国雄. 现代人员素质测评[M]. 北京：科学出版社，2015）

思考题

1. 万科职业经理核心素质的选取有什么特点？
2. 通过此案例，你觉得对高层管理者进行人才测评时需要注意什么问题？

随着人才测评应用范围的不断扩大和对测评内容的特殊要求，人才测评的设计与实施需要有一套严格的程序，以确保测评的科学性。因此，本章重点介绍人才测评的设计、人才测评的实施流程和人才测评的注意事项。

9.1　人才测评的设计

人才测评主要是在人力资源管理活动中进行的，针对不同的内容、对象、问题和岗位有不同的人才测评体系，这有利于提高人才测评的效度和信度，有助于为人力资源管理提供科学依据。

9.1.1　不同对象的测评设计

人才测评的对象包括组织中不同的职务层次，按照职务层次可区分为 4 种类型，即一般职员、基层管理人员、中层管理人员和高层管理人员。

1．适用于一般职员的测评设计

一般职员通常是指组织中基层的生产、服务、业务工作人员，他们所从事的工作任务量大，工作内容单一。虽然一般职员负责组织相对底层、简单的工作，但作为组织正常运作的基础，他们的素质和工作水平对组织的绩效有直接的影响。

对于一般职员而言，其胜任力特征主要为个性特征、与岗位相关的专业技能、一般能力和心理健康状况等。对于员工的专业技能测评可以通过简历筛选法和笔试法（技能考试）来完成。另外还需要对员工的心理健康状况进行测评，针对异常情况，组织要有针对性地做出辅导和安排。

适用于一般职员的测评工具有 Y-G 性格测验、SCL-90 测验和霍兰德职业兴趣与价值观测评量表、投射测试和 16PF 量表。

2．适用于基层管理人员的测评设计

基层管理人员一般是指在生产、销售、教学和科研一线，承担管理任务来保证各任务在基层全面落实，如班主任、车间主任、领班和工头等。

适用于基层管理人员的测评工具有沟通能力测验、管理能力测验、16PF 量表和操作能力测验等。

3．适用于中层管理人员的测评设计

中层管理人员是组织中的执行层，他们是组织管理的中坚力量，是组织领导联系一般职员的纽带和桥梁，也是一般职员的直接管理者。中层管理人员的主要职责，包括执行公司的决定，与上级、同级和下级沟通，对本部门事务进行管理，参与员工的职业生涯管理。

中层管理者所应具有的品质是多样的，要有健康的身体，又要有较高的智力水平，要对组织忠诚，有创新意识，还要掌握相关的专业知识和技能。所以，对中层管理人员进行测评时要针对 4 个方面进行，包括能力、个性特征、动力适应性和知识经验。

适用于中层管理者的测评工具有沟通能力测验、管理能力测验、霍兰德职业兴趣与价值观测评量表、16PF 量表和 DISC 测验等。

4．适用于高层管理人员的测评设计

高层管理者位于组织的最高层，需要对整个组织负责，他们负责确定组织目标，制定组织战略，监督和解释外部环境状况，针对影响整个组织的问题进行决策。高层管理人员的胜任素质主要有工商管理能力、变革与决策意识能力、创造性思维、较高的成就动机、坚韧的毅力和沟通能力等。

高层管理人员需具备较高级的复杂能力，可以采用以下测评工具对其进行考察，包括情景模拟测验、DISC 个性测验、经营决策能力测验和领导能力测验等。

9.1.2　不同问题的测评设计

针对了解或解决不同问题而设计的测评可以分为测验法测评设计和行为观察类测评设计两种。

1．适用于测验法的测评设计

测验法的测评设计是通过观察或调查被测评者具有代表性的行为，对于贯穿在行为活动中的心理特征依据一定的原则和统计方法进行分析的测评方法，这种方法又叫作纸笔测验法。测验法一般要事先编制量表或成套的测验题目。

量表是一种测量工具，它试图确定主观的、有时是抽象的概念的定量化测量的程序，对事物的特性变量可以用不同的规则分配数字，因此形成了不同测量水平的测量量表，又称为测量尺度。为了解被测评者的专业知识可以进行技术性笔试，为考察被测评者的外语阅读和写作能力、综合分析能力、数理分析能力等方面的知识可以进行非技术性笔试。

2．适用于行为观察类的测评设计

为测验被测评者在特定情境下的实际操作能力、专业技能运用能力、运作能力、团队协作能力和观察能力等可以进行行为观察类的测评方法，如情境模拟和评价中心等。

在人才测评中为突出了解被测评者的语言表达能力、仪容仪表仪态、沟通技巧和专业知识等而采取面试的测评方法。

9.1.3　不同岗位的测评设计

各岗位的任职技能、业务的活动性质、工作难度和工作条件等是不同的，各岗位对组织的贡献也不相同，因此针对不同岗位的人才测评也就不同。企业部门设置大致可分为销售部、财务部、研发部、售后服务部、行政人事部和生产部，下面仅选择一些有代表性的岗位来说明其素质要求及测评工具选择。

1．适用于销售岗位的测评设计

销售岗位对员工的基本素质要求包括良好的沟通、协调和人际交往能力，较强的应变能力、适应能力和情绪控制能力，熟悉产品知识、营销知识和销售渠道，具有良好的客户关系，个性表现为乐观、热情、健谈、耐挫性强。

适用于销售岗位的人员测评工具包括职业适应性测验、敏感性与沟通能力测验、性格测验、无领导小组讨论和交往能力测验。

2．适用于财务人员的测评设计

财务岗位对员工的基本素质要求包括具有良好的判断力、决策力和金融预测力，有专业资格认证和良好的职业道德，个性表现为细心、精准、严谨、谨慎、原则性强。

适用于财务岗位的人员测评工具有数量分析能力测验、DISC 个性测试、面试（结构化或非结构化）、工作动机测验和职业价值观测验。

3．适用于研发部人员的测评设计

研发岗位对员工的基本素质要求包括具有发现和解决问题的能力，具有独创性和创造性，思维严密，善于学习，具有相应的技术等级认证。

适用于研发岗位的人员测评工具有逻辑推理测验、抽象推理测验、创造力测验、专业知识测验和成就动机测验。

4．适用于售后服务部人员的测评设计

售后服务岗位对员工的基本素质要求包括具备良好的沟通能力和一定的专业技能，熟悉产品知识，具备良好的应变能力，工作中应热情、耐心、细心和友善。

适用于售后服务岗位的人员测评工具有交往能力测验、工作动机测验和职业价值观测验。

5．适用于行政人事部人员的测评设计

行政人事岗位对员工的基本素质要求包括具备良好的人际沟通能力、适应能力和全面细致的分析能力，熟悉行政人事管理的专业知识和相关的劳动法规，工作中应热情、可信、细致、耐心。

适用于行政人事岗位的人员测评工具包括 DISC 个性测验、无领导小组讨论、沟通能力测验和职业适应性测验等。

6．适用于生产岗位的测评设计

生产岗位对员工的基本要求包括具有时间管理能力，熟悉生产流程，操作能力强，反应灵敏，具备安全生产知识，有认真和负责任的工作态度。

适用于生产岗位的人员测评工具有操作能力测验、价值观评定、面试（结构化或非结构化）、兴趣偏好测验和专业技能测验。

9.2 人才测评的实施流程

人才测评的实施流程大致分 3 个阶段，包括人才测评的准备阶段、人才测评的实施阶段、人才测评结果分析与反馈阶段。

9.2.1 人才测评的准备阶段

1．确定测评目的

测评目的是为测评要素、方法和工具的选择提供依据，为人才测评方案的设计指明方向，为测评目标及测评效果进行评估、监控并提供依据。

（1）用于招聘选拔的测评

选拔性测评的目的是区分和选拔优秀人才，这是人力资源管理中最常用到的一种测评，这种测评特别强调区分功能，要求过程客观，结果明确。

选拔阶段是企业人力资源的入口，企业能否选拔到人—岗位匹配和人—组织匹配的人才一直是企业关心的问题。然而我国有很多企业在人才选拔阶段并没有采用科学的人才测评手段，从而导致企业的人才在入职最初的 3 个月内往往离职率最高。甚至有很多企业认为，企业是一个大熔炉，不管什么样的人才，我们都可以采取文化宣贯和人员培训的方式使得人才与企业的价值观及岗位能力相匹配，但是这样却浪费了大量精力和时间，最终结果是人员的能力也不一定能匹配岗位。我们应当注意到，一个优秀的人才，往往具有独立思考的能力和工作经验，他们的价值观与思维模式相对比较稳定。因此，企业应当在人才选拔阶段重视人员测评手段的导入，帮助企业选择最适合组织的人才。

招聘选拔中主要测评以下 3 个方面的问题。

① 考察应聘者的个性特征及职业兴趣。个性特征包括人的情绪、态度、气质、价值观和性格等方面，个性特征对个人的心理特点和行为方式有很大的影响，所以个性特征是对应聘者甄选过程中的一个考察点。

职业兴趣会影响人们的职业选择和工作的稳定性，另外，职业兴趣能发挥个人的主动性和创造性，能够开发个人的潜力，使个人在职业活动中取得新的成果。所以，在人员甄选过程中检测应聘者的职业兴趣也是很有价值的工作。

② 诊断应聘者的能力特征。能力是顺利完成某一工作（活动）所必需的主观条件，它直接影响工作（活动）效率，能力总是和人完成一定的活动相联系在一起的，离开了具体活动既不能

表现人的能力，也不能发展人的能力。根据岗位要求录用人员，根据应聘者的能力特征将其配置到合适的岗位上，使得人岗匹配，实现人才的合理配置，这样也会使得人员充分发挥才干。

③ 在情境模拟法中考察应聘者的行为特征。在情境模拟状态下，针对有关的评价维度对应聘者表现出的行为给予评定，以考察应聘者与岗位需求、组织目标相关的行为。如对英语翻译人员的情境模拟任务是限时翻译，对销售人员的情境模拟任务是现场销售某种产品。

在招聘测评中有两种测量工具，一种是选拔性质的测量，另一种是淘汰性质的测量，其具体内容如表 9-1 所示。

表 9-1 招聘测评中的测量工具

测量工具	内容	适用对象	测评设计注意事项
选拔性质的测量（即择优策略）	尽可能全方位多角度了解应聘者的情况，依据岗位要求综合性地评估应聘者的优势水平、与岗位的匹配度，从中选择优势最强的人员	适用于职位较高、责任较大的人员，一般是指管理人员	测评设计要全面、详尽，针对不同岗位考察的重点，精细化地设计各测评维度的权重
淘汰性质的测量（即淘劣策略）	依据职位要求规定岗位工作人员所必须具备能力的基线水平，通过能力测验筛除不能达到基线要求的人员	适用于一般人员的选择	在熟知岗位要求的前提下，要对考察的能力和筛选标准有明确的规定

在招聘测评中一般使用的测评工具包括 Y-G 性格测验、霍兰德职业适应性测验以及与招聘岗位相适应的胜任力测验。

（2）用于晋升和考核的测评设计

晋升是组织赋予人员一定的职责和权利，将个人的素质、能力与承担的责任进行优化配置，并给予个人相应的经济待遇和地位。

考核是为了对各级员工的工作情况进行鉴定，为确立新的工作目标提供依据。考核可以对员工的表现予以及时明确的反馈，有利于对员工的发展制订计划或建议，它作为绩效控制的手段，可以提升组织效率，从而可以提高组织竞争力。

晋升和考核的内容主要包括工作业绩、工作态度、工作能力和品行，通常采用目标管理法、关键事件法、工作标准法、能力倾向测验、评价中心和强制分布法等对员工的表现做出全面的评价。

（3）用于人力资源培训与开发的测评设计

现代各类组织都特别注重员工的职业发展规划和培训，它们对员工的素质和技能有特殊的要求。为保证组织战略目标的实现，使员工素质与组织的发展相衔接，组织在用人的同时也在不断地培养人才。另外，现今很多组织都有自己的人才储备系统和内部晋升机制，这有利于人才的合理利用，有助于实现组织的可持续发展。人才测评技术在培训的过程中主要具有两方面的价值。首先，人才测评通过对人员素质的测量，同时在工作分析的基础上，对比人员现有能力与岗位的胜任要求，可以找出差距，这两者的差距即为员工需要提升的素质，也是培训的主要需求。其次，人才测评实施中所使用的一些情景模拟与角色扮演的技术，能够提高参与的员工的能力水平，若在实际中遇到相似的问题，可以运用测评实践中的经验。

用于人力资源开发的测评工具包括 SCL-90 测验、霍兰德职业适应性测验、职业技能测验、公文筐测验和性格测验等。

（4）用于激励的测评设计

激励是指激发员工的工作动机，即用各种有效的方法调动员工的积极性和创造性，使员工努力完成工作任务，实现组织目标。员工激励性测评的目的在于了解员工的需要，为满足员工的需要而采取措施来激发他们的工作积极性，从而提高组织绩效。

用于激励的测评工具有需要测量、成就动机测量和工作内在动机测量。

（5）用于职业选择的测评设计

职业选择是个人对于自己就业地域、行业及专业方向的挑选和确定，它是个人真正进入社会生活领域的重要行为，是人生的关键环节。

个人的气质、性格、能力等对择业有重要的影响，在职业选择测评中，需要了解个体的智能倾向、个性特点及职业兴趣偏好，然后根据这些特征来确定适合个人发展的职业。

适用于职业选择的测评工具包括 Y-G 性格测验、霍兰德职业适应性测验等。

2．选择测评指标及其方法

在人力资源管理中，测评指标的确定需要进行前期相应岗位的详细分析调查，主要分析方法有工作分析法、胜任力特征分析法、访谈法、历史概括法和文献查阅法等，其中胜任力特征分析法的具体内容已在第 2 章中进行了详细阐述。

（1）工作分析法

工作分析法是采用科学的方法收集工作信息，并通过分析、综合所收集的工作信息找出主要的测评因素，为人力资源管理（人员招聘、配置、开发和考核等）提供依据。

在人才测评指标制定的过程中采用工作分析法，可以依据已有的工作分析结果（如职位说明书、任职资格）确定任职者的素质测评指标，也可以直接针对要测评的岗位进行工作分析，主要表现为分析从事某一工作需要具备的素质、履行职责与完成工作任务以什么指标来评价等。工作分析法的具体程序包括 5 个方面。

① 准备阶段。根据测评目的与测评需要，确定需要进行调查的职位范围，制订调查提纲与调查计划。

② 信息收集阶段。采用工作日志法、访谈法、观察法等收集相关职位任职者的素质条件及绩效指标的素材。所涉及资料的具体内容如图 9-1 所示。

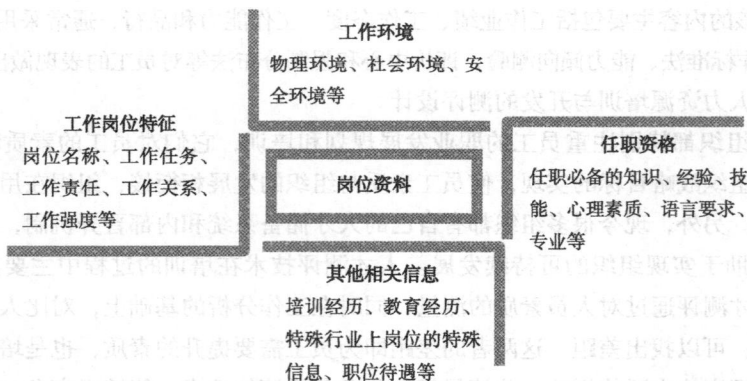

图 9-1　岗位资料涉及的内容

③ 信息整理阶段。通过定性或定量的方法筛选收集到的信息，信息分析完成后，要将分析结果以一定的形式表现出来，如形成工作描述、工作说明书、资格说明书和职务说明书。

④ 资料完善阶段。扩大调查范围，并要求被调查者对调查表的内容进行评价、补充，对调查结果进行统计分析，形成职位素质测评指标。

⑤ 测评指标完成阶段。对所指定的人才测评指标体系进行试测，反馈，修改，最终确定测

评指标。

（2）访谈法

访谈是以口头形式，根据被询问者的答复收集客观的、不带偏见的事实材料，以准确的说明样本代表总体的一种方式。尤其是在进行比较复杂的人才测评时需要向不同类型的人了解不同类型的材料，这有利于提高测评指标的内容效度。

其中访谈可分为结构型访谈和非结构型访谈，前者通常是采用问卷或调查表的形式按定向的标准程序进行；后者是指没有定向标准化程序的自由交谈。访谈法收集信息资料是通过研究者与被调查对象面对面交谈的方式来实现的，具有较好的灵活性和适应性。

（3）历史概括法

历史概括法是把历史上成功的、失败的且被证实过的一些人物的素质进行收集、整理，将其作为正向或反向测评指标。现今，很多管理者在研读《孙子兵法》《道德经》《论语》等古代名著，《孙子兵法》对于竞争战略、战术具有很高的指导与借鉴意义，《道德经》可以启迪经营哲学和商业智慧，《论语》是侧重于树人的智慧。

（4）文献查阅法

文献查阅法就是通过收集和分析各种现存的有关文献资料，从中选取信息，以达到测评目标的方法。它所要解决的问题是在浩如烟海的文献群体中选取适用于测评目标的资料，并对这些资料做出适当分析和使用。如通过一份文献资料，可以了解到某地区企业任用经理的管理能力测评指标。

关于如何选择人才测评的方法，不仅要考虑各种测评方法和测评工具的功能、适用对象和解释范围，还要考虑测评目的、测评内容、测评对象和测评岗位等方面。

人才测评方法是通过一系列科学的手段和方法对人的基本素质及其绩效进行测量和评定的活动。测评方法的具体对象不是抽象的人，而是作为个体存在的人的内在素质及其表现出的绩效。每种测评工具对每个人的某项素质进行有针对性的测评，一般可以通过详细的分析测评要素内容来选择具体的测评工具。表 9-2 是常用的人员素质测评工具的汇总表。

表 9-2　人员素质测评工具汇总

测验类别	主要测评工具		适合的测评对象
基本测验	个人品质测验	卡特尔 16 因素人格测验	乐群性，聪慧性，稳定性，恃强性，兴奋性，有恒性，敢为性，敏感性，怀疑性，幻想性，世故性，忧虑性，实验性，独立性，自律性，紧张性
		DISC 个性测验	支配性，影响性，稳定性，服从性
		管理人员个性测验	正性情绪倾向，负性情绪倾向，乐群性，责任心，广纳性，内控性，自信心，成就动机，权力动机，面子倾向等
	职业适应性测验	生活特征问卷	风险动机，权力动机，亲和动机，成就动机
		需求测试	生理需要，安全需要，归属和爱的需要，自尊需要，自我实现需要
	能力测验	职业兴趣测验	经营取向，社交取向，艺术取向，研究取向，技能取向，事务取向
		多项能力、职业意向测验	语言能力，概念类比，数学能力，抽象推理，空间推理，机械推理
		数量分析能力	数量及数量关系的识别和分析能力
		逻辑推理能力	思维能力测验，评估思维的逻辑性、灵活性和发散性
		敏感性与沟通能力测验	一般人员的人际敏感性，营销意识，沟通行为倾向，营销常识

测验类别	主要测评工具		适合的测评对象
基本调查	个体行为评估	工作感觉评估	工作满意度
		价值取向评估	理论取向，政治、经济取向，唯美取向，社交取向
	领导行为评估	沟通方式评估	正确的上下沟通知识和技能掌握情况
		冲突应变式评估	非抗争型，退避与顺应；解决问题型，游说与妥协；抗争型；竞争型
		工作习惯评估	科层意识
		变革意识评估	对事物的灵活性和创新意识
	团体行为评估	团体健康度评估	共同领导，团队工作技能，团队氛围，团队凝聚力，成员贡献水平
		团队绩效评估	评估团队绩效
基于情境	公文筐测验		计划，授权，预测，决策，沟通等方面能力
	无领导小组讨论		组织行为，洞察力，倾听，说服力，感染力，团队意识等
	结构化面试		评估综合分析能力，仪表风度，情绪控制能力，应变能力等
面向高绩效的人事管理	人际敏感性测验		对人际事务的敏感性
	管理变革测验		变革仪式，创新意识
	团队指导技能测验		沟通技巧
	自我实现测验		寻求自我发展，自我发挥的动机
	人际关系管理测验		人际关系管理能力
	沟通技能测验		沟通技巧
	管理方式测验		基本管理理念
	基本管理风格测验		管理风格
	管理情境技巧测验		在各种情境中的行为模式
	组织绩效测验		绩效意识与可能的潜力
	管理者自我开发测验		专业知识，敏感性，分析判断力，社交技巧，情绪、心智灵活性等

3．选择测评方法

人才测评方法由于测评内容、测评目的等方面的不同会有不同的选择，正确地选择和使用人才测评方法是人才测评的核心和关键，这有利于对被测评者的知识技能、品德、发展潜力等进行测量和评价。

（1）测评方法选择的依据

测评方法选择的依据主要是从人才测评体系的建立及实施、企业、被测评者 3 个角度来进行分析。

① 从人才测评体系的建立及实施的角度来选择。

A．人才测评体系设定时选择人才测评方法。在实施人才测评时，首先需要有测评方案。测评方案设计中，人才测评指标体系的建立和测评目的的确定非常关键，因此，需要根据人才测评的具体目的、测评指标的性质及人才测评实施达到的效果来确定测评方法。

如果组织要求建立以选拔为导向的人才测评体系，那么，对于一般职员来讲，笔试和面试就是较适合的测评方法，对于高级管理者来讲，评价中心就是较有效的测评方法。

B．依据人才测评指标的特点选择测评方法。此时人才测评方法的选择关键是看人才测评指标考核的内容和目的，如在进行心理健康状况的测评时可以采用心理健康问卷，如明尼苏达多项人格测验（MMPI）或投射技术；在进行人格测评时一般采用问卷调查法。

C．依据人才测评方法本身的特点来选择测评方法。任何一种人才测评方法都有其自身的特点和适用范围。在人才测评的实施过程中，为保证测评的信度和效度，大多数情况下是对几种测评方法进行有机结合和应用，以达到人才测评的目的，因此要根据人才测评方法的特点以及其他条件来选择。

② 从企业的角度选择人才测评方法。

从企业的角度来选择人才测评方法，主要是根据企业文化、企业管理体系、领导者的管理风格和企业管理系统来选择人才测评方法。

A．企业文化。一个人才测评方法的选择成功与否，跟企业文化有不可分割的关系，同样企业文化对于人才测评的适用性起着重要的作用。由于企业文化的作用，同样的测评方法对一些企业适用，但对另外一些企业却不适用。例如 360 度反馈法，在管理比较严谨的企业就比较适用，但在提倡和谐的企业或一些家族企业中就不太适用。

B．企业管理体系。企业管理体系是支撑人才测评体系的支柱，管理体系由战略目标、经营理念、程序流程、表格设计、组织结构、功能模块、部门岗位、权责价值、规章制度、纪律规范、管理控制、决策支持等模块组成。如果在选择人才测评方法时没有考虑企业的管理体系，就会使人才测评脱离外部环境而存在，这样建立起来的人才测评体系是不切合实际的。

如在一些企业中没有完善的规章制度和管理流程，在实行绩效考核时不能有效地辨别员工的行为标准，不能有效地建立数据收集系统，这使绩效考核的结果难以真实地得到反映。

C．领导者的管理风格和组织行为模式。企业中的人才测评是从上向下推行，那么人才测评方法的选择就需要考虑领导的管理风格，否则设计出来的人才测评体系就不够完美。另外，企业中或多或少会存在成文或不成文的规矩或行为模式，在选择测评方法时也要对其进行考虑。

③ 从被测评者的角度来选择。

A．根据被测评者的职务来选择测评方法。被测评者所任职务不同，其工作的性质、内容、责任、工作标准等就有所不同，所以对被测评者的测评要素也不同。这时需要根据测评的侧重点来选择相适应的测评方法，如表 9-3 所示。

表 9-3　根据被测评者的职务来选择的测评方法

职务	主要测评要素	测评方法
基层员工	个性特征、操作能力、工作经验	履历分析法、人格测试、结构化面试
中层管理者	能力特点、个性特征、职业适应性、专业知识、管理能力	结构化面试、人格测试、职业适应性测试、管理风格测试、评价中心技术
高层管理者	管理能力、领导能力、创造性思维能力、成就动机、沟通能力、开放和变革意识、心理素质、知识素质	评价中心、管理风格测试、领导行为测试、管理潜能测试、人格测试、动机测试

B．根据被测评者所在的部门来选择。组织中各个部门是组织一系列活动的承担者，每个部门工作性质、难度、技能等各方面有不同的要求，这使得部门内对人员素质的要求也有所不同。在对不同部门的人员实施测评时，需要根据测评重点选用测评方法。如对生产部门人员来讲侧重于全面严格的

质量控制能力，创新开发能力，在人才测评时注重对部门人员进行个性特征、职业兴趣取向、行为风格、操作能力的测评，测评方法可以选择履历分析法、人格测试、职业兴趣测试和面试法等。

C. 根据被测评者所在的行业特征来选择。组织所处的行业不同，决定了其从业人员素质要求不同，各行业可以结合自身的特点对不同人员的能力、个性特征等提出要求。在分析不同行业特殊需求及相应测评方法时，涉及的行业共有生产制造、服务产业、文化产业及高新技术产业 4 类，不同行业对人员素质测评的要求不同。如服务行业，其需求要素为适用于服务取向的个性和兴趣、人际技能，其适宜的测评方法为个性测验和人际技能测验，而对于文化产业行业，其需要具有创造性思维、高超的组织策划能力及综合能力的人才，测评方法一般可用思维测验、管理能力测验和案例分析。[①]

（2）测评方法选择的原则

由于素质测评的方法都各有其优缺点，因此，既没有一种方法是完全可靠有效的，也没有一种方法是完全没有价值和用武之地的。其关键就在于我们如何选择和组合各个测评的方法，扬长避短，发挥整体的互补功能，使得最终的测评方案在总体上达到最优。在选择测评方法时，应当遵循匹配性、灵活性、有效性、公平性及经济性 5 项原则。

① 匹配性。匹配性是指测评方法必须与特定的测评目的、测评岗位和测评要素等相匹配。如选拔性人才测评的目的是为组织挑选合格的职位候选人，实现"人岗匹配"，那么就需要通过工作分析、观察法等方法，从职位任职资格（或职位说明书）中提取知识、技能、能力等测评要素，针对不同需求选择合适的测评方法和测评工具。

② 灵活性。为了避免相关信息在测评时被伪装或隐瞒，应该选择灵活多变的测评方法，使其具有测谎机制，或在编制测试试题时采用声东击西的策略，或采用多种测评方法使各项分数能够相互印证。当采用两种或两种以上的方法同时对某项测评指标进行测评时，就可以通过不同方法对同一测评指标的结果是否一致来相互印证测评的有效性。当几种方法对该指标的测评结果基本相同时，就能说明测评有较好的信度和效度。

③ 有效性。有效性是指测评方法必须能够有效地将人才素质区分开来，具有预测效度。如评价中心方法受到了许多部门和行业的好评，特别是以招聘高层管理者的评价中心的预测效度得到了广泛认同。各测评指标的预测效度如表 9-4 所示。

表 9-4　各类测评方法预测效度比较结果

测评方法	预测效度	测评方法	预测效度
评价方法	0.43	同行评定	0.49
一般智力测定	0.49	工作样品	0.54
个人材料	0.30	学业成绩	0.14
身体能力	0.30	特殊能力测验	0.27
面谈	0.09	自我介绍	0.15
推荐信	0.23	专家评定	—

（资料来源：赵琛徽. 员工素质测评[M]. 深圳：海天出版社，2003. 3。）

④ 公平性。公平性侧重于各测量方法对不同的候选者的公平性，具体表现为测评程序公平、测评指标科学性和量化方式科学化等。如为了避免测评者主观因素产生的误差，在招聘中要

① 赵力燕. 人才测评方法的选择与组合[J]. 经营管理者，2010：94.

求所采用的测评方法必须具有较高的客观性，如结构化面试、标准化测验或各种测验方法相互印证的评价中心等，各测评方法的公平程度如表 9-5 所示。

⑤ 经济性。测评的经济性是指测评收益相对于测量成本的比率。素质测评都会耗费一定的人力、物力和财力，因此在操作过程中，应该尽量通过科学的安排降低成本，节约时间。测评人员可以通过科学的方法选择和安排测评项目的顺序，实现成本节约的目的。在具体的实施中，不同的测评方法应该遵守先简单后复杂和先淘汰后筛选的顺序进行。先简单后复杂是指在人员选拔的过程中，履历分析、笔试等简单和容易操作的方法应该放在前面实施，而评价中心、结构化面试等复杂和较难操作的方法放在后面，这样可以大幅降低测评的成本，提高效率。先淘汰后筛选是指在测评实施过程前面的方法，主要是用于将那些明显不符合要求的人员淘汰，侧重于测评对象的缺点和不足。后面采用的测评方法应该侧重于测评对象的优点和长处，目的是在候选人中选出与岗位最为匹配的人。遵循这一原则可以有效降低测评的费用，实现降低成本的目的。[①]如在选拔一般职员时鉴于收益与成本的考虑会采取面试法和笔试法等比较简单的测评方法。

美国两位工业心理学家对当前使用的 12 种测评方法进行过比较，其结果如表 9-5 所示。

表 9-5 对 12 种测评方法的评价

测评方法	效度	公平程度	可用性	成本
智力测验	中	中	高	低
能力测验	中	高	中	低
个性与兴趣测验	中	高	低	中
心理测验	中	高	中	低
面谈	低	中	高	中
工作模拟	高	高	低	高
情景练习	中	未知	低	中
个人资料/履历分析	高	中	高	低
同行评定	高	中	低	低
自我介绍	低	高	中	低
推荐信	低	—	高	低
评价中心	高	高	低	高

（材料来源：赵琛徽. 员工素质测评[M]. 深圳：海天出版社，2003.3：259。）

（3）测评方法选择的要点

不同内容、不同对象、不同岗位具有不同的测评方案，所以在选择测评方法时也应当做到具体问题具体分析，其选择要点如下。

① 不同测评方法的功能、使用对象和解释范围也各有不同，所以应针对测评方法本身的特点进行选择。

② 各种测评方法服务于具体测评要素、岗位与组织，而不应让测评要素、岗位与组织服务于测评方法。

① 王淑红，赵琛徽，周新军. 人员素质测评[M]. 北京：北京大学出版社，2012.7：62.

③ 在人才测评中，用同一测评方法服务于所有的测评要素、岗位与组织是不可取的。

④ 测评方法应从测评管理目的、岗位职责的特点以及被测组织的特征等方面进行选择。

（4）测评方法选择的流程

在人力资源管理活动中，测评方法选择的流程如图 9-2 所示。

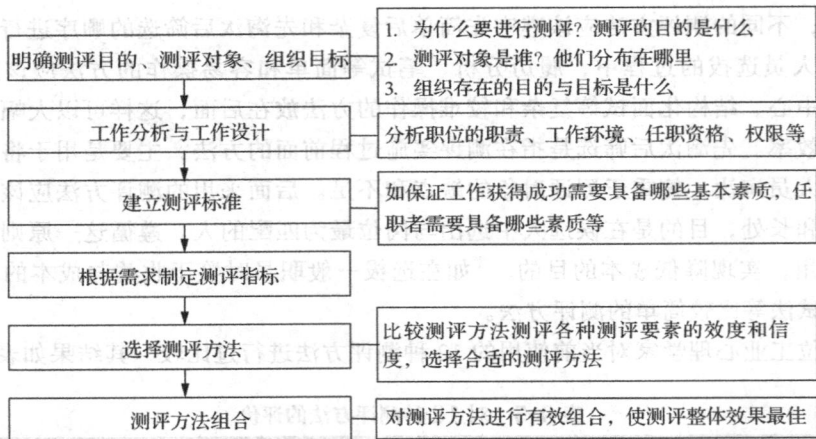

图 9-2 测评方法选择的流程

① 明确测评目的、测评对象、组织目标。测评目的和测评对象确定了测评的内容与方法。例如，需要对应聘的人员的口头表达、情绪控制等方面的能力进行测查，则不宜采用一般的纸笔测评，而最好采取情景模拟测评，如小组讨论测评。如果应聘者的动机对工作绩效高低有决定性影响，则可以采用隐蔽性较高的投射测评来对应聘者的动机进行评定。[①]

② 工作分析与工作设计。在人才测评过程中，工作分析是非常关键的一个环节。在人才测评之前，开展职位分析工作，通过对推选职位（岗位）进行访谈等，了解被测评者竞聘岗位所需的能力素质要求和心理素质要求，以便在测评中选择合适的测评手段和方法，在测评数据处理和分析时加强针对性，使组织部门更好地了解被测评者的各项能力素质是否符合岗位需求。多年来，我们在人才测评中也曾开展职位分析，但存在着力度和深度不够等问题，如职位分析时侧重理论研究，缺少实践辅助；开展职位分析容易停留于主观臆断，缺少客观评判的依据等。

③ 建立测评标准。测评标准即根据岗位分析所确定的任职要求。如通过工作分析、文献资料查找和行为事件访谈，确定销售人员应当具备一定的知识水平、人际敏感性、人际亲和力、情绪控制能力、应变能力、意志力、说服与沟通能力、倾听与反馈能力等。

④ 根据需求制定测评指标。测评指标是测评标准的细化。如沟通能力可以通过具体的 3 个指标来测评。即能运用沟通策略和技巧吸引对方的注意并激发兴趣；能够委婉生动地表述自己的想法，具有很强的感染力；能协调和平衡不同的意见，并说服他人接受。

⑤ 选择测评方法。测评方法因测评岗位、测评对象而异。各种测评方法各有优缺点，应该综合考虑，确定最优方法。

⑥ 测评方法组合。人员测评往往并不是采取单一的测评方法，而是多种测评方法的组

① 闫绪娴. 如何进行人才测评[M]. 北京：北京大学出版社，2005.1.

合。例如，在招聘的开始阶段，应聘者人数较多，可以采取笔试和心理测验的方法筛选出一些候选人，然后在后续的面试中，根据岗位的要求和层级选择多种测评方法。如对于中层管理阶层所肩负的责任是多元化的，所需要的品质也是多种多样的，包括能力、个性和人格倾向等多方面，在设计中层管理人员的测评方案时，就有必要采用多种多样的测评工具，以全面涵盖待测的素质。应该注意在全面的基础上，有重点地组织测评工具。对于关键的素质，采用高效度的小组讨论、情景模拟和结构化面试等；对于与测评管理目的不那么密切的素质，可以采用心理测量表、问卷调查等较为易行的方法，只有采用多元化的方法，才能得到更准确的结果。

由于人才测评的每种方法都有其适用性和优缺点，针对不同层级的人员以及不同类别岗位的人员应当选择合适的方法组合。现代企业对人才素质的要求更精细化和多面化，并侧重自身特点对人才选拔的要求，在实际运用中往往需要多个不同种类和不同形式的测量方法相结合，只有这样企业的人才测评技术的组合才能摒弃普适性，设计出适合自己的特定测评程序和方法组合。人力资源开发与管理的联系日益紧密，成为其中一项重要的组成部分。

4．设计测评方案

测评方案的内容包括测评背景、测评目的、测评主体与客体、测评指标体系、测评方法体系、组织实施的程序、费用预算、预期效果和测评结果的运用等。其中，测评背景、测评目的、测评主体和客体、测评指标体系、测评方法体系、预期效果、测评结果的运用已经在前面的章节进行过阐述，在此不再赘述。

（1）组织实施的程序

组织实施的程序有实施测评前的准备工作、确定测评小组成员、培训测评人员、测评时间及场地安排、必要的后勤保障等方面，具体的实施程序根据组织的具体情况而定。

（2）费用预算

费用预算包括场地租赁费、设备租赁费、广告费、聘请专家费、人工费、先进技术费和材料制作费等。

9.2.2　人才测评的实施阶段

进行人才测评时，首先要确定测评小组成员、培训测评人员、测评时间及测评环境。在这些准备工作完成后，测评实施人员应当向被测评者宣传测评的目的和流程并进行测评操作方法的指导、测评活动的控制协调及信息的收集、整理。

1．确定测评小组成员

测评人员是整个活动的实施者，是测评活动具体的负责人。因为不同测评人员的思想、态度和个性等在一定程度上能够影响测评的效果，所以测评小组的成员必须坚持原则、公正不偏，了解被测评者情况，有一定的实际工作经验，尤其是测评方面的工作经验，有一定的专业知识，做事仔细认真，一丝不苟。

测评人员的数量和层次要依据测评的性质、方法和条件进行具体的分析和确定。

2．确定培训测评人员

公司内部确定测评人员后，需要对测评人员进行培训，培训内容包括测评方法、测评过程、测评的操作方法和步骤、突发事件的处理办法等，在条件允许的情况下，可以组织测评人员先做一些实际的演练。

3．确定测评时间

一套人格测验试卷可能花费的时间是 1～2 小时，一个无领导小组讨论花费的时间可能是 30 分钟。所以，要针对不同类别的测评工具和方法确定测评时间。

测评时间应按照人的心理、智力和体力活动的生物节律来安排，如有些人到了中午容易犯困，不宜安排测试，所以具体的测评时间应该挑选能够完全发挥被测评者智慧和能力的时间段。另外，要合理地安排测评的先后次序及两项测评的时间间隔，提高测评的信度和效度。

4．确定测评环境

测评场地应该能够使测评人员注意力集中，思维不受影响，建议选择宽敞、采光好、无噪声，空间上能合理布置桌椅的场地。另外，要合理地安放测评设备和被测评者所需的材料。其中测评设备包括测评工具、音像放映设备和摄像装置等，被测评者所需材料包括测试编号、题本、答题纸、草稿纸、铅笔和橡皮等。

5．测评前宣传

在开展测评活动之前，测评人员应向被测评者宣传测评目的、测评的大致流程、测评时应注意的事项等，以赢得他们的支持，使他们以更好的状态参与到测评互动中来。

6．指导测评方法的操作

在实施测评的过程中，如果被测评者产生疑难问题，测评人员应协助他们解决问题。

7．控制协调测评活动

测评活动进行时可能会受场地、设备、测试材料等方面的影响，测评人员应随时协调与控制各方面的影响，保证测评活动的顺利开展。

8．收集并记录测评信息

在实施测评的过程中，为保证测评结果的精确性，测评人员应遵循务实的原则，运用评价表、录音机、摄像机等收集并记录测评信息，保证测评信息的真实性、准确性、及时性和代表性。

9.2.3　人才测评结果分析与反馈阶段

1．测评数据分析

对测评数据的分析，最重要的是明确测评数据分析的方法，同时要对测评数据分析的结果进行效度和信度分析。

测评数据分析的方法有加法汇总法、算数平均法、加权综合法、加权平均法、连乘综合法等。

（1）加法汇总法。加法汇总法是指将被测评者在各个指标（项目）上的得分直接相加。其计算公式如下：

$$S = \sum_{i=1}^{n} x_i = x_1 + x_2 + \cdots + x_n$$

其中：S 为总分；x_i 为第 i 个指标（项目）的得分。

加法汇总法是最简单的统计合成法，它要求各指标同质并且单位大致相近，否则需要考虑其他的统计方法。

（2）算数平均法。算数平均法即把各项指标（项目）的总得分进行求平均数的运算。如招聘中面试者的测评结果不一致时，可以采取算数平均法对数据进行处理。其计算公式如下：

$$\overline{X} = \frac{1}{n}\sum_{i=1}^{n} x_i$$

其中：$\overline{X}$ 为算数平均值；x_i 为第 i 个指标（项目）的得分；n 为评定次数、评定人数或测评指标总数

（3）加权综合法。加权综合法即将各测评指标（项目）的原始分乘以相应的权重系数，然后再相加的一种运算方法。其具体计算公式如下：

$$S = \sum_{i=1}^{n} w_i x_i = w_1 x_1 + w_2 x_2 + \cdots + w_n x_n$$

其中：S 为总分；w_i 为第 i 个指标的权重；x_i 为第 i 个指标的得分

在人才测评中，经常会遇到测评指标体系中各测评指标的相对重要性不同的情况，这时在进行数据汇总时可以采用加权综合法。

（4）加权平均法。加权平均法是指测评指标中几个权重系数不同的平均值。其具体计算公式如下：

$$\overline{X} = \frac{\sum_{i=1}^{n} w_i \overline{x}_i}{\sum_{i=1}^{n} w_i}$$

其中：$\overline{X}$ 为加权平均数；w_i 为第 i 个指标的权重；$\overline{x}_i$ 为指标平均评定值

例如，公司决定采用被测评者自评、上级评定和专家评定 3 种方式进行测评，每种方式的原始分为 100 分，这 3 种方式的得分在综合评分中的权重系数不同，其权重系数分别为 0.1、0.3 和 0.5。其中被测评者自评分为 80 分，上级评定的平均分为 85 分，专家评定的平均分为 75 分，则其加权平均分为：

$$\overline{X} = \frac{0.1 \times 80 + 0.3 \times 85 + 0.5 \times 75}{0.1 + 0.3 + 0.5} = 78.9$$

（5）连乘综合法。连乘综合法是把各个指标（项目）上的得分直接相乘得到一个总分，这种方法的灵敏度高，但容易产生晕轮效应。其具体计算公式如下：

$$S = \prod_{i=1}^{n} x_i = x_1 \cdot x_2 \cdot x_3 \cdots x_n$$

其中：S 为总分；x_i 为第 i 个指标的得分

2．测评报告撰写

通过撰写测评报告，一方面可以对整个人才测评流程进行整理，另一方面还可以总结经验教训，为下一轮人才测评提供依据。

（1）测评报告的种类

按内容分，测评报告有分项报告和综合报告：分项报告是按照主要测评指标逐项进行测评并直接报告；综合报告是先进行分项测评，然后根据各项测评指标的测评结果，报告总的分数、等级或评价。

按人力资源管理测试目的划分，可以分为选拔性报告、培训需求分析报告、能力训练与开发报告、绩效评估性报告、能力诊断报告和职业发展报告。

（2）测评报告的内容

测评报告的内容应该包括测评的基本信息、测评结果（定量评价、定性评价）、总体评价

（优势素质、不足素质）和测评建议。

① 测评的基本信息包括测评的活动信息（测评场次、测评机构名称、测评日期等）、被测对象信息（被测评者姓名、编号、申请职位或现任职位等）和测评项目的信息。

② 测评结果是用定量评价和定性评价相结合的方式展现的，其中报告中的定量分析与定性分析应互相检验。在面试、评价中心、情景模拟等测验中应充分利用行为证据进行定性评价，保证评语的客观真实性。

③ 总体评价是针对测评信息运用文字描述、数字、表格与图形的表现手段对被测评者进行总体评价。

④ 测评建议是针对不足提出素质提升的渠道或方法等。

撰写报告时应注意语句清晰、简洁；语言凝练，便于报告阅读者理解；报告内容富有逻辑性，结构简单明了。表 9-6 所示是某集团全体副总经理素质测评报告示例。

表 9-6　某集团全体副总经理素质测评报告

被测企业名称：　　　　　被测人群：全体副总经理　　　　　测评日期：　年　月　日

1．测评报告编写说明	（1）测评机构介绍 （2）有关测评报告知识产权说明	
2．测评项目背景及实施情况	（1）测评背景说明 （2）实施情况概述	
3．参测人员的基本情况统计	（1）被测副总经理的年龄结构分析 （2）被测副总经理的性别结构分析 （3）被测副总经理教育和培训背景结构分析	
4．人才测评结果单项分析	（1）被测副总经理个人内在能力测评分析	某单项测评总体成绩、单项成绩
		某单项测评成绩与全国平均水平、某发达地区平均水平的比较
		测评结果与测评工具的常模进行比较、分析
		个人内在能力综合评价
	（2）被测副总经理人际沟通能力测评分析	某单项测评总体成绩、单项成绩
		某单项测评成绩与全国平均水平、某发达地区平均水平的比较
		测评结果与测评工具的常模进行比较、分析
		人际沟通能力综合评价
	（3）被测副总经理组织管理能力测评分析	某单项测评总体成绩、单项成绩
		某单项测评成绩与全国平均水平、某发达地区平均水平的比较
		测评结果与测评工具的常模进行比较、分析
		组织管理能力综合评价
5．总体结论	（1）本次测评所用测评方法及测评工具概述 （2）该集团副总经理素质总体评价 （3）该集团存在的问题 （4）该集团副总经理发展建议	

（3）测评报告撰写的常用方法

① 文字描述法是采用定性的语言文字来描述或评价被测评者的特点。如被测评者的分析能力很强，动手操作能力很强，理解他人观点的能力较强，但文字表达能力一般。

② 数据描述法是采用数字来表现被测评者各个指标的行为强度、行为频次或行为等级。如

满意程度用 1～5 级划分，5 级表示非常满意、4 级表示比较满意、3 级表示基本满意、2 级表示不太满意、1 级表示不满意。

③ 表格表现法是采用表格的方式表现被测评者各项指标（项目）成绩，如表 9-7 所示。

表 9-7 表格表现法示例

被测评者	测评指标		
	分析能力	沟通能力	组织能力
被测评者 A	3.0	3.5	3.5
被测评者 B	3.5	3.0	4.5
被测评者 C	4.0	4.5	4.0

④ 图形表现法是用柱状图、条形图、饼形图和折线图等方式体现被测评者的成绩水平。

3．测评结果反馈

测评结果的反馈是测评实现其价值的重要手段。为了改进被测评者的工作能力和态度，需要把测评的结果反馈给被测评者。

人才测评结果从各个角度为人事决策（如聘用、晋升、调岗、薪酬等）提供依据，利用测评结果可以帮助员工改进绩效。此外，测评结果也可以检查企业管理中各项政策（如人员配置、员工培训等）是否有效。针对不同的测试目的，需要反馈的内容也不同，具体如表 9-8 所示。

表 9-8 不同测试目的下测评结果的反馈内容

测试目的	反馈内容
选拔性测试	被测评者的素质与岗位素质标准的差异
培训需求分析测试	向企业相关部门综合反馈被测评者群体的特点
能力训练与开发测试	被测评者每项素质（指标）的特点、被测评者的素质与岗位素质标准的差异，被测评者在每项素质上需要改进的方向、改进的方法等
绩效管理评估测试	向被测评者说明评估结果，指出被测评者素质中的优势与不足，针对不足提出改善建议
能力诊断测试	反馈内容视测试目的与企业的具体要求而定
职业发展测试	反馈测试过程中被测评者表现出的职业倾向、工作类型，需要提升的素质，开发的潜能

9.3 人才测评的信度与效度

9.3.1 人才测评的信度

1．信度的定义

信度（Reliability）是指测评结果反映所测素质的可靠性和稳定性，一般多以内部一致性来表示该测评信度的高低。进行人才测评时，若对同一特质进行若干次测评，其测得的每一次结果都不可能完全一致，这是测量误差的影响。

一般来说，人才测评的误差可分为两种，一是随机误差，二是系统误差，其具体内容如表9-9所示。

表9-9　人才测评中误差的类型

随机误差	系统误差
随机误差是指由偶然因素引起的无规律的误差，导致测评结果围绕某一个值产生不一致、不稳定的变化	系统误差是由于测验工具本身引起的有规律的变化的误差，导致测评结果偏离真值，其特点是测量结果向一个方向偏离，且其数值按一定规律变化，具有重复性和单向性

2．信度的类型

（1）重测信度（Test-retest Reliability）又称为稳定性系数，它的计量方法是采用重测法：用同一测验，在不同时间对同一群体施测两次，这两次测量分数的相关系数即为重测系数。

重测信度主要优点在于：①首测和再测中使用同一套试题，需要两套，这样要省时、省力；②同一套试题所测评的属性是完全相同的；③可以作为预测被测评者将来行为表现的依据。

当然，它也具有不足的地方：①若前后两次实施测试的时间间隔选择不当，被测评者容易受到练习和记忆的影响；②被测评者前后两次参加的测试并不是独立的。

重测信度所考察的误差来源是时间的变化所带来的随机影响。在评估重测信度时，必须注意重测间隔的时间。对于人格测验，重测间隔在两周到6个月之间比较合适。

（2）复本信度（Alternative-form Reliability）是以两个测验复本来测量同一群体的特质，然后求得被测评者在这两个测验上得分的相关系数。复本信度的高低反映了这两个测验复本在内容上的等值性程度。复本信度与重测信度一样，也考虑两个复本实施的时间间隔。

复本信度的主要优点在于：①能够避免重测信度的一些问题，如记忆效果、练习效应等；②适用于进行长期追踪研究或调查某些干涉变量对测验成绩的影响；③减少了辅导或作弊的可能性。

复本信度的局限性在于：①如果测量的行为易受练习的影响，则复本信度只能减少而不能消除这种影响；②有些测验的性质会由于重复而发生改变；③有些测验很难找到合适的复本。

（3）内部一致性信度（Internal Consistency Reliability）主要反映的是测验内部题目之间的关系，考察测验的各个题目是否测量了相同的内容或特质。学术界普遍使用内部一致性系数（Cronbachα）检验量表的内部一致性信度。内部一致性信度又分为分半信度和同质性信度。

① 分半信度系数（Split-half Reliability）是把一个测评分为两个假定相等而独立的部分来计分，通常以项目奇数的测题作为一半，把项目偶数的测题作为另一半，计算两半测验之间的相关性而获得信度系数。测验愈长，信度系数愈高。

② 同质性信度（Homogeneity Reliability）是指测验内部的各题目在多大程度上考察了同一内容。同质性信度低时，即使各个测试题看起来似乎是测量同一特质，但测验实际上是异质的，即测验测量了不止一种特质。同质性分析与项目分析中的内部一致性分析相类似。

（4）评分者信度（Raters Reliability）是指不同评分者对同样的测试对象进行评定时的一致性。最简单的估计方法就是随机抽取若干份答卷，由两个独立的评分者打分，再求每份答卷两个评判分数的相关系数。这种相关系数的计算可以用积差相关方法，也可以采用斯皮尔曼等级相关方法。

3．提高测量信度的方法

（1）测验保证标准化。测验的一系列程序、指标等应经过严格的设计，按照测量学的要求去做，以保证测验的内部一致性和稳定性。

（2）样本特征要具有广泛的代表性。在总体内抽样，样本应体现出多层次、异质性，这样样本的分布要宽广些，得出的信度指数会相对较高。如果选择的样本都集中于某一个层次，可能会造成分数分布比较集中，影响到信度系数。

（3）注意测验环境的影响因素。测验环境包括心理环境和物理环境，在测试时尽量在物理环境相对一致的前提下使被测评者保持轻松的心态，以免影响正常发挥。如晋升测试中，很多人由于情绪紧张而发挥失常。

（4）根据测试内容选择合适的信度系数指标。对于跨时间稳定性的测试可采用重测信度，如个性测验；对于易找到复本的测试可采用复本信度，如职业资格考试。

（5）注意测验的难度和长度。在实际情况下，如果某个测验适用范围广，其难度水平通常适用于中等能力水平的被测评者，而对较高水平的被测评者和较低水平的被测评者可能较易或较难，这就会使得分数分布范围缩小，信度水平降低，因此一个标准化的测验，在难度设计上应该基本满足不同能力水平的被测评者。

另外，测验时还要注意测验的长度，虽然在一个测试中增加同质的题目，可以使信度提高，但测验也不宜过长，否则会引起被测评者的疲劳和厌倦，从而影响测验的质量。

9.3.2 人才测评的效度

1．效度的定义

效度（Validity）即有效性，它是指测量工具或手段能够准确测出所需测量的事物的程度。效度是指所测量到的结果反映所想要考察内容的程度，测量结果与要考察的内容越吻合，则效度越高；反之，则效度越低。效度分为 4 种类型：表面效度、内容效度、构念效度和经验效度。效度比信度有更高的要求，信度是效度的必要条件，没有信度的测量工具就谈不上具有效度，但信度高的测量工具未必有高的效度。

2．效度的种类

（1）表面效度（Face Validity）。指测试应达到的卷面标准，即一套测试题从表面看来是否是合适的。例如，若一次阅读理解力的测试包括许多被测评者没有学过的方言词汇，则可认为这次测试缺乏表面效度。表面效度是测试出被测评者正常水平的一种保证因素。

（2）内容效度（Content Validity）。指一套测试题是否测试了应该测试的内容或者说所测试的内容是否反映了测试的要求，即测试的代表性和覆盖面的程度。例如，如果某一套发音技能测试题仅仅考查发音所必须具备的某些技能，如只考单一音素的发音，而不考查重读、语调或音素在词语中的发音，那么，该测试的内容效度就很低。

确定内容效度的方法通常是由专家根据测验题目和假设的内容范围做系统的比较判断。如果专家们认为测验题目恰当地代表了所测内容，则测验具有内容效度。这种方法的主要问题是：缺乏一种数量化指标来描述内容效度的高低；不同专家的判断可能不一致；如果测验内容范围缺乏明确性，会使效度的判断过程发生困难。

（3）构念效度（Construct Validity）。构念效度是指理论中的抽象概念在多大程度上在实际研究中成功地进行了操作化，即操作变量在何种程度上体现了它想要体现的理论概念的真正含义。构念效度通常用聚合效度（Convergent Validity）和区别效度（Discriminant Validity）来评价。

① 聚合效度反映使用不同方法度量同一概念所得出的度量结果之间的一致性。例如，测量学生的英语能力（构念），有两种测量方法，一是英语六级考试，二是英语课上老师根据学生上课的长期表现的打分。如果两种分数具有较高的相关系数，则说这两种测量方法都具有聚合效度。

② 区别效度。如果使用同一测量工具测量（理论上认为）两个不相关的概念，结果发现这

两个构念的实际测量结果确实不相关，那么则称该测量工具具有区别效度。例如，理论上讲，"英语能力"和"数学能力"这两个构念不相关。对于"考试"这种测量工具，如果英语考试成绩与数学考试成绩不相关，则说明，"考试"这种测量工具具有区别效度。

（4）经验效度（Empirical Validity）。经验效度是一种衡量测试有效性的量度，通过把一次测试与一个或多个标准尺度相对照而得出。经验效度可分为两种：一是共时效度（Concurrent Validity），即将一次测试的结果同另一次时间相近的有效测试的结果相比较，或同教师的鉴定相比较而得出的系数；二是预测效度（Predictive Validity），即将一次测试的结果同后来的语言能力相比较，或是同教师后来对学生的鉴定相比较而得出的系数。

3．提升效度的方法

（1）控制系统误差。系统误差是影响测验效度的主要因素。它主要包括仪器不准，题目和指导语有暗示性，答案安排不当（被测评者可以猜测）等，控制这些因素可以降低系统误差，提高效度。

（2）精心编制测题和测验量表。首先，测题内容要适合测验目的，如知识性测题就不能全面反映被测评者的智力水平，它主要测量其知识水平。其次，测题要清楚明了，用语要让被测评者理解，排列由易到难。最后，测题的难度和区分度要合适。

（3）严格按照测验程序进行测量，防止测量误差。要严格按照测验手册进行测量，不能做过多的解释，按标准评分，两次测验间隔要适当。

（4）样本容量要适当。当样本容量增大时，样本对总体的代表性提高。样本大，被测评者的内部差异增大，扩大了真分数的方差，使效度提高。样本容量一般不应低于30。另外，抽样方法也很重要，一般用随机抽样，当群体很大时，可分层抽样，样本容量扩大时，其代表性才随之增大。

（5）正确处理好信度与效度的关系。信度是效度的必要条件，但信度高的测验，效度不一定高；而效度高的测验，信度却比较高。但是，既要有高效度，又要有高信度是不容易做到的。"最大可靠度（信度）要求测验项目之间有高度的组间相关；最大预测有效度却要求低度的组间相关。最大可靠度（信度）要求项目等同的难度；最大预测有效度却要求项目的难度有所区别。中等程度的组间相关（0.10～0.60）通常可产生良好的效度（0.30～0.80），并且产生满意的信度（0.90）。"

（6）适当增加测验的长度。增加测验的长度可提高测验的信度，也可以提高效度，但增加测验的长度对信度的影响大于对效度的影响。

【启发与思考】

【思考练习题】

1．招聘性测量的测量工具有哪些，具体内容是什么？

2. 销售岗位和财务岗位的素质要求及测评工具是什么?

3. 高层管理人员的主要职责及适用的管理工具是什么?

4. 简述人才测评方法选择的依据。

5. 测评方法选择的原则是什么?

6. 用文字形式描述人才测评方法选择的流程。

7. 简述人才测评的实施流程。

8. 如何选择测评指标?

9. 测评报告中包含的内容有哪些?

10. 人才测评的效度有哪几种类型?

11. 人才测评信度的主要类型有哪几种?

【模拟训练题】

2016 年 3 月，北京某移动通信运营商公开招聘运营部总经理、业务部总经理、副总经理，为了提高中高管理干部选拔的科学性和有效性，公司希望改进以往的评估方式，通过人才测评来进行人才选拔。请结合你了解的实际情况和所学知识，为该公司列出人才测评的实施流程并写出各自的内容要点和应该注意的事项。

序号	步骤	内容要点	注意事项
1	确定测评目的		
2	选择测评指标和方法		
3	设计测评方案		
4	进行人才测评		
5	测评数据分析		
6	测评报告撰写		
7	测评结果反馈		

【情景仿真题】

你是 B 公司人力资源部门负责人，现在公司需要招聘财务经理，需要对应聘者进行素质测试，心理测试采用霍兰德职业兴趣、价值观测试，评价中心采用的是无领导小组讨论和角色扮演，请你用一天时间把测评实施方案流程图做出来。以下是对财务经理的简要测试方案流程，你可作为参照使用。

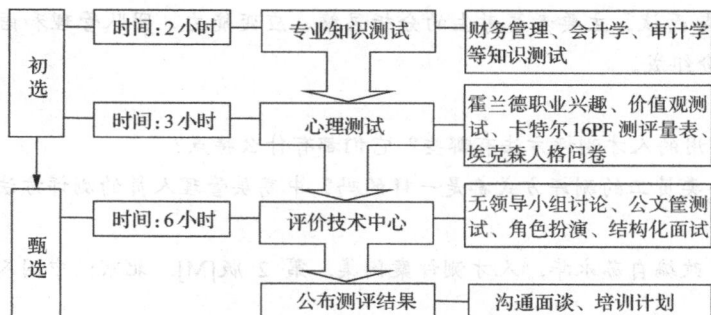

第 10 章 人才测评在各类人员以及各行业中的应用

学习目标

1. 熟悉并掌握不同岗位的人员素质测评要素及测评方法。
2. 掌握各类人员素质测评指标体系的建立及测评方案的选择。
3. 熟悉素质测评在不同行业中的应用。

引导案例

某铁路集团公司团委负责人公开选聘

某铁路集团公司为了不断创新人才选拔机制，决定在全公司范围内公开选拔公司团委负责人。为了保证公平性和有效性，公司委托第三方测评咨询机构负责此次测评的全程工作。

本次测评项目的实施流程包括 8 个部分：资料研读与分析、构建能力模型、开发测评工具、笔试实施、情景测试、结构化面试、公司领导面试、成绩提交。测评环节由四大部分构成，分别是笔试、情景测试、结构化面试和公司领导面试。人才测评机构负责前 3 个部分的题目开发以及组织实施工作，公司领导面试部分由该铁路集团公司负责实施。

（1）资料分析。资料分析包括企业文化和战略的演绎分析以及相关文献资料的研读，有利于了解该集团公司对团委负责人在能力和素质方面的要求，以便构建更加科学合理的能力模型。

（2）构建能力模型。结合以往测评经验，参照同行业中基层管理通用能力指标，以及人才测评机构模型库，然后构建能力模型。

（3）笔试。要考察政策理解能力、党团基本知识、基础管理能力、企业战略及文化等。根据参加笔试人数的一定比例，按考试成绩由高到低，由竞聘领导小组办公室确定参加情景测试人选。

（4）情景测试。采用无领导小组讨论测评技术，主要测评考生的分析思维、团队合作和沟通协调能力。

（5）结构化面试。主要考察考生的分析思维、应变能力、学习能力和语言表达能力，由演讲、答辩和民主评议 3 个部分组成。

（6）公司领导面试。主要考察考生的分析思维、应变能力、团队管理和语言表达能力，由演讲和答辩两部分组成。

思考题

1. 案例中采用的人才测评方法有哪些？它们都有什么特点？

2. 企业中各类员工的测评方式都是一样的吗？中高层管理人员的测评方法和一般员工的有什么区别？

（资料来源：改编自苏永华. 人才测评案例集. 第 2 版[M]. 北京：中国人民大学出版社，2016：51）

随着组织规模的扩大，在实际工作中，各组织的工作岗位是多种多样的，适合这些岗位的人才也都不尽相同，同时，由于行业性质不同，在人才招聘与选拔过程中测评方式方法的选择也不一样。本章的第一节将选择一些有代表性的部门来说明各岗位人员的素质要求及其测评方法，第二节介绍素质测评方法在各行业中的应用。

10.1 素质测评在各类人员中的应用

倘若企业想要保持可持续发展，作为企业人力资本核心的企业管理人员的作用不可忽视，其素质的高低是决定企业管理效率的重要因素。尤其是在进入知识经济时代之后，企业的财富和价值相对于从前来说更加依赖于员工素质，特别是统领全局的高层管理人员所具备的各项素质对企业的发展有着十分深远的影响。企业的核心竞争力也将来自于对员工素质的管理。

10.1.1 管理人员素质测评

管理人员是组织经营战略和计划的决策者，担任着战略策划、经营决策、组织领导和管理、人力资源管理等重要职责，因此，要十分重视管理人员素质测评的全面性和准确性。

1．管理人员素质测评指标体系

由于历史和现实的种种原因，我国企业管理人员素质高低差别很大。例如，很多管理人员是从技术人员提拔上来的，他们的技术水平很高，专业技能十分出色，然而他们未必拥有足够的管理能力来胜任管理层的岗位，而且不同的企业对高层管理人员的素质要求也各不相同。不同企业的经营侧重点不同，管理人员的日常事务便相应地有了或多或少的差异，从而对高层管理人员的素质要求就不尽相同了。企业通过素质测评，可以对管理人员的心理特点、个性特征、知识技能和潜在能力等多方面进行深入的了解与分析。将测评的结果与该岗位的胜任素质进行拟合，甄选出最适合这个岗位、这个企业的人才。

从胜任力的角度来说，管理人员素质测评的测评要素包括组织管理能力、人际关系管理能力和个人内在能力 3 个维度，其中组织管理能力是其最重要的能力要素。表 10-1 具体列出了管理人员各测评要素的胜任行为定义。

表 10-1 管理人员各测评要素胜任行为定义表

测评要素	测评内容	胜任行为定义
组织管理能力	战略组织能力	1．能够确定战略经营方向，创造内部、外部环境 2．平衡企业内部、外部利益群体间发生的冲突 3．通过对组织和组织中的人的理解获得对工作的支持 4．准确把握如何、何时组织并完成工作 5．把握战略目标和日常工作之间的衔接
	目标管理能力	1．能够制订组织的战略目标、长期目标与短期目标 2．能够很好地制订并实现自己的工作目标 3．能够指导下属制订并实现其工作目标
	团队建设能力	1．在组织的所有级别创建团队、形成团队互动和合作 2．倡导追求不断进步的高绩效团队，对于高绩效团队给予肯定和奖励 3．以多方面的能力和技能形成协作的团队 4．培养、激励各级别员工参与团队工作

续表

测评要素	测评内容	胜任行为定义
组织管理能力	果断决策能力	1. 根据具体情况运用合适的方法，能够平衡短期与长期目标，做出明智的决策 2. 在充分了解和理解企业经营环境的基础上果断地做出决定
	危机应变及处理能力	1. 特殊场合应变能力强，能看好时机，采取乐观、积极、向上的态度和平静的心态去解决问题 2. 头脑机智，冷静沉着，应对事变很有把握，面对危机或特殊场合自制力强，勇气和智慧都超人，有自信心
人际关系管理能力	人际沟通能力	1. 具有良好的沟通技巧，能够进行有效倾听 2. 语言表达能力强，语言理解能力强，能够对接收或发送的语言信息进行正确的解码和编码
	人际关系协调能力	1. 能够适时适事地解决人际冲突，使对峙双方进行和平谈判 2. 具有较强的人际关系敏感性，言行具有说服力 3. 能够有效的授权，具有培养下属的能力，在团队中具有较强的威信
个人内在能力	生理素质	……
	人格	1. 有责任心：可以依靠、有组织性、自律、坚持不懈、努力等 2. 情绪稳定：遇到问题时能平静地分析、决策，不会感情用事等 3. 宜人性：合作、热心、恭谦、值得信赖等 4. 对外经验的开放性：有智慧、有创造性、有教养、有灵活性等
	价值观和动机	具有正确的世界观和价值观，具有正确的工作动机
	专业知识	具备系统的专业理论知识，并能够对其进行合理地利用

　　将上述三大要素的测评内容汇总后，调查分析组织管理能力、人际关系管理能力和个人内在能力对管理人员胜任其工作岗位的重要性，确定三大要素的权重，同时编制高分标准定义，以做评分参考。

2. 管理人员素质测评方法

　　管理人员素质测评方法有笔试法、书面信息分析法、心理测试法、面试法及评价中心技术等，组织可以根据测评内容的不同选用测评方法及其组合。管理人员测评要素与测评方法、测评工具的对应关系如表 10-2 所示。

表 10-2　管理人员测评方法汇总表

测评要素		适合的测评方法（测评工具）
一级指标	二级指标	
组织管理能力	果断决策能力	心理测试（16PF 测评量表）、评价中心技术（侧重管理技能）★
	冲突解决能力	评价中心技术（侧重操作技能）、心理测试（DISC 个性测评量表）
	团体建设能力	评价中心技术（侧重操作技能）
	计划能力	心理测试（16PF 测评量表）、评价中心技术（侧重管理技能）★
人际关系管理能力	合作沟通技巧	心理测试（16PF 测评量表）、评价中心技术（侧重管理技能）★
	人际敏感性	心理测试（16PF 测评量表）★、评价中心技术
	人际关系处理能力	心理测试（16PF 测评量表）、评价中心技术（侧重管理技能）★
	领导能力	评价中心技术（侧重管理技能与业务）
个人内在能力	身体健康状况	医疗仪器测量、健康档案分析、心理测试（投射测试）
	性格品质	心理测试（16PF 测评量表）
	知识水平	笔试（成就测试）★、结构化面试、评价中心技术（侧重管理技能）★
	一般能力	韦克斯勒成人智力量表、心理测试（一般能力倾向测试量表）
	职业兴趣	心理测试（霍兰德职业兴趣与价值观测评量表）
	创新能力	心理测试（威廉斯创造力倾向测评量表）
	思维分析能力	结构化面试、心理测试（16PF 测评量表）★

　　注：★表示该种评价方法最适合用于评价相应的素质。

3．管理人员素质测评方案

管理人员素质测评方案如下所示。

××公司副总经理人员素质测评

××公司总裁为了了解公司内各个岗位副总经理的人—职匹配情况，特授权 HR 总监组织一次团体测评。HR 总监接到任务后，聘请 3 位咨询公司的测评专家协助完成这一工作，并得到总裁的批准。

1．准备阶段

（1）成立测评小组

测评小组包括测评专家组、测评项目小组，其中专家组包括此次测评的主要负责人——HR 总监、测评专家 3 名，主要负责建立测评指标、重点测评项目施测、汇总测评结果；测评项目小组包括总经理、培训中心经理、招聘主管 3 人，主要负责测评指标的评估、打分和最终测评结果的讨论。

（2）建立测评指标体系

测评专家阅读各岗位副总的《工作说明书》、规范及与副总职位相关的其他背景材料等，通过对各方面的信息进行汇总，得出初步的胜任素质。

由测评专家分别对优绩组、普绩组成员一一进行行为事件访谈（专家事先不知访谈对象属于哪个组别），专家要对谈话的内容做详细的笔记并做全程录音。

通过分析优绩组成员的行为表现，对所得的胜任素质进行高分标准定义，并赋予权重。下表是最终确定的测评指标体系。

××公司副总经理素质测评指标体系

测评要素			测评标准
一级指标（权重）	二级指标（权重）	三级指标（权重）	高分标准定义
个人内在能力（30%）	个性品质（10%）	诚信正直（2%）	言行一致、信任他人、平等待人，建立道德标准并能严格遵守
		自信心（2%）	知道自己的优点和局限性，在必要时能坚持自己的观点
		成就动机（2%）	对成功、个人成就有强烈的渴望，展现出充沛的精力
		适应能力（4%）	能够持续学习和接受变化，寻找机会增长知识、开阔眼界，愿意接受并吸取别人的意见，愿意超越自我
	逻辑思维能力（10%）		能根据多种信息来源做出结论，看问题深入透彻及通过对过去事件的分析做出比较
	改革创新能力（10%）		预见组织需要改革，创造新的规范，倡导各项战略变革；创造、支持、奖励前瞻性思考和风险意识
人际沟通能力（30%）	个人影响力（15%）		向员工灌输成功理念，营造良好的、积极向上的组织氛围；在组织主要战略上，能够获得并保持管理层的支持，适当放权，促进员工取得进步并适当给予表扬
	沟通技能（15%）		有亲和力，使自己的个人沟通风格适应各种关系；通过有效的沟通，影响、促进组织目标的实现
组织管理能力（40%）	业务组织能力（8%）		能够确定战略经营方向，创造内部、外部环境
	目标管理能力（6%）		能够制订组织的战略目标、长期目标与短期目标，很好地制订并实现自己的工作目标
	团队建设能力（8%）		在组织的所有级别创建团队、形成团队互动，倡导追求不断进步的高绩效团队
	果断决策能力（10%）		根据具体情况运用合适的方法，能够平衡短期与长期目标，做出明智的决策
	危机应变及处理能力（8%）		特殊场合应变能力强，能看好时机，采取乐观、积极、向上的态度和平静的心态去解决问题

2．确定测评方法

由于此次被测评者属于高级管理者，测评小组决定采用以评价中心技术为核心、以心理测试和书面资料分析等方法为辅助，分阶段施测。

3．实施测评

测评小组要运用书面资料分析法初步确定被测评者的年龄、学历、专业、从事管理工作的经验等各个方面的差异，对其进行初步测评；运用相应的测评方法和测评工具，由经过专门培训的测评小组在集中的一段时间内对所有副总进行深入测评。

4．汇总结果，得出结论

需要测评小组评阅试卷，得出原始分数；一般由测评专家来评分，测评项目小组成员进行数据录入工作；然后转换原始分数，整合信息。

然后测评专家共同撰写测评报告，需要经过撰写人员再培训、拟定初稿、共同商讨、统一标准、正式撰写、统筹定稿，从而保证测评报告格式的统一性、结论的准确性。

5．跟踪素质测评结果

测评结束后，测评项目负责人 HR 总监继续对副总经理的工作表现进行跟踪和考核。

评估此次测评结果是否符合事实，总结经验教训，以便改进素质测评技术。

10.1.2　生产人员素质测评

随着我国素质评价体系的发展和逐步完善，素质评价研究的领域已不仅仅是针对营销、技术或是企业高层管理人员，在生产人员素质评价的研究上也有了一定的发展。

营销、财务和生产是企业的三大职能，其中生产是企业中负责计划和协调资源的利用从而使投入转化为产出的活动，对于许多企业来说，生产职能是核心。一个企业组织产品制造正是通过生产职能来实现的。生产部门是企业的重要组成部分，该部门有其特有的性质和特点。

生产人员是企业产品生产的直接参与者。在工作中，生产人员应该熟悉公司的产品知识，能熟练操作生产设备，熟悉设备的保养工作，应对产品的数量和质量负责。生产人员的素质水平会影响到企业的生产效率和工作质量，在人力资源管理活动中，应注重生产人员的素质测评工作。

1．生产人员素质测评指标

组织对生产人员的基本要求包括生产人员要喜欢与物打交道、操作技能强、技术操作熟练、反应敏捷、工作主动、具备一定的专业技能。概括而言，生产人员素质应当包括生理与心理素质、知识经验素质及能力与技能素质。

对生产人员来讲，生理素质要良好，需要通过常规体检，证实身体健康无疾病，能够耐高强度的体力劳动；生产人员的心理素质包括人格特质、职业兴趣、职业素养等；生产人员需具备相应的生产专业知识和生产经验，以符合岗位的基本任职要求；生产人员胜任工作岗位需具备生产专业能力，如智力水平、质量控制能力、安全生产能力等。

根据以上列举的生产人员素质，其素质测评指标体系如表 10-3 所示。

表 10-3　生产人员素质测评指标体系图

测评要素	权重	测评内容
知识素质	A%	生产工具知识、生产专业知识……
能力/技能素质	B%	思维能力、思维反应水平、机械/操作能力、生产专业技能……
生理素质	C_1%	体质、体力、精力……
职业素养	C_2%	纪律性、成本意识……
职业兴趣	C_3%	现实型、常规型……
人格特质	C_4%	独立性、主动性、责任感、忠诚度、团队合作精神……

注："权重：……%"是指每项素质对生产人员胜任工作的相对重要性，一般需要通过资料分配或专家调查来确定。

2．生产人员素质测评方法

生产人员的素质测评应主要从 3 个方面进行，即专业技能测试、操作能力测试、职业适应性与职业素养测试。生产人员素质测评常用的测评工具如表 10-4 所示。

表 10-4　生产人员素质测评通用方法一览表

测评要素	测评内容	测评方法（测评工具）
生理心理素质	体质、体力、精力	书面信息分析法（体检表）
	职业兴趣	心理测试（霍兰德职业兴趣与价值观测评量表）
	职业素养	笔试，结构化面试
	人格特质	结构化面试
知识素质	生产工具知识和专业知识	成就测试（知识考试试卷）
能力/技能	智力水平（思维能力、思维反应水平）	心理测试（韦克斯勒成人智力量表）
	能力倾向	心理测试（一般能力倾向成套测试量表、机械能力测试）
	生产专业技能	现场操作
	操作技能	现场操作

3．生产人员素质测评方案

生产人员素质测评方案如下所示。

××公司生产工艺工程师素质的测评方案

××公司对生产工艺工程师的素质测评过程如下。

1．组建测评小组

人力资源部经理全权负责本次工艺工程师的素质测评，通过人员筛选，最终选择生产部经理、工艺总工程师、人力资源部招聘主管为小组成员。

2．工作分析

通过分析工艺工程师的工作职责，得出工艺工程师需具备以下技能标准：对化工原料、溶剂的性质有较深的认识；在化工涂料异常问题的处理方面有丰富的现场实践经验；能按产品生产要求编制关键工序作业指导书；具备一定的工艺改进和创新能力。

通过分析以上技能标准，人力资源部经理初步打算从通用素质、专业能力两个方面来实施测评。

3．建立测评指标体系

（1）通过分析工艺工程师工作说明书和相关资料，运用工作分析法、问卷调查法、素质结构分析法、行为事件访谈法等多种方法，对测评要素进行归纳整合。

（2）运用调查表的形式让测评小组按每个要素的重要程度给其打分，下表即为对测评要素的简单定义及调查表的结构和内容。

化工制造工艺工程师素质测评要素重要程度调查表

测评要素		简明定义	重要程度打分
测评维度	测评内容		
专业能力	专业知识	对化工制造工艺的掌握和运用程度，对相关学科知识的了解程度；运用专业知识制定工艺方案和改进生产工艺能力	
	专业技能	工艺操作与设计水平、AutoCAD 操作水平	
通用素质	独立工作能力	独立性的强弱，需要指导、检查的频次	
	主动学习能力	为提高本职位的胜任水平，主观学习和努力的程度	
	创新能力	创造或引入新思维、新方法对化工制造工艺的改进能力	
	沟通能力	就产品制造工艺问题与相关人员进行沟通的能力；对车间工人执行工艺情况进行指导和监督的能力	
	职业兴趣	测评对象的性格是否适合做工艺流程类工作	

注：根据对工艺工程师胜任工作的重要性，给每个要素打分。其中，重要程度按数字"1→10"逐渐递增。

（3）根据每个人的打分，计算每个要素的最终调查得分；再运用加权平均法计算指标权重。

（4）根据上表中简明定义，对各个要素进行分级定义，并附上每一级相应的得分，为测评评分提供评分标准。

4. 选择测评方法

根据测评内容，运用心理测试、面谈、笔试、情景模拟测验等方法有针对性地对其进行测评。

5. 组织实施工艺工程师的素质测评

（1）培训测评小组成员

人事经理意识到，本次测评小组的成员都没有参与过人员素质测评工作，需要对所有成员进行集中培训。培训的内容包括测评的相关事宜及施测过程中的注意事项。

（2）安排测评场地、时间

人事经理根据测评方法的需要，将成就测试、心理测试、现场操作的场地选在有计算机及相关设备的机房，而面谈则选在会议室里进行。

（3）准备测评所需的其他材料

人事经理还需要准备测评用的白纸、笔、计时器、面谈提纲与评分表等。

（4）实施测评阶段

进行心理测验、笔试等技术时，人事经理负责主持测评的具体实施，宣读指导语和注意事项，维持测评现场纪律，控制测评时间。实施面谈时，测评小组成员需认真观察记录面谈对象回答的内容，为评分提供原始材料。

（5）评分阶段

测评小组成员先用上表独立评分，然后由人事经理主持讨论评分理由直到得出最终的分数。

6. 统计处理数据，撰写测评报告

通过定性和定量方法对数据进行整合，根据整合后的数据由测评专家共同撰写测评报告，需要经过撰写人员再培训、拟定初稿、共同商讨、统一标准、正式撰写、统筹定稿，从而保证测评报告格式的统一性、结论的准确性。

测评报告分两种形式撰写，一种是单个工艺工程师的素质测评报告，另一种是所有工程师整体素质测评报告。其中单个工程师的测评报告需对其个人进行及时反馈。

10.1.3 技术人员素质测评

企业专业技术人员作为企业技术的主要创造者，在企业人力资源中重要的人力资本地位已经被广泛认同。[①]企业专业技术人员对企业的生存和发展所起的关键性作用日益突出；同时企业专业技术人员的绩效对于企业整体绩效的核心性影响也日趋突出。

因此，技术人员对企业的可持续发展有重要的作用，对于某些企业来说，技术人员不仅是企业实力的象征，还是企业最富挑战力和竞争力的资本。他们参与企业产品的研发、调试、持续改进和产品创新等工作，为企业各个部门业务的发展提供技术支持。对技术人员进行合理的招聘、配置、培训开发、绩效考核等是企业人力资源管理的重点。

1. 技术人员素质指标体系

技术人员是组织内从事技术研究和发展、技术支持等其他类似工作的非职能人员。企业技术人员应具备的素质可以概括为生理与心理素质、知识经验素质、技能与能力素质3个方面。

---

① 魏杰. 企业管理前沿问题[M]. 北京：中国发展出版社，2002：12.

表 10-5 从上述 3 个方面出发，初步分析了技术人员的测评要素，同时列出了不同级别技术人员在各项测评要素上应达到的级别标准。

表 10-5　技术人员素质测评要素及应达到的标准一览表

测评要素			各级人员胜任力的定义	
]测评维度	测评内容	权重	高级技术人员	基层技术人员
生理与心理素质（A%）	体质、精力	A_1%	健康状况良好、无"器质性"疾病	
	职业兴趣	A_2%	在霍兰德各量表中，调研型得分最高	
	职业素养	A_3%	达到良好以上	
	人格特质（以 16PF 为例，主要包括聪慧性、稳定性、实验性、独立性、兴奋性、敏感性）	A_4%	技术人员各指标得分标准：B、C、Q_1、Q_2 这 4 种人格特质处于高分值域；F、I 等人格特质处于低分值域；L 人格特质处于中高分值域；其他各项人格特质处于中等水平	
知识素质（B%）	专业技术知识	B_1%	达到优秀水平	达到良好以上
	专业技术基础知识	B_2%	达到良好以上	达到中等以上
技能与能力素质（C%）	智力（侧重于空间想象力、思维方式、思维变通能力）	C_1%	IQ 在 130 以上	IQ 在 100 以上
	创造力（独创性、想象力、好奇性、疑问性、挑战性）	C_2%	达到优级水平	达到良好水平
	关注细节能力	C_3%	达到高级水平	达到中级水平
	归纳思维能力	C_4%	达到高级水平	达到中级水平
	技术创新能力	C_5%	达到中高级水平	达到初级水平
	技术需求转化能力	C_6%	达到中高级水平	达到初级水平
	问题发现与解决能力	C_7%	达到中高级水平	达到初级水平

2．技术人员素质测评方法

对技术人员的素质测评主要从生理心理素质、知识素质和技能/能力素质 3 个方面进行测评，针对不同的测评内容需使用不同的测评方法和工具，表 10-6 列出了技术人员通用的素质测评方法。

表 10-6　技术人员素质测评通用方法一览表

测评要素		测评方法（测评工具）
生理心理素质	体质、精力	书面信息分析、体检（体检表）
	职业兴趣	面谈、心理测试（霍兰德职业兴趣与价值观测评量表等）
	职业素养	面谈（结构化面谈提纲等），笔试（笔试试卷等）
	人格特质	面谈、书面信息分析、心理测试（卡特尔 16 种人格因素问卷等）
知识素质	专业知识	面试（面试提纲）、笔试（知识测评试卷）
	专业基础知识	
技能/能力	智力	面谈、心理测试（智力测评量表等）
	创造力	面谈、心理测试（威廉斯创造力倾向测评量表等）
	各项技能	面试、笔试、操作测试

3．技术人员素质测评方案

技术人员素质测评方案如下所示。

××化工有限公司产品开发工程师素质测评

本项测评是根据××化工有限公司产品开发工程师这一岗位的具体任职要求，经过严格的工作分析而设计的。测评的目的在于对公司内产品开发工程师的基本素质有一个较为全面的了解，以便针对性地实施培训和晋升计划。

1. 组建素质测评小组

一般来说，素质测评小组由人力资源部经理、相关专员、产品开发部部长、总工程师等组成。在请求外援的情况，测评小组还包括测评专家。

2. 建立产品开发工程师素质测评指标体系

首先，确定产品开发工程师的测评要素。通过分析和调查，最终确立知识经验、专业能力和性格为其素质维度，据此调查各个维度的相对重要性，确定维度权重。

其次，分析每个维度的具体测评内容，确定二级测评指标，并调查各个指标的重要程度确定指标权重。下表即为建立好的产品开发工程师素质测评指标。

××化工有限公司产品开发工程师素质测评指标

测评维度（权重）	二级指标	权重（%）	测评维度（权重）	二级指标	权重（%）
知识经验（10%）	专业技术知识	5	专业能力（49%）	创新开拓能力	14
	工作经验	5		团队合作能力	8
性格（18%）	内外向性	9		指导教练能力	7
	成长适应能力	9		自信决断能力	6
专业能力（23%）	分析思维能力	8		学习进取能力	8
	专业应用能力	15		信息敏感性	6

最后，对测评要素进行分级定义，即对每项测评要素进行描述，并确定评价标准，为后期的素质评分提供依据和标准。

3. 选择测评方法实施素质测评

（1）知识经验测评

对专业知识、工作经验的测评，可采用简单易行、成本较低的履历分析法。

（2）性格测评

一般来说，性格测评均采用心理测试自陈量表，可由卡特尔16PF测评量表来测评。

（3）专业能力测评

对专业能力的测评，可采用面谈和笔试测评法。根据需要测评的具体指标，事先设计好相应的问题；由被测评者在面谈和笔试中的表现来估测其各方面的能力。

4. 统计测评数据

通过两种测评方法获得的数据需要分别处理，尤其是心理测试得出的数据。

（1）处理心理测试数据

例如，工程师程××在16PF测试中的原始得分，需要根据《16PF原始分与标准分换算表》将原始分换算成标准分，再根据内外向性计算公式 $Y_1=[(2A+3E+4F+5H)-(AQ_2+11)]\div10$ 和成长适应能力公式 $Y_3=B+G+Q_3+(11-F)$ 计算内外向性和成长适应能力。将各因素的标准分分别代入公式中可得到得分为3分，得分为27分。

工程师程××在16PF中的得分

因素	A	B	C	E	F	G	H	I	L	M	N	O	Q_1	Q_2	Q_3	Q_4
原始分	2	11	13	11	4	6	8	2	15	16	9	4	14	15	15	5
标准分	2	9	5	6	2	5	5	1	8	7	6	2	8	7	7	3

（2）处理知识经验、专业能力测评数据

在知识经验、专业能力测评中得分，通过加权法计算各项指标得分，由此得出维度得分。

5. 分析、报告测评结果

对统计后的测评数据进行分析，并运用语言性的文字对工程师的素质能力进行描述，针对其具体的能力素质做出相应的人事决策。

10.1.4　营销人员素质测评

营销队伍在现代企业中是一支最传统的也是最不可缺少的力量，在现代企业市场营销乃至整个社会经济中占有相当重要的地位。销售队伍建设是销售管理中最需要重视的环节之一，而营销人员就是销售队伍中最重要的组成部分。因此，对于营销人员素质的测评便显得尤为重要。

"人尽其才"是人才素质测评的最终目标。从最早开始利用心理测验进行相应人才的挑选到构建总体素质指标体系，并最终发展形成具有针对性的系统的人才素质评价指标体系，关于营销人才的素质构成体系经历了一段漫长的历史。1989 年，斯宾塞（Lyle M. Spencer）构建了第一个胜任素质模型，该模型为总体胜任素质模型。其研究对象较为广泛，不仅包括企业家、营销人员，还涉及技术人员等，这是最早的营销人员素质研究。随后，各界学者纷纷从不同的视角，利用不同的方法对营销人员的构成进行了深入的研究，其中比较有代表性的为 Chad Kaydo 的研究，其根据营销人员应具备的众多素质演绎出新经济时代的顶尖营销人才所具备的 7 种能力素质：战略眼光与思维、资源的整合与配置、敏锐的洞察力、信息收集与分析能力、团队意识、全球视野以及积极的营销心态。

相比较，国内的相关研究起步较晚且大多是在借鉴的基础上进行相应的改良，国内的学者通过问卷调查和访谈的方法对一批具有代表性的顶尖营销人员进行了深入的研究与分析，得出了优秀的营销人员应具备的 7 项素质，这些素质分别为：成就导向、创新思维、营销技能、市场适应性、自我约束力、自信心以及职业兴趣。[①]

企业营销人员素质测评是企业人员测评的一部分，它是在特定的工作中，采用一定的标准，采用科学的方法，实事求是地评价营销人员的品行、业绩、能力、态度、个性，以确定其综合素质的管理方法。营销人员素质测评的目的在于通过对营销人员全面综合的测评，判断他们是否称职，并以此作为人力资源的基本依据，切实保证营销人员的报酬、晋升、调动、培训开发、激励、辞退的科学性。[②]

营销人员在企业中负责市场渠道的开发、产品销售等工作，而且他们与客户的接触频率很高，营销人员的言行代表了企业的形象，他们的素质水平在一定程度上会影响到客户对公司的印象、信任度和满意度。在企业管理中，注重对营销人员的素质测评，有针对性地进行营销人员的选拔、培训开发是十分必要的。

1. 营销人员素质指标体系

营销人员的素质主要包括生理与心理素质、知识素质、技能与能力素质 3 个方面，根据营销人员素质结构，将这 3 个方面进行一一细化，得到其素质测评的内容，如表 10-7 所示。

---

① 杨丽昕. 基于胜任素质的营销人才素质测评体系研究[J]. 现代经济信息报. 2015.1：103-106.
② 王宓愚. 企业营销人员素质测评方法[J]. 中国人力资源开发. 2003.10.

表 10-7　营销人员素质测评通用要素一览表

一级指标	二级指标	三级指标
测评维度		测评内容
生理与心理素质	体质	健康状况、抵抗疾病的能力
	精力	高强度工作承受能力、持久力
	外在形象	第一印象指数、外在形象指数
	个性倾向	包括职业兴趣与职业素养等
	性格特征	内外向性、自信心、乐群性、稳定性、兴奋性、敢为性、独立性、忧虑性、紧张性
	意志力	坚韧性、抗受挫能力、乐观程度
知识素质	专业知识	市场营销的基本知识和专业技能（如行为分析技能、市场预测技能等），测评其掌握知识的深度、运用知识的熟练程度
	与岗位相关的其他知识	对企业与产品知识、市场与客户知识、相关法律法规知识的掌握程度
	生活知识	了解社会、历史、地理、经济学、文学、美学等方面的知识，测评其掌握知识的广度
技能与能力素质	亲和力	个人形体上所具备的能让周围的人感觉其和蔼可亲，不受到职位、权威的约束所真挚流露出的一种情感力量
	影响力	说服或影响他人接受某一观点，推动某一议程，或领导某一具体行为的能力
	人际沟通能力	正确倾听他人倾诉，理解其感受、需要和观点，并做出适当反应的能力
	市场拓展能力	应用沟通、组织、管理等技能和相关知识，开展市场拓展工作，提升个人业绩和产品市场占有率的能力
	商务谈判能力	在谈判中有效达成共识并最大限度争取和维护公司利益的能力

2．营销人员素质测评方法

对营销人员素质的测评，针对不同的测评内容应采用不同的测评方法与工具，具体如表 10-8 所示。

表 10-8　营销人员心理素质测评指标与测评方法对应表

测评要素		测评方法（测评工具）
测评维度	测评内容	
生理素质	体力、精力、外在形象等	体检、查阅体检表、面试
心理素质	个性倾向（职业素养、职业兴趣）	投射测试、心理测试（霍兰德职业兴趣与价值观测评量表）
	性格特征	心理测试（艾森克人格测试问卷、卡特尔 16 种性格因素测量等）
知识素质	专业/岗位/生活知识	面试、笔试、文件筐、情境模拟等
技能与能力素质	言语理解与表达能力	心理测试（一般能力倾向测试）
	知觉速度	
技能与能力素质	创造能力	心理测试（威廉斯创造力倾向测评量表）
	人际沟通能力	面谈、角色扮演、无领导小组讨论
	市场拓展能力	
	商务谈判能力	

3．营销人员素质测评方案

营销人员素质测评方案如下所示。

某公司对品牌推广人员素质测评方案

公司总经理赵××意识到，一流的品牌要由一流的人才及团队来塑造。为了全面了解公司现在品牌推广人员的胜任能力及其潜在素质，总经理决定对这类人员开展一次全面的素质测评。人力资源部经理刘××接到任务后，分析了此次测评的特殊性和重要性，决定寻求专业测评机构的帮助。这一决定得到了总经理的批准。

1. 组建测评小组

刘经理在两位测评专家的帮助下，从公司内部另挑选了 5 位人员组成此次测评小组，并对测评小组人员的工作进行了分配。

2. 建立胜任素质模型

（1）收集资料，确立初步的测评要素

首先，进行工作分析。在人力资源部经理的协助下，测评专家查阅品牌推广人员的职位说明书，了解和收集有关品牌推广人员工作职责和任职资格等方面的基本信息。

其次，访谈公司领导。人力资源部经理安排测评专家与总经理、营销副总、市场部经理等相关的管理人员进行沟通，了解公司的企业文化、发展战略，询问品牌推广人员的任职资格要求、工作业绩现状及高层管理人员对其期望与要求。

测评专家分析整理品牌推广人员的工作职责、任职资格和访谈的结果，结合测评机构在相关方面的胜任素质库，确立初步的素质要素。

（2）关键行为事件访谈，修订测评要素

选择部分绩效良好和绩效较差的品牌推广人员进行关键行为事件访谈，访谈内容包括岗位的工作职责、工作内容、工作流程、工作障碍以及面临的挑战等。通过分析比较两组人员的访谈结果，添加一些未涉及的胜任素质，并将所有的要素进行归类处理。

测评专家运用德尔菲法组织测评小组成员对品牌推广人员的胜任素质发表意见。例如，将"自信心""意志力"归入个性特征里，增加"应变能力""市场洞察与分析能力"，删掉"体质"这一非胜任素质要素。

（3）最终建立胜任素质模型

首先，查阅素质词典，分析整理测评维度和各个要素的定义，并根据公司的实际情况确定每个要素的评价标准。其次，组织测评小组调查各个要素的相对重要性，确定每个要素的权重。

（4）建立品牌推广人员的测评指标体系

经过上述一系列的工作，最终形成品牌推广人员的测评指标体系，如下表所示。

品牌推广人员素质测评指标体系

测评维度	测评内容	得分	权重	高分标准定义
知识素质	1. 知识素质水平			熟练掌握并运用专业知识，广泛了解多学科知识
能力倾向	2. 判断推理能力			思路清晰，能抓住事物的本质特征和联系，对事物间的相互联系能做出正确的分析与判断
	3. 言语理解与表达能力			语言沟通与交流能力强，能准确领会对方的意图，并能将自己的想法用语言准确的表达出来
	4. 综合分析能力			能够对市场现象与规律之间的依存关系进行分析和阐述，并能对这种现象的发展趋势进行预测
……				

3. 选择测评方法

在确定了测评指标体系后，就需要根据具体的测评内容选择合适的测评方法。对于综合知识测试、结构化面试、无领导小组讨论等方法，需要编制相应的测评工具，如编制知识测试试卷、结构化面试提纲与评分表、无领导小组讨论的试题与评分表等。

4. 统计处理测评数据

运用各种统计学方法处理数据，使其更具系统性和可比性，并绘制相应的图表使测评结果更直观，便于分析。

5. 评价被测评者的素质

分析测评数据所呈现的测评结果，评价公司品牌推广人员的个人素质水平及品牌推广队伍的整体素质水平，并针对优势和劣势提出相应的人事决策建议。

6. 撰写素质测评报告

素质测评结束后，测评专家应将此次素质测评的实施过程、获得的测评数据及其反映的结论以及人事决策建议形成书面的报告，提交公司领导。

10.1.5 财务人员素质测评

财务部门作为企业的核心部门，其工作绩效的好坏关系到整个企业的生死存亡，是企业管理的重中之重，而财务人员的素质高低又决定了企业财务部门工作质量的优劣。因此，不管是企业还是行政事业单位，都对财务人员的招聘、录用及升迁等工作实行严格控制。

财务人员素质测评的目的在于通过对财务人员全面综合的测评来判断他们是否称职，并以此作为人力资源管理的基本依据，切实保障财务人员的报酬、晋升、调动、培训开发、激励、辞退的科学性。

企业的管理决策信息与会计信息（资产负债表、现金流量表、损益表等）高度相关，财务人员的专业水平和职业素养与会计信息的严密性和真实性也是高度相关的，企业雇佣具备良好素质的财务人员可以为企业节约管理成本和决策失误的成本。

1．财务人员素质测评指标

财务人员的素质构成主要包括生理与心理素质、知识经验素质和技能与能力素质 3 个方面，根据其素质构成，可以初步分析出财务人员的素质测评内容，另外，基础财务人员和投资融资人员对各种能力素质的要求不同，测评的重点也有所不同，如表 10-9 所示。

表 10-9　财务人员素质测评指标一览表

测评要素		财务人员分类	
测评维度	测评内容	基础财务人员	投资融资人员
生理与心理素质	体力	良好的身体素质	良好的身体素质
	精力	工作精力充沛，注意力集中	工作精力充沛，注意力集中
	外在形象	职业化形象	职业化形象
	个性特征	较低的乐群性和忧虑性、较高的有恒性和敏感性、一般的敢为性	
	职业兴趣	常规型	常规型
	职业素养	廉洁自律性、团队意识、忠诚度、严谨求实、责任心	成就动机、责任心、敬业精神、自信心、严谨求实、成本意识
知识经验素质	专业知识、公司相关知识、常识性知识	财务专业知识、会计从业经验	财经知识、金融、证券、投融资管理知识
技能与能力素质	人际沟通能力、判断分析能力、会计核算能力等	智力、数字敏感性、自控能力、数字反应能力、理解判断能力、书面表达能力、关注细节能力、会计核算能力	智力、数字敏感性、沟通能力、数字反应能力、关注细节能力、财务管理能力、投资分析能力、财务分析能力、预期应变能力

2．财务人员素质测评方法

财务人员的素质可以从生理与心理素质、知识素质和技能与能力 3 个方面进行测评。财务人员素质测评可采用表 10-10 中所列的方法。

表 10-10 财务人员素质测评通用方法一览表

测评维度		测评方法	工具（量表）	素质水平
生理素质		体检表分析	体检表	1. 体质：身体健康状况良好，无"器质性"疾病 2. 精力：良好的耐力、较强的承受力
心理素质	个性特征	心理测试	16PF 测评量表	低乐群性（A）、低忧虑性（O）、高有恒性（G）、高敏感性（I）、敢为性（H）一般
	职业兴趣	心理测试	霍兰德职业兴趣测评量表	职业兴趣倾向于常规型（C型得分最高）
	诚信倾向	面谈、笔试	诚信倾向问卷	诚实，讲信用
知识素质		笔试	自制测试试卷	财务专业知识达到良好以上的水平
技能/能力		评价中心技术	评价中心技术	财务操作技能必须达到熟练程度

3．财务人员素质测评方案

财务人员素质测评方案如下所示。

基于聘用目的的会计人员素质测评方案

××公司人力资源部在发出会计人员招聘广告后，收到很多求职简历。经过简历分析初步筛选后，还余下 10 名合格人选。接下来需要从这 10 名求职者中挑选出一名与本企业会计岗位相宜的会计人员。

1．成立测评小组

经过筛选，人力资源部经理选择人力资源招聘主管、财务经理、会计主管与自己共同组成测评小组，负责实施测评的全部事宜，包括分析职位说明书、确定岗位胜任素质、建立测评指标体系、确定合适的测评方法，实施素质测评、评分，处理评分结果、评价被测评者的素质以及报告测评结果。

2．建立测评指标体系

（1）确定岗位胜任素质

通过分析会计人员的工作职责、任职资格及职业技能要求，并结合行为事件访谈法，调查会计人员的岗位胜任素质。经分析和调查，最终确定会计人员的岗位胜任素质主要包括职业素养、一般能力倾向、专业知识与技能、沟通协调能力4个方面。

（2）确立测评要素

分析上述 4 个胜任素质，将其分解成更详细的测评要素，并对每个要素进行简单的定义，使得每个测评人员都理解其含义，以便进行科学评分。

（3）确定权重

运用调查表调查每个要素对会计人员胜任岗位的重要程度，从而确定每个要素的权重，以便进行综合评价。

（4）确定测评标志和测评标度，建立指标体系

根据所确定的测评要素及其分级定义，确定测评标准，包括测评标志和测评标度，从而建立起一套完整的会计人员素质测评指标体系。

3．选择测评方法

（1）财务专业知识测试：编制财务专业知识测评试卷。

（2）心理测试：选择 GATB 测评量表中的部分题目，题目方向侧重于数理能力、言语理解与表达能力、判断推理能力、资料分析能力 4 个角度，编制成《一般能力倾向试卷》以测评所有应聘人员的一般能力倾向。

（3）结构化面试：对于职业素养和沟通协调能力，可运用结构化面试来测评，并编写基于上述胜任素质的面试提纲。

4．实施素质测评

整个测评分成两个单元进行，共用两天时间完成。第一单元为笔试，主要包括财务专业知识测试和心理测试。通过这一单元的筛选，从 10 人中选取 5 人进行第二单元的结构化面试。上午实施测试，下午出测试结果并决定面试人选。第二单元为结构化面试，主要由人力资源部经理主持面试。

5．处理测评结果及素质评价

对心理测试和知识测试的结果进行统计处理，得出最终的素质评分。针对素质测评的结果对会计人员个人和整体的会计人员编写测评报告，并提出相应的人事建议。

10.1.6　客服人员素质测评

在客户管理工作中，客户服务工作是与客户保持联系，直接地为各个类型的客户进行从售前到售后的服务工作。它不仅能有效地缓解公司和客户之间的矛盾、增进感情、加深了解，还能清晰地了解到市场的动向以及客户需求的变化，进而起到提高服务、提升产品的作用。因此，一个企业在做好产品的基础上，只有在服务上的功夫做好了，才能保证企业的良性运转。客户服务工作还体现了一个企业的文化修养、整体形象和综合素质，与企业利益息息相关；不仅是企业的产品质量、产品标准、产品价格等方面，客户服务也是一个赢得客户的关键要素。

所以，客服人员就显得尤为重要了，客服人员的工作是为企业和客户搭建良好的沟通平台，客服人员的主要职责是解决客户对企业或产品提出的问题。客服人员做好售前、售中和售后服务，可以帮助企业吸引潜在客户、维护现有客户，所以企业应加强对客服人员的素质开发力度。

1．客服人员素质指标体系

客服人员的基本素质构成包括生理和心理素质、知识素质和技能与能力素质 3 个方面，将素质结构一一细化，得到客服人员素质测评的维度，表 10-11 列出了各维度中的部门测评要素，其在胜任工作中重要性即所占权重可通过资料或专家调查得出。

表 10-11　客服人员素质测评要素

测评维度		权重	测评内容
生理素质		$A_1\%$	体力、精力、形象气质、声音等
心理素质	人格特质	$A_2\%$	乐群性、兴奋性、稳定性……
	职业兴趣	$A_3\%$	社会型、服务型……
	职业素养	$A_4\%$	服务意识、意志力、成就欲……
知识素质		$B\%$	公司知识、产品知识、客服知识……
技能/能力素质		$C\%$	亲和力、影响力、人际理解能力、关系建立能力……

注："权重"用来表示各个要素对客服人员的重要程度。

2．客服人员素质测评方法

对客服人员的素质进行测评，通常采用表 10-12 中所列方法。

表10-12 客服人员素质测评通用方法一览表

素质结构	测评要素	测评方法（测评工具）
生理和心理素质	体质精力、形象气质、声音条件	书面信息分析法（体检表）、面试
	人格特质	心理测试（16PF 量表）
	职业兴趣	心理测试（霍兰德职业兴趣与价值观测评量表）
	职业素养	结构化面试
知识素质	客服知识及其他相关知识	成就测试（知识考试试卷）
技能与能力素质	能力倾向	心理测试（一般能力倾向测试量表）、面试
	人际理解能力	结构化面试、评价中心技术（角色扮演，无领导小组讨论等）
	关系建立能力	
	预期应变能力	
	换位思考能力	

3．客服人员素质测评方案

客服人员素质测评方案如下所示。

客服人员的人际交往能力测试

1．指导语

本测试共15道题，请您仔细阅读后，表达自己的立场。

2．人际交往能力测试题

（1）在编织自己的人际关系网时，只希望把上司、有权势者编入。

　　A. 反对　　　　　　　B. 不完全同意　　　　　C. 同意

（2）你不怕有求于人。

　　A. 是的　　　　　　　B. 不完全是　　　　　　C. 不是

（3）你善于用自然亲切的话赞美别人。

　　A. 符合我　　　　　　B. 不完全符合　　　　　C. 不符合

（4）每到一个新地方，你总会很快结识原来不认识的人，并成为朋友。

　　A. 是的　　　　　　　B. 不完全是　　　　　　C. 不是

（5）在与地位比自己高的人交往，你也感到无拘无束。

　　A. 符合我　　　　　　B. 不完全符合　　　　　C. 不符合

（6）你能够很乐意接受朋友和同事的劝告、批评。

　　A. 是的　　　　　　　B. 不完全是　　　　　　C. 不是

（7）你喜欢广交朋友。

　　A. 符合　　　　　　　B. 不完全符合　　　　　C. 不符合

（8）参加一次新的聚会，你能结识不少人。

　　A. 是的　　　　　　　B. 不完全是　　　　　　C. 不是

（9）有人对你不友好时，你能找到恰当的对策。

　　A. 经常这样　　　　　B. 有时　　　　　　　　C. 从不

（10）你更喜欢做会议主持而不是做会议记录。

　　A. 是的　　　　　　　B. 看情况　　　　　　　C. 情况相反

（11）你会给以前的同事以及其他工作中的熟人发节日祝福短信。

　　A. 经常这样　　　　　B. 有时　　　　　　　　C. 从不

（12）当有问题想不通时，你会打电话或发电子邮件向以前的同事或熟人请教。

　　A. 符合我　　　　　　B. 不完全符合　　　　　C. 不符合

（13）你记得你们部门里所有成员的名字及其家庭情况。

    A. 是的   B. 不完全记得   C. 完全不记得

（14）你会尽快答复别人的电话请求。

    A. 是的   B. 看情况   C. 情况相反

（15）同别人发展友谊，多数是你采取主动态度。

    A. 经常这样   B. 有时   C. 从不

3. 评价标准

选择"A"得5分，选择"B"得3分，选择"C"得1分，分数相加即为总得分。

（1）得分在60分以上，人际交往能力非常出色，能够与不同背景的人建立融洽的关系及有效的合作。

（2）得分在40～59分，有一定的人际交往能力，多数情况下能与他人友好相处，能够与人进行比较顺利的沟通，但是在有些社交场合显得不太适应。

（3）得分在40分以下，人际交往能力有待提高，必要时可进行相关能力培训。

10.2　素质测评在各行业中的应用

10.2.1　素质测评在公务员录用考试中的应用

公务员录用考试从1994年实施以来，为各级党政机关选拔了一大批优秀人才。随着《公务员法》的深入实施，公务员录用考试的公平公正性和科学有效性受到了社会的极大关注。人才素质测评技术在公务员录用考试过程中的应用突出表现在两个方面：一是在笔试阶段应用职业能力倾向测验；二是在面试阶段应用结构化面试、无领导小组讨论等现代的测评技术。

1. 公务员录用考试中笔试的主要形式和内容

笔试在中央国家机关的公务员录用考试中，包括两门公共科目笔试。

（1）行政职业能力测验

行政职业能力测验主要考察从事公务员工作所必须要具备的潜能和素质。主要包括常识判断、言语理解和表达、判断推理、数量关系、资料分析5个方面的内容。在内容基本稳定的情况下，每年这些内容都会做出一定的调整。行政职业能力测验考试时间通常为120分钟，满分为100分。

① 常识判断。常识判断测查的内容涵盖极其广泛，包括法律、政治、经济、管理、历史、自然、科技等方面。常识判断题的解答与个人知识的广度、深度有一定的联系，它不仅需要考生对日常生活中的常识有一定的认识与理解，还需要运用其去解释一些现象。

例题：下列关于法律体系的表述中，不正确的是（　　　）

A. 法律体系由法律部门组成

B. 我国社会主义法律体系尚不完善

C. 中华法系即为我国的社会主义法律体系

D. 法律体系是一国法律有机联系的统一体

② 言语理解和表达。言语理解和表达主要测查应试者运用语言文字进行交流和思考、迅速而又准确地理解文字材料内涵的能力。它包括根据材料查找主要信息及重要细节；正确理解阅读材料中指定词语、语句的准确含义；概括归纳阅读材料的中心、主旨等。作为一名公务员，不但

要处理一些书面上的文字信息，在工作中也必然会遇到这样或那样需要具备良好的沟通表达能力才能完成的任务。这时候，优秀的言语理解和表达能力就显得尤其重要。

例题：对盗伐林木者要严肃查处，如果姑息肇事者，少数人得不到惩处，就会使更多的人（　　　），最终使国家蒙受损失。

填入横线部分最恰当的一项是（　　　）

A. 以身试法，肆无忌惮，群起效尤　　　　　B. 肆无忌惮，以身试法，群起效尤

C. 肆无忌惮，以身试法，群起效尤　　　　　D. 群起效尤，以身试法，肆无忌惮

③ 判断推理。判断推理是行政职业能力测验的重要组成部分，涉及对图形、词语概念、事物关系和文字材料的理解、比较、组合、演绎和归纳等，是考察考生逻辑推理和判断能力的一种有效的形式。

例题：生态移民是指为了保护某个地区特殊的生态或者让某个地区的生态修复而进行的移民，也指因自然环境恶劣，不具备就地扶贫的条件而将当地人民整体迁出的移民。

根据上述定义，下列属于生态移民的是（　　　）

A. 贵州省某山区因土地出现石质化现象，该地区村民被迁往他乡

B. 几百年前，中原一带的居民为躲避战争，整体迁到南方，成为客家人

C. 某村落位于山谷中，交通十分不便，为更快致富，村民集体研究决定迁出山外

D. 张山的父母家住在三峡库区，由于修水库，其父母将家产变卖，来到上海和张山一起居住

④ 数量关系。数量关系含有速度与难度测验的双重性质。在速度方面，要求考生思维敏捷，反应灵活；在难度方面，数量关系涉及的内容都是数学的基本知识或者原理，主要考察考生对规律的发现、把握能力和抽象思维能力。

例题：X、Y 两地相距 42 千米，甲、乙两人分别同时从 X、Y 两地步行出发，相向而行，甲的步行速度为 3 千米/小时，乙的步行速度为 4 千米/小时，请问甲、乙步行几小时后相遇？

A. 3　　　　　　　B. 4　　　　　　　C. 5　　　　　　　D. 6

⑤ 资料分析。主要测查考生对各种形式的文字、图形、表格等资料的综合理解与分析加工的能力，这部分通常由数据性、统计性的图表数字及文字材料构成。

例题：2013 年，全国商品房销售面积 130 551 万平方米，比上年增长 17.3%，增速比 1～11 月回落 3.5 个百分点，比 2012 年提高 15.5 个百分点；其中，住宅销售面积增长 17.5%，办公楼销售面积增长 27.9%，商业营业用房销售面积增长 9.1%。商品房销售额 81 428 亿元，增长 26.3%，增速比 1～11 月回落 4.4 个百分点，比 2012 年提高 16.3 个百分点；其中，住宅销售额增长 26.6%，办公楼销售额增长 35.1%，商业营业用房销售额增长 18.3%。2013 年年末，全国商品房待售面积 49 295 万平方米，比 11 月末增加 2 489 万平方米，比 2012 年年末增加 12 835 万平方米。其中，住宅待售面积比 11 月末增加 1 696 万平方米，办公楼待售面积增加 156 万平方米，商业营业用房待售面积增加 346 万平方米。

2013 年东中西部地区房地产销售情况

地区	商品房销售面积		商品房销售额	
	绝对数（万平方米）	比上年增长（%）	绝对数（亿元）	比 2012 年增长（%）
全国总计	130 551	17.3	81 428	26.3
东部地区	63 476	19.3	49 327	28.4
中部地区	35 192	16.8	16 525	26.9
西部地区	31 883	14.1	15 576	19.6

图 10-1

根据上面的文字和图片，回答第1～3题。

1. 2013年，全国商品房单位面积的平均销售价格约比2012年增长了（　　）。
A. 4.4%　　　　　　B. 7.7%　　　　　　C. 11.1%　　　　　　D. 15.5%

2. 与同年11月末相比，2013年12月末全国住宅、办公楼和商业营业用房待售面积的增量之和约占商品房总待售面积增量的（　　）。
A. 79%　　　　　　B. 88%　　　　　　C. 94%　　　　　　D. 100%

3. 关于2013年房地产市场，能够从上述资料中推出的是（　　）。
A. 12月当月全国商品房销售额同比增速超过30%
B. 中部地区商品房销售单价超过5 000元/平方米
C. 东部地区商品房销售额占全国比重低于2012年
D. 平均每个月新增1 000多万平方米待售商品房

在第5章中我们已经对职业能力测验等相关的内容进行了比较详细的介绍，需要注意的是，因为公务员考试对于考生的职业发展前途影响深远，因此，很多考生将行政职业能力测验的各种题型琢磨得非常透彻。而且社会中也存在很多的培训机构，对这方面的知识内容进行严格的培训，使得测验的结果很难反映出考生的真实潜能和素质，且普遍高分使得测验的区分度偏低。随着近年来就业局势的不断加剧，公务员考试的难度也日益增加，新颖的考试题目也逐渐被开发出来。

（2）申论

申论考试是人事部从2000年来开始在中央、国家行政机关公务员考试中增加的一项笔试科目。近些年来，申论考试在中央、国家机关以及其他各省市和地区的录用公务员考试和公开选拔党政领导干部中得到推广和广泛应用，由于申论的题目与社会生活结合很紧密，因此考生无须花费太多的精力去复习。专家认为，申论考试能够将阅读和表达有机结合起来，能够综合测试应试者的阅读理解能力、综合分析能力、提出和解决问题的能力及文字表达能力，能够真正考察应试者的能力素质。

申论含有申述、申辩、论述、论证之意，其基本的要求就是对给定的文字材料进行归纳整理，提炼概括，对材料、实践或者问题有所说明、有所申述，在此基础上发表自己的观点和见解，提出解决方案。应试者必须要准确理解材料所反映的主要内容，对问题所涉及的方面进行全面的分析，在把握主旨和精神的基础上，形成自己对该问题独到的观点、思路和解决方案，能够用准确流畅的语言表达出来。申论的背景材料通常涉及一个或者是几个特定的社会问题或者是社会现象，这些背景材料是经过初步加工的，但是这种加工并不是使所给材料条理分明、头绪清楚，这些背景材料可能是次序紊乱的、主旨分散的，有待应试者阅读材料后进行筛选、加工、概括、提炼、论证等工作。申论的考试时限为150分钟，满分为100分。申论所考察的能力与机关的工作性质对一个合格公务员的能力素质要求是相统一的[①]。

① 公务员每天要接触和处理大量的文字材料。对于这些材料，公务员需要很好的掌握所读材料的大意和主旨，以及用以支持大意和主旨的细节和事实，既要理解字面的意思，又要理解其深层的含义。

② 公务员需要具备较强的分析观察能力，要有全局观念和综合能力，能全方位、多角度的思考问题，能将多种事物、多种因素联系起来进行综合的分析。

③ 公务员要能够认识和掌握事物的客观规律，有深邃的洞察力，能够透过纷繁的现象看到

① 刘远我. 人才测评：方法与应用（第3版）[M]. 北京：电子工业出版社，2015，337.

事物的本质，从微小的征兆中发现大的问题，并能够及时做出正确的判断与决定，提出很好的解决问题的方案和具体措施。

近几年，随着公务员考试的发展，申论考试出现了问题越来越开放的趋势。

2．公务员招考中的面试设计

（1）公务员面试的性质

公务员的录用面试从性质上来说是一种严格的结构化面试，这种面试的重要特点是面试的内容、形式、程序、评分标准及结果的合成都是按照统一指定的标准和要求进行的。所以，这种面试从形式到内容，都突出了标准化和结构化的特点。

（2）公务员面试的基本要求

公务员录取面试对应试者、面试考官、面试考官小组组成等诸多方面的要求，主要体现在以下几个方面[1]。

① 对应试者的要求。在公务员录用考试中，进入面试的应试者是这样选拔出来的：一是面试者由政府人事部门向用人单位推荐；二是按规定比例选拔候选人，一般要求面试应试者是拟任职位录用人数的 3～5 倍；三是要按照候选人的笔试成绩，由高分到低分进行排序来确定进入的应试者，应试者笔试成绩合格才能够具备进入面试的基本条件。

② 面试考官的要求。面试考官需要具备很高的政治素质和业务素质，有高度的责任感和使命感。主考机关需要负责面试考官的业务培训，使其掌握面试的内容、方法、操作要求、评分标准、面试技巧等，只有经规定的程序取得面试考官资格的人员才能担任面试官。

③ 面试考官小组组成的要求。面试小组考官一般由 5～9 人组成，在年龄上，最好老中青结合；在专业上，应吸收有业务实践经验或者是业务理论研究经验丰富且面试技巧方法有经验的权威人士。省级以上面试考官小组的组成一般由负责考录工作的代表、用人单位的主管领导、业务代表和专家学者等组成；市、县级面试考官小组一般由组织、用人部门、纪检、监察部门、业务骨干等组成。

（3）公务员面试的测评要素

公务员录用面试的测评要素包括 6 种能力：综合分析能力，言语表达能力，逻辑思维能力，计划、组织与协调能力，人际沟通与交往能力，应变与自我情绪控制能力；7 种表现：举止仪表，专业技能，实践经验，工作态度，求职动机，品质素质，性格特征[2]。

① 综合分析能力。要求应试者对事物能够从宏观方面总体考虑，也能从微观方面考虑其各个组成部分；能注意整体和部分之间的关系以及各部分之间的有机协调组合和相互转化。

② 言语表达能力：要求应试者能够把意思表达完整、准确，口齿清楚，言语流畅，用词用语准确、恰当、有分寸。表述内容有条理，有逻辑性，具有一定的说服力和感染力。

③ 逻辑思维能力。要求应试者分析问题严谨，表述问题严密，论点论据连贯，整体表述没有逻辑错误，能够从哲学的角度辩证地看待问题。

④ 计划、组织与协调能力。要求应试者要能够根据部门的目标，预见未来的要求、机会和不利因素，并做出计划。看清冲突各方面的关系，根据需要和长远效果做出适当选择，及时做出决策，有效调配安置人、财、物等有关资源。

⑤ 人际沟通与交往能力。要求应试者人际合作要有主动性，理解组织中的权属关系（包括

① 刘远我．人才测评：方法与应用（第 3 版）[M]．北京：电子工业出版社，2015，339.
② 高守国．申论·面试[M]．北京：中国法制出版社，2010，90.

权限、服从、纪律等），人际关系要适应，懂得有效沟通，掌握沟通的技巧，处理人际关系要原则性和灵活性相结合。

⑥ 应变与自我情绪控制能力。要求应试者在有压力的情况下能够快速反应，思维敏捷，情绪稳定，考虑问题周到。在较强的刺激情境中，表情和言语自然，受到有意挑战和有意羞辱的场合，能够保持冷静，并且能迅速摆脱困境。

（4）公务员面试的内容

对测评要素的考察是通过面试题目来实现的，但并不是说面试题目要与测评要素相对应，有的测评要素不用专门的题目来考察，如言语表达能力，有的题目可以同时考察两个甚至更多的测评要素。其次，招考的部门不同，面试测评的侧重点也会不一样。在公务员面试中，一般会有4～6道试题。

3．招考面试中存在的问题和应对措施

由于结构化面试形式公正、操作简单，因此被广泛应用，但是随着其模式化越来越严重，考生对此琢磨得也越来越透彻，对于各种题型也越来越熟悉。因此，面试的设计和命题工作相对滞后。目前，国内的一些专家提出了改进的具体措施。

（1）结构化面试中引入公文筐测试和角色扮演

公文筐和角色扮演的内容我们在第 6 章中已经进行了详细的介绍。将文件筐测试和角色扮演的思想引入结构化面试中，能有效改变结构化面试的模式化倾向。

例如，要考察计划组织协调能力，过去的试题一般会比较宏观，考生的回答也容易出现说空话和套话的情况。

例题 1：你是文化部门负责人，有一个建筑工地破坏文物，你去调查，你如何开展工作？

对于这个问题，考生一般都会回答：理解领导的要求，明确调查任务，制定调研方案，认真组织实施，根据调查结果写出调研报告等。这样，考官就很难对考生的能力进行准确的区分。将公文筐测试技术引入到计划组织协调能力的命题中来，可以观察考生在完成任务的过程中能否根据任务的重要程度分轻重缓急，是否能够处理好原则性和灵活性的关系，能否善于借助他人的帮助完成任务。由于公文筐测试针对的是具体的任务，考生能够做出具体的回答，因此能够避免考生说套话和空话。

又如，要考察人际交往的意识和技巧，过去的试题一般情景设置都比较简单，考生的回答也一般都是表态式的。

例题 2："同行是冤家"，在同一个部门工作很难找到知心朋友，你认为如何与同事相处？

对于这样的问题，考生一般会回答相互尊重，顾全大局等。虽然是这样说，但是不一定这样做，但是考官又难以判断。

角色扮演是模仿仿真技术中最常用的方法，这种技术不是看考生如何表达，而是看其如何践行。将其应用到人际交往的意识与技巧中，能非常真实地再现人际交往的过程。将角色扮演加入到结构化面试中，能够考察考生在处理复杂的人际关系时，能否抓住主要的矛盾，能否讲究沟通的方法和技巧。

（2）引入无领导小组讨论

近些年来国家一些部委和省市把无领导小组讨论引入到公务员面试中来，结合中国的国情和本土文化进行了改进和创新，取得了很好的效果。

（3）在专业科目考试和面试中应用情景模拟

情景模拟的场景与实际的工作场景非常相似，信度和效度都比较高。考官可以根据考生的

模拟情景中的实际表现或模拟结果对其进行评价。

下面是一个公务员面试的样本材料。

① 有很多是高考状元的大学生，在大学期间没有学业上的优势，或者是在就业中也显得平庸，你认为出现这种情况有哪些原因？

考察要素：应试者的综合分析能力。

评分标准：考生需要从表面原因和内在原因两方面进行分析。既要从大学生个体的微观层面分析，又要从教育体制的宏观层面回答，还要回答出事物整体与部分之间的关系及各种部分之间的有机协调和相互转化的关系。

② 现在在一些大城市，很多小区的草皮变成光地以后，居民在原有的地方种上瓜菜蔬果，领导让你去处理，你如何才能做到既让领导满意，又让居民满意？

考察要素：应试者的计划、组织与协调能力。

评分标准：本题是情境性题目。考生需要同时考虑到管理者即领导、被管理者即小区居民的利益，要充分考虑明确的工作目标和要求，找到问题的合理的解决办法，考生应该要有周全的计划安排和切实可行的调研方法，组织协调各方共同完成任务，避免管理者与被管理者之间的矛盾，两者兼顾。

③ 你和领导两人一起去参加一个重要会议，领导的发言稿是你准备的，而当领导即将上台发言时，发现演讲稿没有带，这时你怎么办？

考察要素：应变能力和自我情绪控制能力。

评分标准：本题设定了一种情境危机，考查考生在这种有压力的条件下能否保持情绪稳定，周密而细致地考虑问题，进而摆脱危机，解除困境。考生不能慌张，需要保持镇定、果断、机制、迅速地寻求应变措施予以弥补，例如，马上打电话到单位，让同事将发言稿找到，通过传真或者是发电子邮件的方式将发言稿发送到指定位置，迅速接收并打印出来，交到领导手中。

④ 如果在工作中，你的工作技术性很强，而你的领导对技术操作不熟悉，经常让你做这做那，让你无所适从。对此你应该怎么办？

考察要素：人际沟通与交往能力。

评分标准：本题是情境性面试题。主要是考查考生处理上下级关系的意识及沟通的能力。既要坚持原则，又要有沟通的灵活性和技巧性。考生应该实事求是对领导安排的工作进行全面分析，采取合理的方法稳妥地向领导传授一些技术操作的知识，如不以直接方式回应而是巧妙地应对，当领导问起工作时尽力把涉及这项工作的一些技术规范详细地讲给领导听。

10.2.2　素质测评在企业人员招聘和选拔中的应用

在西方国家，企业非常重视人才测评技术的应用，很多世界知名的大型企业例如 IBM、宝洁等都有自己独特的人才招聘测评体系。近些年来，人才测评技术在我国得到了很大的应用和发展，在企业人员招聘和选拔中发挥了非常重要的作用。

1．企业员工招聘的意义

企业员工招聘是确保企业生存和发展所必需人才的重要来源。它对人力资源管理活动乃至整个企业运作过程具有非常重要的意义。主要表现在以下几个方面。

（1）招聘工作决定了企业竞争力的大小

人力资源，尤其是优秀的人力资源对企业的重要性是不言而喻的。如今，企业间的竞争已经越来越多地表现为人力资源的竞争，对优秀人才的争夺也成为企业间较量的一个重要方面。而招聘工作是企业人力资源输入的起点，有效的招聘能够为企业赢得组织发展所需的人才，获得比竞争对手更为优秀的人力资源，从而增强企业的竞争力。

（2）招聘工作影响人力资源的流动

企业的人员流动受到多种因素的影响，其中招聘活动就是一个重要的影响因素。在招聘过程中，企业信息传递的真实与否，会影响应聘者进入企业后的流动。如果向外传递的信息只展现企业好的一面，隐瞒负面信息，员工在进入企业后就会产生心理落差，导致较高的离职率。

（3）招聘工作影响企业的人力资源成本

作为人力资源管理的一项基本职能，招聘成本构成了人力资源管理成本的一个重要的组成部分。因此，有效的招聘能够帮助企业降低成本。

（4）招聘工作是企业进行形象建设的重要途径

在招聘过程中，企业会向外部发布企业的基本情况、发展方向、方针政策、企业文化、产品特性等信息，这些都有助于社会及应聘人员更好地了解企业。

2．企业员工招聘的现状

（1）企业员工招聘的有利因素

① 员工招聘受到广大企业的普遍重视。随着知识经济时代的到来，越来越多的企业认识到拥有一支高素质人才的重要性。企业招聘工作的有效性则直接决定了企业引进人才的匹配性，从而影响到企业的竞争力。

② 员工招聘的工作方法和测评技术得到不断的完善和发展。许多企业在招聘的技术方面不断探索，学术界也不断对招聘工作进行深入的理论研究和技术开发。随着计算机和网络技术的发展，招聘方法的科技含量也越来越高。此外，心理学等学科在招聘工作中的广泛应用，也大大提高了招聘工作的工作效率和准确性。

③ 我国是人口大国，人力资源丰富，能够为企业招聘工作提供广泛的人员来源。同时，随着高等教育和各种职业技术教育的发展，专业人才越来越多，企业的人才库得到了源源不断的补充。

（2）企业员工招聘存在的问题

① 招聘观念不正确。在招聘活动中，有一些企业过分重视学历，而轻视应聘人员的能力。没有充分考虑到企业的实际情况，忽视企业能否为这些高学历的员工提供好的平台，从而导致人才和岗位不能匹配，容易造成员工流失。这可以说是一种资源浪费，也是一种歧视。实际上，人力资源应该做到能力和职位的匹配，并不是学历越高越好，不能大材小用，也不能小材大用，合适最佳[①]。

② 缺乏长远的人力资源规划。很多企业缺乏战略性的人力资源管理的眼光，对人力资源的重要性认识不够，缺少科学、长远的人力资源规划和招聘计划。很多企业的招聘都是在人员缺乏时才临时决定，人员结构和配置不合理，不能很好地适应企业的未来发展[②]。

③ 企业对招聘岗位的职责不明确。很多企业在进行招聘活动时，事先并没有对所招聘的岗位进行深入的工作分析和职责梳理，在招聘时就会出现针对性不强的问题。

④ 企业招聘的评估方法和技术不够科学合理。有些企业没有结合企业自身的实际情况，盲目地使用一些测评软件，使得测评效率反而不高。

① 赵继新，郑强国．人力资源管理：基本理论·操作实务·精选案例[M]．北京：清华大学出版社，2011，93．
② 刘远我．人才测评：方法与应用（第3版）[M]．北京：电子工业出版社，2015，375．

3．企业的招聘渠道

企业员工的招聘渠道主要有两种：内部招聘和外部招聘。

（1）内部招聘

内部招聘是指当组织产生职位空缺时，企业从内部发掘，获取所需人才以填补职位空缺的一种方式，包括内部晋升、内部调动、工作轮换等方式。

（2）外部招聘

外部招聘就是从企业外部获取企业所需要的人才资源，相对于内部招聘来说，外部招聘的来源相对来说就比较多，包括广告招聘、熟人推荐、职业中介机构、人才交流市场、校园招聘、网络招聘、猎头公司等方式。

4．员工招聘中人才测评技术的应用

在员工招募阶段，企业吸引了一定数量的应聘者前来应聘空缺职位。虽然这些应聘者在某些"硬件"方面（如学历）的条件大致相同，但是在能力、素质、潜力方面未必适合职位要求，这就需要对应聘者进行甄选，使符合岗位要求的应聘者能够脱颖而出。这时候就需要运用人才测评技术和方法对求职者进行鉴别和考察，区分他们的人格特点、知识、技能水平，预测他们的未来工作绩效，从而最终挑选出恰当的职位空缺填补者[1]。成功的企业都有一套与企业自身战略发展目标、业务流程、行业特点与企业文化相适应的人才测评体系，世界500强企业成功的重要法宝之一，就是它们都有高度专业化的人才测评体系。限于篇幅，下面的内容将重点讲述企业招聘中的校园招聘及在校园招聘中人才测评技术的应用。

（1）校园招聘的特点

大学生是企业人力资源的重要来源，经过几年的学习，已经具备扎实的专业理论知识，他们年轻有为，充满活力和创造性，敢闯敢拼，加上学生没有任何的工作经验，他们更容易接受企业的理念与文化，可塑性强，因此吸引了很多企业的目光，校园招聘成为企业员工招聘的重要渠道。校园招聘相对于社会招聘来说，主要具有以下几个特点。

① 校园招聘的时间比较集中。每年的9月，校园招聘就会在各大高校中启动，在中国，大型的校园招聘一年会有两次，时间主要是在每年的9～12月和次年的3～5月，也即俗称的"秋招"和"春招"。为了获取优秀的人才，9月初很多知名的企业就会尽早进入校园，通过宣讲会的方式开展校园招聘活动。通常情况下，"秋招"的规模比"春招"更大一些，岗位也更加多样。

② 校园招聘竞争激烈。随着高校扩招，在校大学生的人数也越来越多，大学生的就业压力日益增大已是事实。企业对优秀毕业生的争夺竞争激烈，毕业生对岗位的竞争也非常激烈。

③ 校园招聘评估要求较高。由于应届毕业生缺乏工作经验，在选拔过程中更多是依靠其专业知识、分数和学历进行判断，但是通过这些内容是很难确定其是否具备该岗位所要求的素质和能力的，因此，企业的测评手段必须要有针对性和有效性，制定出专门用于校园招聘的方案和笔试面试方法，否则企业很难招到自身所需要的人才。

（2）校园招聘中的人才测评

校园招聘的环节主要包括在线申请、校园宣讲会、接受报名与接收简历、笔试、面试、录用并签订用人协议。与人才测评技术相关的就是接受报名与接收简历、组织招聘考试、实施招聘面试这几个环节。

① 接受报名与接收简历。接受报名与接收简历其实就是企业的初步甄选阶段，企业通过求职者

---

① 莫赛，张延平，王满四．人力资源管理：原理、技巧与应用[M]．北京：清华大学出版社，2007．

的简历或者是求职登记表对应聘者的基本情况进行了解，包括个人信息、教育背景、工作经历、求职动机等。企业往往可以根据求职者的简历和求职登记表清楚地了解到应聘者是否具备空缺职位所要求的教育背景及工作经历，了解应聘者的成长及进步情况，借此来推断其是否是该岗位的合适人选。这个过程一般可以通过网上报名系统来进行，应聘者可以登录到企业的官方网站上，按照要求填写网上申请，并回答相关问题。成功报名后，只需要等待企业的审查结果通知就可以。

企业的相关人员会对简历进行初步的筛选，在这个环节中，很多的应聘者会被淘汰掉，淘汰的原因可能是应聘者硬性的条件不符合企业的要求，如年龄、专业和学历等，另一种情况是软性的条件，如学校的品牌、实习经历、特长和个人兴趣爱好等。

② 组织招聘考试。一般情况下，只有通过初步资格审查的应聘者才可以获得笔试的机会。笔试是由招聘者根据招聘岗位所需的知识和技能事先拟好试题，由应聘者笔答试题，由招聘者根据其解答对应聘者进行成绩评定，并将其作为进一步选拔的依据。笔试可以有效地测试应聘者在基础知识、专业知识、管理知识以及综合分析能力、文字表达能力等方面的差异。在第三章中我们已经对笔试的内容进行了详细的介绍，在此就不做赘述。在校园招聘中，不同企业的笔试内容是不相同的，但是大体上不外乎两个方面①。

A．一般知识技能和能力测试。其包括各种通用的知识、外语技能、计算机技能、写作技能、阅读理解技能等。

B．专业技能测试。不同岗位所要求的专业技能不同，因此，专业技能测试是根据应试者所报考的职位要求，测试其相关的专业知识技能。例如，报考财务部的可能会考察应试者的财务会计专业知识、资金管理能力和财务分析能力等。

如今，笔试作为一种有效的企业甄选的方法已经被广泛使用。需要注意的是，由于笔试涉及出卷、考务实施、阅卷等多个环节，任何一个环节出现问题都有可能会影响到考试的公平性和企业招聘的有效性，因此企业通常会将一些比较大规模的笔试外包给相关的专业考试机构进行，企业只需要将这些考试结果进行排序，由此确定进入到下一个测试环节中的应聘者。但是，目前我国企业的笔试内容过于专业化和书本化，与企业的实际工作相脱离，对企业的招聘效果也产生了一定的影响。

③ 实施招聘面试。面试是企业常用的一种人员甄选方法。一项调查显示，99%的企业使用面试作为筛选工具。通过面试，企业可以全方位地考察应聘者的表达能力、判断能力、分析能力和其他的综合能力，直观地了解应聘者的各种素质和潜能。应聘者的一些主体特质，如风度、气质、修养等，也可以通过面试获得比其他的甄选方式更为准确的观察效果。企业的面试一般会采用结构化面试、半结构化面试、无领导小组讨论、压力面试等形式。一些知名品牌在校园招聘中往往会有好几轮面试，形式主要有电话面试、一对一面试、群面和高管面试，整个过程所持续的时间有时候长达 3 个多月。除了传统的面试技术外，心理测验、角色扮演、情景模拟和即兴演讲等方式也已经成为企业面试阶段的常用的测评技术。

【阅读材料——宝洁公司的校园招聘】②

宝洁公司完善的选拔制度已经得到了商界人士的首肯。在 2003 年中华英才网首届"英才大学生心目中最佳雇主企业"评选活动中，宝洁公司名列综合排名的第五位和快速消费品行业的第一位。

我们考察宝洁所取得的成就时，肯定不能忘记的是宝洁独特的人力资源战略。其中，尤其

---

① 刘远我. 人才测评：方法与应用（第 3 版）[M]. 北京：电子工业出版社，2015，376.

② 周广亮，刘珂. 人力资源管理[M]. 北京：中国铁道出版社，2013，109.

值得称道的是宝洁的校园招聘。曾经有一位宝洁的员工这样形容宝洁的校园招聘:"由于宝洁的招聘实在是做得太好了,即便在求职这个对学生比较困难的关口,自己第一次感觉自己被尊重,就是在这种感觉的驱使下我应该是带着理想主义来到了宝洁。"

一、宝洁的校园招聘

1. 前期的广告宣传

派送招聘手册,招聘手册基本上覆盖所有的应届毕业生,以达到吸引应届毕业生参加其校园招聘会的目的。

2. 邀请大学生参加其校园招聘会

宝洁的校园招聘会程序一般如下:校领导讲话;播放招聘专题片;宝洁公司招聘负责人详细介绍公司情况;招聘负责人答学生问;发放宝洁招聘会介绍材料。

宝洁公司会请公司有关部门的副总监、高级经理以及那些具有校友身份的公司员工来参加校园招聘会。通过双方面对面的直接沟通和介绍,向同学们展示企业的业务发展情况及其独特的企业文化、良好的薪酬福利待遇,并为应聘者勾画出新员工的职业发展前景。通过播放公司招聘专题片、公司高级经理的有关介绍及具有感召力的校友亲身感受介绍,使应聘学生在短时间内对宝洁公司有较为深入的了解和更多的信心。

3. 网上申请

从 2002 年开始,宝洁将原来的填写邮寄申请表改为网上申请。毕业生通过访问宝洁中国的网站,单击"网上申请"填写自传式申请表来回答相关问题。这实际上是宝洁的一次筛选考试。宝洁的自传式申请表是由宝洁总部设计的,全球通用。宝洁在中国使用自传式申请表之前,先在宝洁中国的员工及中国高校中分别取样调查,汇合其全球同类问卷调查的结果,从而确定了可以通过申请表选拔的最低考核标准。同时也确保申请表针对不同文化背景的学生仍然保持筛选工作的有效性。申请表还附加一个开放式问题,供面试的经理参考。因为每年参加宝洁应聘的学生很多,一般一个学校就有 1 000 多人申请,宝洁不可能直接和上千名应聘者面谈,而借助于自传式申请表可以帮助其完成高质高效的招聘工作。自传式申请表用计算机扫描来进行自动筛选,一天可以检查上千份申请表。宝洁公司在中国曾经做过这样一个测试,在公司的校园招聘过程中,公司让几十名并未通过履历申请表这一关的学生进入到下一轮面试,面试之前告知他们都已经通过了申请表筛选这一关。结果,这几十名学生无人通过之后的面试,没有一个被公司录用。

4. 笔试

笔试主要包括3个部分:解难能力测试、英文测试、专业技能测试。

(1)解难能力测试。这是宝洁对人才素质考查的最基本一关,主要考察求职者解决疑难问题的能力。在中国使用的是宝洁全球通用试题的中文版本,试题分为 5 个部分,共 50 小题,限时 65 分钟,全为选择题,每题 5 个选项。第一部分:读图题(约 12 题);第二部分和第五部分:阅读理解题(约 15 题);第三部分:计算题(约 12 题);第四部分:图表题(约 12 题)。整套题主要是考核申请者的以下素质:自信心(对每个做过的题目有绝对的信心,几乎没有时间检查改正);效率(题多时间少);思维灵活(题目种类繁多,需立即转换思维);承压能力(解题难度较大,65 分钟内不可能有丝毫松懈);迅速进入状态(考前无读题时间);成功率(凡事可能只有一次机会)。考试结果采用电脑计分,如果没通过就会被淘汰。

(2)英文测试(Test of English for International Communication, TOEIC)。这个测试主要用于考核母语不是英语的人的英文能力。考试时间为 3 个小时。45 分钟的 100 道听力题,75 分钟的阅读题,以及用 60 分钟回答3 道题。大多是用英文描述以往的某次经历或者个人思想的变化。

（3）专业技能测试。并不是任何部门职位的申请者都需要经过专业技能测试，最主要考核的是应聘那些有专业限制的岗位（如研发开发部、信息技术部和财务部等的岗位）的申请者。宝洁公司研发部门招聘的程序之一是要求应聘者就某些专题做学术报告，并请公司资深科研人员加以评审以考察其专业功底。对于申请公司其他部门的学生，则无须进行该项测试，如市场部、人力资源部等。

5. 面试

（1）面试流程

宝洁的面试分两轮。第一轮为初试，由面试经理对一个应聘者进行面试，一般都用中文进行。面试人通常是有一定经验并受过专门面试技能培训的公司部门高级经理。一般这个经理是被面试者所报部门的经理，面试时间在30~40分钟。

通过第一轮面试的学生，宝洁公司将出资请应聘学生来广州宝洁中国公司总部参加第二轮面试，也是最后一轮面试。为了表示对应聘学生的诚意，除免费往返机票外，面试全过程在广州最好的酒店或者宝洁中国总部进行。

第二轮面试大约需要60分钟，面试官至少是3人，为确保招聘到的人才真正是用人单位（部门）所需要的和经过亲自审核的，复试都是由各部门高级经理来亲自面试。如果面试官是外方经理，宝洁还会提供翻译。

宝洁的面试过程主要分为以下3大部分。

① 相互介绍并创造轻松的交流氛围，为面试的实质阶段进行铺垫。

② 交流信息。主考人员会提出8个问题，这8个问题由宝洁公司的高级人力资源专家设计，无论如实或者是编造回答，都能反映应聘者某一个方面的能力。保洁希望得到每个问题回答的细节，高度的细节要求让个别应聘者感到不能适应，没有丰富实践经验的应聘者很难很好地回答这些问题。

讨论的时间逐渐减少或者是合适的时间一到，面试就引向结尾。这时候面试官会给应聘者一定时间，由应聘者向主考人员提几个自己关心的问题。

③ 面试评价。面试结束后，面试人立即整理记录，根据应聘者回答问题的情况及总体印象做评定。

（2）宝洁的面试评价体系

宝洁公司在中国高校招聘采用的面试评价测试方法主要是经历背景面谈法，即根据一些既定考察方面和问题来收集应聘者所提供的事例，从而考核应聘者的综合素质和能力。

宝洁的面试由8个核心问题组成。

① 请你举一个具体的例子，说明你是如何设定一个目标并且达到它？

② 请举例说明你在一个项目团队活动中如何采取主动性，然后起到领导者的作用，最终获得你所希望的结果。

③ 请你描述一种情形，在这种情形中你必须去寻找相关的信息，发现关键的问题并且自己依照一些步骤来获得期望的结果。

④ 请你举一个例子，说明你是怎样通过事实来履行你对他人的承诺的。

⑤ 请你举一个例子，说明在完成一项重要的任务时，你是怎样和他人进行有效合作的。

⑥ 请你举一个例子，说明你的一个有创意的建议曾经对一项计划的成功起到了重要的作用。

⑦ 请你举一个例子，说明你是怎样对你所处的环境进行一项评估，并且能将注意力集中于最重要的事情上以便获得你所期望的结果。

⑧ 请你举一个具体的例子，说明你是怎样学习一门技术并且怎样将它用于实际工作中。

根据以上几个问题，面试时每一位面试官当场在各自的"面试评估表"上打分。打分分为3

等：1～2（能力不足，不符合职位要求，缺乏技巧、能力及知识），3～5（普通至超乎一般水准，符合职位要求，技巧、能力及知识水平良好），6～8（杰出应聘者，超乎职位要求，技巧、能力及知识水平出众）。具体项目评分包括说服力、毅力评分，组织计划能力评分，群体合作能力评分等。在"面试评估表"的最后一页有一项"是否推荐栏"，有3个结论供面试官选择：拒绝、待选、接纳。在宝洁公司的招聘体制下，聘用一个人，需经所有的面试经理一致通过方可。若是几位面试经理一起面试应聘者，在集体讨论之后，最后的评估多采取一票否决制。任何一位面试官选择了"拒绝"，该应聘者都将从面试程序中被淘汰。

公司发出录取通知书给本人及学校。通常，宝洁公司在校园的招聘时间大约持续两周左右，而从应聘者参加校园招聘会到最后被通知录用大约需要一个月。

二、校园招聘的后续工作

发放录取通知后，宝洁的人力资源部还要确认应聘者被录用与否，并开始办理有关入职、离校手续。除此之外，宝洁公司校园招聘的后续工作还包括以下几个方面。

1．招聘后期的沟通

宝洁认为他们竞争的人才类型大致上是一样的，在物质待遇大致相当的情况下，"感情投资"便是竞争重点了。一旦成为宝洁决定录用的毕业生，人力资源部会专门派一名人力资源部的员工去跟踪服务，定期与录用人保持沟通和联系，把他当成自己的同事来关怀照顾。

2．招聘效果考核

招聘结束后，公司也会对整个招聘过程进行一些可量化的考核和评估，考核的主要指标包括：是否按照要求招聘一定数量的优秀人才；招聘时间是否及时或录用人是否准时上岗；招聘人员素质是否符合标准，即通过所有招聘程序并达到标准；因招聘录用新员工而支付的费用，即每位新员工人均因招聘而引起的费用分摊是否在原计划之内。

案例点评：

宝洁公司的校园招聘有以下几个特点。

（1）大多数公司只是指派人力资源部的人去招聘，但是在宝洁，是人力资源部配合别的部门去招聘。用人部门亲自来选人才，而非人力资源部作为经理来选人才。让用人单位参与到挑选应聘者的过程中去，避免了"不用人的选人，而用人的不参与"的怪圈。

（2）科学的评估体系。与一般的国营企业不同，宝洁的招聘评估体系趋向全面深入，更为科学和更有针对性。改变了招人看证书、凭印象来判断的表面考核制度，深层次、多方位考核应聘者，以事实为依据来考核应聘者的综合素质和能力。

（3）富有温情的"招聘后期沟通"，使应聘学生从"良禽择木而栖"的状态迅速转变为"非他不嫁"的心态，这也是宝洁的过人之处。它扩展了传统意义上的招聘过程，使其不仅限于将合适的人才招到公司，而且在招聘过程中迅速地使录取者建立了极强的认同感，使他们更好地融入企业文化。

【启发与思考】

【思考练习题】

1. 管理人员应具备的素质有哪些？
2. 对管理人员的素质测评方法有哪些？
3. 简述如何提升管理人员的危机处理能力？
4. 生产人员应具备的素质有哪些？
5. 对生产人员的素质测评方法有哪些？
6. 简述如何提升生产人员的操作技能。
7. 技术人员应具备的素质有哪些？
8. 对技术人员的素质测评方法有哪些？
9. 营销人员应具备的素质有哪些？
10. 对营销人员的素质测评方法有哪些？
11. 财务人员应具备的素质有哪些？
12. 对财务人员的素质测评方法有哪些？
13. 客服人员应具备的素质有哪些？
14. 对客服人员的素质测评方法有哪些？
15. 简述如何提升客服人员的服务意识。
16. 人才测评方法在公务员考试中有哪些应用？
17. 人才测评方法在企业人员招聘与选拔中发挥了什么作用？

【模拟训练题一】

A 公司作为国内领先的汽车、军工电子控制系统开发服务供应商，致力于从事产品研发生产、项目咨询服务以及研发工具代理。公司成立于 2001 年，总部位于北京，设有上海、美国底特律分公司，成都、长春、武汉办事处以及重庆、广州联络处，并在北京、上海建立现代化的汽车电子生产工厂，形成了完善的科研、生产、营销、服务体系。

由于公司规模的扩大，现在需要招聘生产工艺主管，为了提高招聘质量，公司打算对候选人的综合素质进行测评，现在生产工艺主管的测评维度和内容都已经确定，但测评方法还都没有确定，请利用本章所学内容选择合适的测评方法，如表 10-13 所示。

表 10-13　生产工艺主管素质测评方法表

测评维度	测评内容	适用的测评方法
专业能力	专业知识	
	专业技能	
通用素质	管理能力	
	学习能力	
	沟通能力	
	适应能力	

【模拟训练题二】

某大型保健品公司（以下简称 R 公司）是一家集现代生物和医药制品研制、生产、营销于一体的高科技股份制企业，在国内保健品行业具有很高的知名度，是国内保健品行业首家上市公司。随着业务的发展，R 公司希望在未来的时间里抓住机遇，加快实现超常规发展，在产品系列化、产业多样化、经营规模化、市场国际化的基础上，使 R 公司的品牌真正成为国内、国际知名的一流品牌。

一流的品牌必须要有一流的人才来支持。为了创建一流的品牌精英团队，R 公司决定对其所有的 30 余名品牌经理、市场经理和大区销售经理进行全面的考核与评价，以此全面了解这三类人员的岗位胜任能力和潜在素质。为了保证评级的科学性和公正性，R 公司希望通过专业的测评机构对这些营销骨干人员进行科学、公正的评估，并提供中立的、客观的专业评估意见，为科学、合理地配置这 3 类人才提供决策依据。假如你是专业测评机构项目工作组的带头人，请你为 R 公司的 3 类人才设计一个评估方案，写出你的评估步骤和评估意见。

【情景仿真题】

你是 B 公司人力资源部的负责人，为了提高招聘的营销人员的质量，现在公司需要做一份关于营销人员素质的测评方案，请参考以下方案设置的基本内容模块进行设计。

营销人员素质测评方案

一、组建测评小组

……

二、确定营销人员的胜任素质

……

三、选择测评方法和测评工具

……

四、测评的组织与实施

……

N-1、测评结果的反馈

……

全书情景仿真训练

　　S 公司是一家跨国的大型连锁超市，以经营零售业为主。随着市场竞争的加剧，公司领导和人力资源相关部门认识到公司经营管理和实现效益的提升关键在于拥有高素质的员工。随着业务的发展，新增门店的不断增多，公司对于人才的需求量也越来越大，并且公司对于中高级的管理人才尤其是门店经理的要求非常迫切。如何对前来应聘的人员进行有效的甄别，如何挖掘真正有潜力的员工，都是摆在人员招聘工作中的难题。如果不全面衡量各项关键素质和科学地量化与岗位的匹配程度，选用了不合适的人员，对公司的发展将会造成不利的影响。尤其是门店经理人员，由于其职务的重要性和特殊性，其工作担负着超市日常的运营与效益的重任，若用人不慎，将会给公司带来难以估算的人力和财力浪费。

　　如果你是该公司的人力资源部门经理，肩负着人才选拔的重任，请你组织相关部门人员开展人员测评与选拔工作，并提交以下成果。

　　（1）各个职位的岗位说明书。

　　（2）不同职务层次人员的测评要素指标体系与测评方法组合及权重。

　　（3）撰写人员测评报告。

训练参考：

1．岗位说明书

职位名称	××经理	职位代码		所属部门	财务部
职系		职等职级		直属上级	财务总监
薪金标准		填写日期		核准人	
职位概要：					
工作内容：					
任职资格： 教育背景： 培训经历： 技能技巧： 态度：					
工作条件： 工作场所： 环境状况： 危险性：					
直接下属＿＿＿＿＿＿＿＿＿＿　　间接下属＿＿＿＿＿＿＿＿＿＿ 晋升方向＿＿＿＿＿＿＿＿＿＿　　轮转岗位＿＿＿＿＿＿＿＿＿＿					

2．人员标准体系与测评方法

　　例：管理人员测评要素指标体系

一级指标	二级指标	三级指标	标志与标度		
能力素质（40）	沟通协商（10）	语言表达（4）			
		倾听（2）			
		说服力（4）			
	政策洞察力（10）				
	应变能力（5）				
	自我管理能力（5）	情绪控制（1）			
		计划性（2）			
		时效意识（2）			
	学习能力（10）				
知识素质（30）	学校教育（5）				
	经济管理知识（15）	经济知识（6）			
		管理知识（9）			
	法律知识（10）				
品性素质（20）	工作态度（7）	工作责任心（3）			
		工作主动性（4）			
	需求和动机（5）	亲和动机（3）			
		成就动机（2）			
	人际交往（3）	外向性（1）			
		乐群性（2）			
	情绪（5）	耐心（2）			
		坚韧（2）			
		精神面貌（1）			
身体素质（10）	外貌（4）				
	健康（6）				

例：测评的方法与权重

管理人员测评指标与方法		
测评方法	对应的测评指标	权重
笔试法		
心理测验法		
面试法		
评价中心		
……		

3．人员测评报告

<h1 style="text-align:center">S公司管理人员素质测评报告</h1>

被测企业名称：　　　　　　被测人群：全体管理人员　　　　　测评日期：　年　月　日

1．测评报告编写说明	（1）测评机构介绍 （2）有关测评报告知识产权说明	
2．测评项目背景及实施情况	（1）测评背景说明 （2）实施情况概述	
3．参测人员的基本情况统计	（1）被测评者的年龄结构分析 （2）被测评者的性别结构分析 （3）被测评者教育和培训背景结构分析	
4．人才测评结果单项分析	（1）被测评者个人内在能力测评分析	某项测评总体成绩、单项成绩
		某单项测评成绩与全国平均水平、某发达地区平均水平的比较
		测评结果与测评工具的常模进行比较、分析
		个人内在能力综合评价
	（2）被测评者人际沟通能力测评分析	某单项测评总体成绩、单项成绩
		某单项测评成绩与全国平均水平、某发达地区平均水平的比较
		测评结果与测评工具的常模进行比较、分析
		人际沟通能力综合评价
	（3）被测评者组织管理能力测评分析	某单项测评总体成绩、单项成绩
		某单项测评成绩与全国平均水平、某发达地区平均水平的比较
		测评结果与测评工具的常模进行比较、分析
		综合评价
5．总体结论	（1）本次测评所用测评方法及测评工具概述 （2）被测评者素质总体评价 （3）人员测评方法存在的问题	

后记

　　本套教材从筹划、编著到出版历时近两年时间。在出版社和各界人士的大力支持下，我们精选内容，倾心撰写，并经数次修改完善，最终形成了《人力资源管理——理论、方法、实务》6本系列丛书。

　　《人力资源管理——理论、方法、实务》，系统介绍了人力资源管理的一些核心概念、基本原理、技术方法和管理实践中的重点难点问题，既引进了国外先进的人力资源管理理念和知识体系，又总结了我国企业人力资源管理的实践经验和经典案例，特别是紧跟当前时代发展变化，对新时期企业人力资源管理的新方法、新技术、新趋势进行了比较全面系统的诠释和分析，非常贴近现阶段我国企业人力资源管理的实际。

　　招聘甄选与录用是人力资源管理流程中的第一个环节，是针对人员入口关的把控。在《招聘甄选与录用——理论、方法、实务》一书中，对招聘规划与管理、甄选技术、录用评估等环节进行了详细阐述，形成一个完整的招聘链条，可以让学生系统地掌握如何科学鉴别、选拔和录用适合组织发展需要、有培养潜质的人才。

　　组织通过培训传授给员工与工作相关的知识、技能，并通过开发挖掘员工潜能提高其终身职业能力。《人员培训与开发——理论、方法、实务》以学习原理为理论基础，围绕培训需求分析、培训计划、培训组织与实施、培训评估以及员工开发这一主线，系统阐述了需求调查、课程设计、培训外包、职业生涯规划等方面的理论知识和方法、技术，同时还提供了各类模拟训练、情景仿真等案例体验，并辅之以微信学习等新兴形式，使知识关联更为清晰，从而有利于提高学生的逻辑思维能力和实践操作能力。

　　绩效考核与管理是把组织管理与员工管理高效结合的一种系统化管理体系，是企业人力资源管理中的一项重要职能。在《绩效考核与管理——理论、方法、实务》一书中，既包括关于绩效目标、指标、方法、制度的设定以及绩效与薪酬、晋升、培训等其他人力资源模块的关系阐述，又提供了涵盖研发、生产、营销人员以及高管、团队等绩效考核实例，从而帮助学生以多维视角看待企业的绩效管理，避免陷入机械、僵化、空洞的绩效管理学习陷阱。

　　薪酬管理是组织建立和完善激励机制的核心内容，也是组织吸引和保持人力资源的重要保障。在《薪酬管理——理论、方法、实务》一书中，详细阐述了薪酬管理的基础理论、职位评价、制订流程以及奖金、福利、股权等设计方法，同时又论述了战略性薪酬和大数据时代的薪酬管理趋势，以帮助学生更好地确立移动互联网思维和前瞻意识，动态地掌握薪酬管理的解决方案和实施方法。

　　在人力资源管理实践体系中，找到合适的人并能达到"人事相宜、岗能相配"是非常关键的。《人才测评——理论、方法、实务》一书以人才测评标准的建立和指标体系的设计为基础，详细介绍了笔试测评、面试测评、心理测验等人才测评工具和方法，并且对基于胜任素质的管理能力、领导人员测评等进行了系统化分析，这样就有利于加深学生对人才测评理论的理解，更好地掌握人才测评的流程和方法。

　　这套丛书是全体编写人员和出版社编辑同志共同努力的结果。在编撰过程中，大家秉持编写出版一套精品系列教材的信念，投入了大量时间和精力，付出了很多心血和汗水，高质量完成了编写和出版工作。在此，再次向参加编写丛书的各位老师以及为本套教材的出版给予多方支持的有关人员表示衷心感谢。

本套教材由南京大学赵曙明教授和赵宜萱助理研究员担任主编，并负责对全套丛书进行框架设计、修改完善和付印校对。各分册的编写人员分别为：《人力资源管理——理论、方法、实务》由南京师范大学商学院白晓明老师负责编写；《招聘甄选与录用——理论、方法、实务》是由南京师范大学金陵女子学院张戌凡副教授负责编写；《人员培训与开发——理论、方法、实务》是由淮海工学院商学院张宏远老师负责编写；《绩效考核与管理——理论、方法、实务》是由南京财经大学工商管理学院秦伟平副教授负责编写；《薪酬管理——理论、方法、实务》是由西南交通大学经济管理学院唐春勇教授负责编写；《人才测评——理论、方法、实务》是由东南大学经济管理学院周路路副教授负责编写。

当今社会是一个不断创新快速发展的社会。随着国家创新驱动发展战略的深入实施，企业人力资源管理也面临着变革创新，以适应更加复杂多变的局面。如果本套教材的出版能够对人力资源管理及相关专业的广大师生、业界人士有所助益，则是我们最大的欣慰。

南京大学商学院名誉院长、特聘教授、博士生导师
赵曙明　博士
南京大学商学院人力资源管理系助理研究员
赵宜萱博士

参考文献

[1] 寇家伦. HR 最喜欢的人才测评课：人才测评实战[M]. 广州：广东旅游出版社，2014.

[2] 王淑红，赵琛徽，周新军. 人员素质测评[M]. 北京：北京大学出版社，2012.7.

[3] 侯典牧，傅家荣. 人员素质测评[M]. 北京：科学出版社，2012.

[4] 萧鸣政. 人才测评与开发：行政管理的基点[M]. 北京：北京大学出版社，2014.

[5] 胡月星. 评价中心与结构化面试[M]. 银川：宁夏人民出版社，2007.5.

[6] 白桦. 管理能力测评的效标效度研究[M]. 北京：北京邮电大学. 2009.2.

[7] 闫绪娴. 如何进行人才测评[M]. 北京：北京大学出版社，2005.

[8] 刘建华，马睿，郜国民，刘华民. 主观题网上阅卷员队伍建设与误差控制研究[J]. 中国考试，2012，9：32-39.

[9] 刘远我. 人才测评方法与应用（第 2 版）[M]. 北京：电子工业出版社，2011.9.

[10] 张弘，曹大友. 招聘面试中的行为挖掘技术[J]. 中国人力资源开发，2010，3：34-37.

[11] 刘耀中，人员选拔面试中的晕轮效应[J]. 心理科学，2009，32（6）：1388-1390.

[12] 叶茂林. 网络心理测验法述评[J]. 心理科学，2005，28（2）：423-425.

[13] 孟卫东. 评价中心技术及其应用研究综述[J]. 燕山大学学报（哲学社会科学版），2011，12（4）：97-101.

[14] 殷雷. 关于评价中心若干问题的探讨[J]. 心理科学，2006，29（4）：1007-1009.

[15] 包晨星. 测评技术之最新进展：人才评估[M]. 上海：上海交通大学出版社，2004：25.

[16] 孙健敏，彭文彬. 无领导小组讨论的设计程序与原则[J]. 北京行政学院学报，2005，1：35-40.

[17] 冯江平，张世娟. 角色扮演测评技术用于管理人员选拔的模拟研究[J]. 心理学探析，2011，31（4）：348-353.

[18] 徐晓锋，车宏生. 对公文筐（I-B）在选拔高层经理人员中的实证研究[J]. 心理科学，2004，27（5）：1230-1232.

[19] 陈民科. 人力资源公文筐测验与效度验证：基于内隐评价策略的思路[J]. 浙江大学管理学院，2003.

[20] 黄勋敬，赵曙明. 基于公文筐测验的商业银行高层管理人员选拔研究[J]. 管理学报，2011，8（6）：852-856.

[21] 时勘，王继承，李超平. 企业高层管理者胜任特征模型评价的研究[J]. 心理学报，2002，34（3）：306-311.

[22] 严正，翟胜涛，宋争. 管理者胜任素质[M]. 北京：机械工业出版社，2007，1.

[23] 赵曙明，杜鹃. 基于胜任力模型的人力资源管理研究[J]. 经济管理，2007，29（6）：16-22.

[24] Boyatzis , R. E. The Competent Management : A Model for Effective Performance[M]. New York : John Wliey, 1982.

[25] Spencer L.M.，Spencer S. M 才能评鉴法：建立卓越的绩效模式[M]. 魏梅金，译. 汕头：汕头大学出版社，2003：194.

[26] 彭剑锋. 人力资源管理概论[M]. 上海：复旦大学出版社，2007.

[27] 魏杰. 企业管理前沿问题[M]. 北京：中国发展出版社，2002.

[28] 王宓愚. 企业营销人员素质测评方法[J]. 中国人力资源开发，2003：10-15.

[29] 凌文辁，柳士顺，谢衡晓，李锐. 人员测评：理论、技术与应用[M]. 北京：科学出版社，2010.

[30] 高日光，郭英. 人员测评理论与技术[M]. 上海：复旦大学出版社，2014.11.

[31] 寇家伦. 人才测评教程[M]. 北京：中国发展出版社，2009.

[32] 刘远我. 人才测评方法与应用（第3版）[M]. 北京：电子工业出版社，2015.

[33] 吴能全，许峰. 胜任能力模型设计与应用[M]. 广州：广东经济出版社，2006.

[34] 萧鸣政. 人员素质测评理论与方法[M]. 北京：北京大学出版社，2016.

[35] 张爱卿. 人才测评（第2版）[M]. 北京：中国人民大学出版社，2010.

[36] 唐宁玉. 人事测评理论与方法[M]. 大连：东北财经大学出版社，2011.

[37] 杜林致，张阔，赵红梅. 人力资源测评理论与实务[M]. 广州：暨南大学出版社，2008.

[38] 胡道美. 美岛公司的人力资源测评方案[J]. 人才资源开发，2008（6）：57-59.

[39] 周广亮，刘珂. 人力资源管理[M]. 北京：中国铁道出版社，2013.

[40] 赵继新，郑强国. 人力资源管理：基本理论·操作实务·精选案例[M]. 北京：清华大学出版社，2011.

[41] 莫寰，张延平，王满四. 人力资源管理：原理、技巧与应用[M]. 北京：清华大学出版社，2007.

[42] 高守国. 申论·面试[M]. 北京：中国法制出版社，2010.